农村金融创新与乡村振兴融合发展研究

韩 杰 著

西北工业大学出版社
西 安

【内容简介】 随着乡村振兴战略的实施,农村正处于大变革、大发展、大转型的关键时期,为满足乡村振兴的金融需求,农村金融必须要创新金融供给机制。本书从我国农村金融需求、农村金融供给的现状来分析农村金融服务乡村振兴方面存在的诸多问题,提出围绕乡村振兴建立新型农村金融服务体系,强化与证券、保险、担保、基金等农村金融机构合作,创新多元化金融工具和服务手段,丰富农村金融供给以及建立金融供给保障制度,实现金融与乡村振兴融合发展。

本书具有较高的政策理论水平,既是金融系统和地方政府发展农村经济的工具书,又可以为高等院校学生学习金融理论、践行金融普惠提供方法论。

图书在版编目(CIP)数据

农村金融创新与乡村振兴融合发展研究 / 韩杰著. — 西安:西北工业大学出版社,2021.3
ISBN 978-7-5612-7636-5

Ⅰ. ①农… Ⅱ. ①韩… Ⅲ. ①农村金融-研究-中国 ②农村-社会主义建设-研究-中国 Ⅳ. ①F832.35 ②F320.3

中国版本图书馆 CIP 数据核字(2021)第 039976 号

NONGCUN JINRONG CHUANGXIN YU XIANGCUN ZHENXING RONGHE FAZHAN YANJIU

农 村 金 融 创 新 与 乡 村 振 兴 融 合 发 展 研 究

责任编辑:隋秀娟　蔡晓亮		策划编辑:杨　军
责任校对:万灵芝　陈松涛		装帧设计:李　飞

出版发行:西北工业大学出版社
通信地址:西安市友谊西路 127 号　　　邮编:710072
电　　话:(029)88491757,88493844
网　　址:www.nwpup.com
印 刷 者:兴平市博闻印务有限公司
开　　本:710 mm×1 000 mm　　　1/16
印　　张:16.875
字　　数:294 千字
版　　次:2021 年 3 月第 1 版　　　2021 年 3 月第 1 次印刷
定　　价:49.00 元

如有印装问题请与出版社联系调换

序

　　改革开放40多年来，我国农村金融改革取得了巨大成就，在农村经济发展和社会转型中做出了极其重要的贡献，然而困扰农村金融的诸多根本性问题仍未得到有效的解决，制约了农村金融在农业现代化和新型城镇化建设中服务功能的发挥，进而影响了乡村振兴战略的实施。当前，农村金融市场机制不健全的根本矛盾仍未完全化解，农村金融需求结构变迁导致供需结构出现新的失衡，农村金融市场容量扩张与金融基础支撑体系薄弱的矛盾仍然突出，这是我国农村金融改革面临的三个关键问题。这些问题既来源于农村金融改革过程中的种种偏差，也是农村经济社会发展过程中的产物。深化改革、补齐短板、提升服务是解决农村金融问题的必由之路，也是地方政府、监管部门和农村金融机构亟待解决的课题。正是基于此，韩杰同志以乡村金融服务效率不高的问题为导向，分析了我国农村金融供给不足的深层次原因，对标乡村振兴战略的"五个要求"，结合自己多年来农村金融工作研究的经验，提出了农村金融创新发展的方法和路径，撰写了《农村金融创新与乡村振兴融合发展研究》这本专著，主要目的是发挥政府主导、金融机构主办、社会各界共同参与的农村金融改革发展的良好格局的作用，推动农村经济稳步发展，以期为金融服务乡村振兴战略提供有益借鉴。

　　这部专著以总结经验、发掘案例和创新发展为主旨，从我国农村金融需求、农村金融供给的现状来分析农村金融服务乡村振兴方面存在的诸多问题，提出了构建新型农村金融服务体系，创新多元化金融工具和服务方式，以解决农村经济发展中融资难、融资贵的问题。该书在结构设计上，除介绍农村金融改革发展的基本理论、方法外，还将乡村振兴发展规划和金融创新的基本要求贯穿于创新工作实践中,把我国农村金融发展与西方国家农村金融创新经验学习结合起来,嵌入了农村金融服务创新的经典案例,实现了金融理论和金融实务的有效衔接,便于读者更加清晰地掌握和了解农村金融改革的方向和创新方法。本书内容基于创新发展的工作实践,具备较高的政策理论水平。本书既可以为金融监管部门制定农村金融政策提供决策依据,又可以为农村金融机构创新发展提供案例参考;既能为地方政府实施乡村振兴工程发挥参谋助手作用,又能为金融服务乡村振兴提供具体方法。

改革创新永无止境,农村金融高质量发展任重道远。无论是当下还是未来,农村金融改革都将是一个热点话题,值得我们金融工作者继续深入跟踪研究。希望该书的出版能够引起政府、专家、学者和社会各界对农村金融改革发展的关注,让各级人民政府在乡村振兴战略上聚力,把乡村振兴建设的路线图变成工笔画。这仍需要包括金融系统在内的社会各界共同努力,为实现中华民族伟大复兴贡献力量。

冯根福[①]

2020 年 8 月

[①] 冯根福,国务院学位委员会第八届应用经济学学科评议组成员,西安交通大学经济与金融学院原院长,教授,博士生导师。

前　　言

　　实施乡村振兴战略是城乡协调发展的重要途径,也是建设现代化经济体系的重要支撑。《中共中央　国务院关于实施乡村振兴战略的意见》明确强调,实施乡村振兴战略,是决胜全面建成小康社会、全面建设社会主义现代化国家的重大历史任务,是新时代"三农"工作的总抓手。特别指出,"实施乡村振兴战略,必须解决钱从哪里来的问题。要健全投入保障制度,创新投融资机制,加快形成财政优先保障、金融重点倾斜、社会积极参与的多元投入格局,确保投入力度不断增强、总量持续增加"。党中央决策部署为农村金融改革创新指明了方向,提出了更高要求,为农村金融改革发展带来了更多机遇。

　　我国农村金融经过40多年的发展,其服务体系建设取得了突破性进展,取得了长足进步。但与乡村振兴发展和农村经济社会日益增加的金融需求相比,农村金融发展还面临着诸多挑战,主要表现在以下几方面:一是农村金融最基本的矛盾是金融供给与金融需求之间的矛盾,现有农村金融体系难以向农民提供充足有效的金融服务,这一点在中西部县域表现更为突出。二是金融功能配置不健全,缺位、错位等问题并存,政策性金融改革有待进一步推进。三是各类金融业态发展不协调,协同效应发挥不充分。目前,农村缺乏把富余资金转化为信贷投入的机制,农民缺乏抵御农业生产自然风险和农产品市场风险的能力。我国农业保险深度和广度有待提升,涉农信贷风险尤其是因重大自然灾害形成的巨额信贷损失,缺乏有效的风险分散及风险补偿措施。四是扶持政策的协调性及合力尚有提升空间。现有扶持政策的统一协调及力度有待加强,激励作用有待进一步发挥。

农村金融支持乡村振兴战略实现融合发展的任务十分艰巨。作为一名从业30多年的金融工作者,笔者参与和见证了农村金融领域改革、创新、发展的历程,有义务把党中央关于"乡村振兴和农村金融改革"的政策宣传好,在金融改革发展的实践中执行好。在各位领导、同事和陕西省部分高校教授、专家的大力支持下,笔者撰写了《农村金融创新与乡村振兴融合发展研究》这本专著。在撰写过程中,紧紧围绕党的十九大关于实施乡村振兴战略的总体部署,坚持以市场化运作为导向、以机构改革为动力、以政策扶持为引导、以防控风险为底线,聚焦重点领域,深化改革创新,建立完善金融服务乡村振兴的市场体系、组织体系、产品体系,促进农村金融资源回流。本书以全新的视角,全面展示了在乡村振兴背景下农村金融创新与乡村振兴融合发展的思路,注重金融理论创新与金融实践的结合,力求做到"政策新、观点新、案例新",为乡村振兴建设者提供方法论。

本书有以下几个特点:一是理论创新。通过对农村金融改革和乡村振兴发展的观察,对二者实现融合发展提出了新的观点和思路,提出建立健全农村金融法律法规,为农村金融改革发展提供法律保障。二是应用广泛。本书是笔者这些年从事央行工作和商业银行工作实践的体会、观察和思考,主要目的是为各级地方政府实施乡村振兴战略工程提供决策依据,为中国人民银行、银保监局分支机构制定货币政策和金融监管政策提供参考,为金融机构支持"乡村振兴"建设提供创新思路和工作方案。三是案例丰富。本书借鉴了国外农村金融改革的经验,也吸收了国内部分专家学者的研究成果,不但挖掘了农村土地流转和金融改革试点工作的经验,还总结了农村金融工作者在实践中的创新做法,既有对农村金融创新发展的总结、概括与提炼,也有对金融创新的思考和实践。四是成果转化。学习的目的是进行不断的提炼与总结,并将结果运用到实践中,转变发展理念,实现高质量发展是农村金融的唯一选择。

希望本书可以帮助金融从业者将农村金融创新理论转化为工作实践,在风险可控的情况下,支持乡村振兴建设,推动农村金融改革与乡村振兴融合发展,为乡村振兴工程贡献金融方案。

本书是笔者在近年来研究成果的基础上,力图对农村金融改革与乡村振兴融合发展的分析和探索,目的是为读者准确把握党中央关于"乡村振兴和农村金融改革"的政策意图提供帮助。由于受研究能力、占有资料和所处地域经济发展等主客观因素的制约,笔者在一些方面的认识和研究仍不够深入和全面,还有许多问题需要深入研究。笔者愿与关注农村金融改革和乡村振兴发展的研究者一起,不断深化对农村金融与乡村振兴融合发展理论和方法的研究,以使农村金融支持乡村振兴建设更加精准,更符合客观实际,为农村经济发展贡献金融智慧。

著　者

2020年8月

目　　录

第一章　农村金融改革发展概述 …………………………………… 1
　一、农村金融概述 ………………………………………………… 1
　二、农村金融改革发展的历程 …………………………………… 3
　三、农村金融改革取得的成效 …………………………………… 10
　四、农村金融服务体系的构成 …………………………………… 12
　五、农村金融改革发展面临的挑战 ……………………………… 18

第二章　乡村振兴建设中的金融需求与供给 ……………………… 23
　一、乡村振兴建设中的金融需求 ………………………………… 23
　二、乡村振兴建设中的农村金融供给 …………………………… 33
　三、围绕乡村振兴,拓展金融供给渠道 ………………………… 41

第三章　国外农村金融发展经验与借鉴 …………………………… 44
　一、美国农村金融发展的经验 …………………………………… 44
　二、日本农村合作金融改革发展的经验 ………………………… 49
　三、韩国新村运动的实践与经验 ………………………………… 58
　四、孟加拉乡村银行发展及成功经验 …………………………… 64
　五、国外农村金融改革发展的启示 ……………………………… 66

第四章　中国农村土地金融的探索与实践 ………………………… 69
　一、我国农村土地流转方式的探索 ……………………………… 70
　二、我国农村"两权"抵押贷款试点取得的成效 ……………… 79
　三、我国农村"两权"抵押贷款试点遇到的困难 ……………… 95

四、我国农村土地金融制度的发展与展望…………………… 97

第五章　农村金融创新………………………………………………… 101
　　一、农村金融创新发展的必要性 ……………………………… 101
　　二、农村金融创新发展遇到的困难 …………………………… 103
　　三、农村金融服务创新的基本原则 …………………………… 106
　　四、农村金融创新发展的思路和方法 ………………………… 109
　　五、我国农村金融创新的实践与经验 ………………………… 117
　　六、农村金融创新实践的几点启示 …………………………… 125

第六章　农村金融改革的制度保障…………………………………… 128
　　一、建立健全农村金融法律法规的必要性 …………………… 128
　　二、农村金融法律法规制度建设的现状与问题 ……………… 130
　　三、建立健全农村金融法律法规，规范农村金融市场运行秩序… 133
　　四、坚持农村金融改革方向，健全金融服务体系 …………… 140
　　五、建立健全金融服务乡村振兴的制度保障体系 …………… 144
　　六、加强农村金融生态治理，为金融创新提供发展环境 …… 146

第七章　农村金融风险的防范与化解………………………………… 149
　　一、农村金融风险的表现形式 ………………………………… 149
　　二、农村金融风险产生的原因分析 …………………………… 153
　　三、农村金融风险管理的目标和要求 ………………………… 156
　　四、全面风险管理框架设计 …………………………………… 159
　　五、农村金融风险治理与防范 ………………………………… 166

第八章　在乡村振兴建设中实现高质量发展………………………… 181
　　一、我国农村金融发展的现状 ………………………………… 181
　　二、农村金融发展中存在的问题 ……………………………… 182
　　三、影响农村金融高质量发展的因素分析 …………………… 184
　　四、农村金融在乡村振兴服务中实现高质量发展 …………… 185
　　五、农村金融要处理好高质量发展中的矛盾 ………………… 190

六、建立健全农村金融高质量发展评价指标体系 ……………… 193

第九章　农村金融理论与实践 …………………………………… 196

对构建新型农村金融体系的思考 ………………………………… 196
　一、当前农村金融现状和突出问题 …………………………… 196
　二、构建新型的农村金融体系的政策建议 …………………… 197
农村商业银行人力资源挖掘与应用方法研究 …………………… 199
　一、农村商业银行人力资源管理存在的问题 ………………… 199
　二、农村商业银行人力资源的挖掘与应用 …………………… 201
金融支持农村住房制度改革的实践与探索 ……………………… 203
　一、我国农村居民住房的基本现状 …………………………… 204
　二、农村金融体系不健全，住房金融亟待加强 ……………… 205
　三、构建农村住房金融制度，支持农村住房制度改革 ……… 206
新形势下农商行营业网点规范化服务方法探索 ………………… 208
　一、农村商业银行营业网点金融服务中存在的问题 ………… 209
　二、农商行经营网点标准化服务的方法选择 ………………… 210
农村商业银行合规文化建设与风险防范方法研究 ……………… 212
　一、当前农村商业银行合规文化建设的现状 ………………… 212
　二、强化合规文化建设，防范化解金融风险 ………………… 215
农商行外汇业务发展的路径选择 ………………………………… 217
　一、农商行办理外汇业务存在的问题及原因分析 …………… 217
　二、农村商业银行发展外汇业务的路径选择 ………………… 219
金融支持陕西实体经济发展的路径选择 ………………………… 222
　一、陕西金融支持实体经济发展存在的问题 ………………… 222
　二、金融支持陕西实体经济发展的思路 ……………………… 224
农村商业银行服务乡村振兴的创新发展策略 …………………… 228
　一、农村商业银行经营面临的困难和挑战 …………………… 228
　二、农村商业银行创新发展的路径 …………………………… 232
金融助推陕西"精准扶贫"方法探索 …………………………… 236
　一、正确理解和把握"精准扶贫"的深刻内涵 ……………… 236

二、金融参与"精准扶贫"工作难点和不足 …………………………… 237
　　三、发挥金融资源配置功能,支持陕西精准扶贫工作 ……………… 240
农村金融创新与乡村振兴发展研究………………………………………… 244
　　一、新时代乡村建设的基本要求 ……………………………………… 244
　　二、农村金融支持乡村振兴战略是实现全民奔小康的必然要求 … 247
　　三、建立健全金融服务乡村振兴战略的制度保障 …………………… 248
　　四、发挥农村金融资源的配置作用,助力乡村振兴工程健康发展
　　　　………………………………………………………………………… 251

参考文献 ………………………………………………………………………… 255

后记 ……………………………………………………………………………… 257

第一章 农村金融改革发展概述

新中国成立以来,我国农村经济社会发生了巨大的变化,农村金融顺应农村经济发展与改革的需要,在农业、农村现代化建设中发挥了重要作用。70多年来,农村金融走过了一条极为不平凡的艰难历程。农村金融从无到有,从弱到强,从单一到多元,从服从计划经济体制到服务社会主义市场经济,从支持农业生产到服务乡村振兴,在体制机制、组织体系、金融工具、金融产品和服务方式等方面都取得了巨大的成绩。近年来,党中央做出实施"乡村振兴"战略的重大部署,明确了新时代农村金融的任务和要求。面临新的形势和新的任务,农村金融理所应当成为建设小康社会的主力军,为实现中华民族伟大复兴贡献力量。农村金融改革应按照新时代的要求,不断完善农村金融体制,建立适合农村经济发展的农村金融体制,精准施策服务乡村振兴,不断践行普惠金融,丰富农村金融市场层次和产品,推动金融资源继续向"三农"倾斜,确保农业信贷总量持续增加,涉农贷款比例不降低,金融支持"农业产业化"力度不断增强,以实际行动支持乡村振兴建设。

一、农村金融概述

(一)农村金融的概念

农村金融是指农村货币资金的融通。它是以资金为实体、信用为手段、货币为表现形式的农村资金运动、信用活动和货币流通三者的统一。也可以说,农村金融就是组织和调剂农村货币资金的活动。

农村金融内涵的主要表现形式有以下几种:

(1)它采用的手段是信用。农村资金余缺的调剂、货币收支的组织,都是通过存款的吸收和支取、贷款的发放与收回、有价证券的发行与转让、票据的承兑贴现、账款的划拨结算等信用方式进行的。

(2)它作用的实体是资金。农村金融既包括在周转中的职能形态的资金,又包括闲置待用的潜在形式的资金。整体而言,农村金融活动都是为融通农村资金、发展农村经济服务的。

(3)它表现的形态是货币。它所融通的资金是以货币形态存在的,而不是物质形态的资金。整个农村金融活动是信用活动,资金运动与货币流通交织在一起,它们与经济运行相互依存、相互制约、相互促进。

(二)农村金融的特点

1. 可抵押品少和交易成本高

农村普遍存在借贷难的问题,其根源就是缺少抵押物。农户手里的土地只有经营权没有所有权,不能用来抵押;农村住房作为农民的基本生活资料,不具备抵押资格;其他生活和生产用品的市场价值低,不具备抵押价值。加之农村居住分散,金融需求品种较少且量少,导致农村金融网点少、规模小,农户获得借贷不仅有付息成本,还包括交通成本以及其他成本。

2. 缺少市场化的投融资主体

相对于城市基础设施投融资体制的建设而言,农村基础设施建设基本上还是一片空白,农村基础设施建设领域的金融需求无法与金融市场对接,加之农户自身存在无抵押物的情况,所以农村金融无法像城市金融发展得那样完善。

3. 受季节性影响严重

农村地区的主要收入依靠种植业,而种植业受天气的影响较大。虽说近几年农业生产新技术的出现一定程度上改变了农业生产的自然条件,也相应改变着农业生产的季节性,但这种改变毕竟十分有限,大量的农业生产仍要遵循四季的时节轮转。而且在我国一家一户的小农经济状态没有彻底改变之前,农户的信贷需求仍然要在较长时期内沿袭"春贷秋还"的周期性交替。由于以上缘故,农村金融需求呈现短、小、频、急的典型特点。

4. 收益低、风险高

首先,目前我国农副产品仍主要是初级生产形式,加工增加值所占的比例较低,农业相关产业营利水平低,决定了农村金融的低利性,与其他工商企业相比,这种现象尤为明显。其次,农产品价格受市场影响较大,收益浮动大,不稳定,一旦市场价格发生变动,就有可能给农户的生产经营带来巨大的损失,给农业借贷带来较大的风险。

(三)农村金融的作用

农村金融是发展农村经济的重要组成部分,指的是为农村经济服务的金融制度、金融机构、金融工具及金融活动的总称。金融与经济紧密联系,互相融合,共同作用;经济是金融的基础,金融反作用于经济,支持经济的发展。因此,农村经济发展、农民生活改善都离不开强有力的农村金融支持。

1. 调剂资金

农村在发展经济,扩大生产规模,改善生产、生活条件等情况出现资金短缺时,农村信用社等金融机构可以帮助农民办理联户担保贷款、小额社员信用贷款,满足农民资金需求。

2. 组织理财

农民可以根据自己的具体情况,有计划地参加理财储蓄,合理调剂生产和生活,防止闲置资金的浪费和流失。

3. 提供服务

在农民生产交易的过程中,农村金融机构可以为其提供快捷的结算方式,加速资金的周转,提高资金的使用效率。在生产经营过程中,农村金融机构可以根据自身优势为农民提供各种经济信息,帮助农民发展生产,提高收益。

4. 保护权益

在现实的商品交易和经济往来中,农村金融市场主体会出现一些不讲信用、侵犯对方经济利益的行为。农村金融机构处于信用中介地位,具有监督信用行为的职能,按照有关法律、法规和管理规定,能够帮助农民挽回或减少损失。

二、农村金融改革发展的历程

新中国成立以来,农村金融走过了一条极为不平凡的艰难历程。农村金融从弱到强,从单一到多元,从服从计划经济体制到服务社会主义市场经济,从支持农业生产到服务乡村振兴,在体制机制、组织体系、金融工具、金融产品和服务方式等方面都取得了巨大的成绩。

(一)农村金融的诞生和发展阶段(1949—1978年)

新中国成立初期,我国开展了对农业的社会主义改造,通过合作化把自给半自给的小农经济引导到社会主义农业的发展道路上来。经过土地改革运动,农村纷纷建立了互助组、初级社和高级社,最终建立人民公社制度,确立了土地和生产资料集体所有制下的"三级所有,队为基础"的生产队集体统一经营模式。国家实行高度统一的计划经济体制,农村金融是计划经济体制的组成部分,服从社会主义建设和计划经济体制的需要。

为了推动农业合作化运动,国家决定在全国农村推广农业生产合作社、供销合作社和信用合作社等"三大合作社"。1951年,由农民自愿入股、民主管理的农村信用合作社(简称"农村信用社")在全国得到迅速推行。到人民公社成立之前的1957年年底,全国共建立了88 368个农村信用合作社。农村信用合作社为解决农业生产所需资金,推动合作化运动发展做出了重要的贡献。这一时期的农村信用合作社基本保持了合作制的性质,对促进农村经济恢复和发展,改善农民生活发挥了积极的作用。随着人民公社的建立,农村信用合作社成了人民公社的组成部分,不再由社员自己管理,而是交由人民公社统一管理,变成了集体信用组织。1977年11月国务院颁发的《关于整顿和加强银行工作的几项规定》指出,信用社又是国家银行在农村的基层机构。与此同时,1951年,中央决定成立中国农业合作银行,即中国农业银行的前身,其主要任务是按照国家计划办理农业财政拨款和一年以上的农业长期贷款,领导农村信用合作社工作。到1978年农村改革前,农业银行经历了"三起三落"。由于中国农业合作银行只设立了总行,没有分支机构,基本没有展开农业财政拨款和长期贷款业务。1952年7月,中国农业合作银行被撤销,农村金融工作归中国人民银行统一领导和管理。1955年3月,国家决定建立中国农业银行,在中国人民银行的领导下开展农村金融业务。1957年4月12日,国务院发出了《关于撤销中国农业银行的通知》,中国农业银行因精简机构而撤销,农村信贷工作由中国人民银行统一负责办理。1963年10月,中共中央、国务院做出《关于建立中国农业银行,统一管理国家支援农业资金的决定》。当年11月,中国农业银行在北京正式成立。两年后,又因中国人民银行、中国农业银行分设后基层机构重复、管理机构重叠、管理人员增加等问题,中国农业银行于1965年11月3日被撤销。1978年,我国的经济体制改革率先在农村拉开帷幕。为了适应经济体制改革与农村经济发展的需要,我国农村金融服务体系进行了初步改革。

(二)农村金融体制的初步形成阶段(1979—1984年)

这一阶段是中国经济体制改革的起步阶段,形成了农业银行和农村信用社分工协作的农村金融体制。

1979年2月,经国务院批准组建的中国农业银行成为从事农村金融业务的国家专业银行。在国家规定的业务范围内,中国农业银行独立行使职责,自主经营业务,并改变了运作目标,成为一家专门从事农业和农村经济发展相关金融服务的专业银行。农村信用社被划归中国农业银行领导,成为中国农业银行的基层机构。在中国农业银行的领导下,农村信用社得到了一定的恢复与发展,网点逐步建立健全。

1984年国务院提出要推进农村信用社改革,把农村信用社真正办成群众性的合作金融组织。农村信用社实行"权、责、利"三结合的经营责任制,在中国农业银行的领导、监督下,独立自主地开展存贷业务,并成立了农村信用社的县级联社。

(三)农村金融改革与服务定位阶段(1985—1996年)

这一阶段是农村金融体制的发展与定位阶段。1984年后,农村信用社建立了县级信用联社。与此同时,国家调整中国农业银行与信用合作社的关系,改变了农村信用社既是集体金融组织,又是中国农业银行基层机构的格局。1985年的中央一号文件提出,搞活农村金融,兴办农村保险事业;1986年中央一号文件提出,降低信用社准备金比例,增加贷款的发放。与此同时,多种农村金融组织、金融形式应运而生,在一些地区涌现了农村信托投资公司、乡镇金融服务机构和多种形式的合作基金会,并产生了农村合作金融组织的雏形。中国人民银行允许各专业银行打破分工、业务交叉,一个由政府主导的庞大国有金融组织体系在短时间内初步形成。1993年《国务院关于金融体制改革的决定》提出计划在1994年基本完成县联社的组建工作,1995年大量组建农村信用合作银行。1994年11月,中国农业发展银行正式成立。1996年按照《国务院关于农村金融体制改革的决定》,农村信用社与中国农业银行脱离行政隶属关系,农村信用社的行业管理实际上由中国人民银行负责。农村信用社改革的重心转向恢复其合作制性质,这为20世纪90年代的农村金融全方位改革提供了阶段性的实施路线图。1996年中国农业发展银行的分支机构延伸到县(市)级,县域的政策性金融体系初步形成。

(四)农村金融体制重新定位阶段(1997—2004年)

这一阶段,农村金融结构出现了重大调整。随着四大国有商业银行的退出和对非正规金融的整顿,农村信用社成为农村金融的主力军。农村金融供给的相对萎缩和蓬勃发展的农村经济主体,与金融需求之间的矛盾非常明显地显现出来,从而对农村金融体系的重构提出了更为迫切的要求。

受亚洲金融危机的影响,1997年11月,中央召开了第一次全国金融工作会议,确定了各国有商业银行收缩县及县以下机构,发展中小金融机构,支持地方经济发展的基本策略。

1998年7月,国务院颁布实施了《非法金融机构和非法金融业务活动取缔办法》。同年8月,国务院又颁布了《转发中国人民银行整顿乱集资乱批设金融机构和乱办金融业务实施方案的通知》。上述两个文件使得原来民法、合同法和刑法允许的许多组织和行为被宣布为非法。1998年冬,城市信用社开始"大整顿"。到2002年末,城市信用社从1998年末的5290家迅速减至449家。

1999年国务院发布3号文件,正式宣布全国统一取缔农村合作基金会。1989年开始,国家对农村信用社进行治理整顿,初步改变了信用社"既是集体金融组织,又是国家银行基层机构"的体制。此外,农村合作基金会在全国蓬勃发展,其他专业银行的分支机构也纷纷下延,农村金融服务体系打破了过去"大一统"的金融体制,逐步向多元化发展。1992年以后,我国确立了建立社会主义市场经济体制的改革目标,农村经济的市场化步伐也不断加快,与此相适应,我国农村金融服务体系的改革也进一步深化。1994年,中国农业银行正式启动了商业化改革。同时,根据政策性金融同商业性金融相分离的原则,中国农业发展银行于1994年成立,专门承担中国农业银行原来所承担的政策性职能。随后,为了保证粮棉油收购资金封闭运行,国家收缩了中国农业发展银行的业务范围,将农发行原来承担的扶贫开发、农业综合开发等政策性贷款重新划回中国农业银行,农发行专门从事粮食收购贷款业务。1996年,农村信用社与中国农业银行脱离行政隶属关系,按基层社为一级法人恢复合作金融性质,由县联社负责农村信用社的业务管理,中国人民银行直接承担对农村信用社的金融监管。1997年中央金融工作会议确定"各国有商业银行收缩县(及县以下)机构,发展中小金融机构,支持地方经济发展"的基本策略以后,包括中国农业银行在内的国有商业银行逐渐收缩县及县以下机构。由于中国农业银行加快商业化步伐,逐步将业务中心转移到了城市,而中国农业发展银行的力量很有限,使得农村信用社成为农村金融体系的主力军。同时,政府做出了清理整顿、关闭合并农村合作基金会的决定,国家开始打击各种非正规金融活动,对民间金融行为进行整治。随后的1998

— 1999年,在全国范围内撤销农村合作基金会,并对其进行清算。这一阶段随着经济体制改革进一步深化,我国基本形成了以合作性金融为主,与商业性金融、政策性金融三大金融机构分工合作的农村金融服务体系。

由于受到1997年通货紧缩和1998年亚洲金融危机的影响,国家加强了对金融行业监管力度,提出要取缔非法金融机构和非法金融业务活动。我国农村信用社的改革在不断探索试点的基础上进一步深化。2003年,国务院下发了《深化农村信用社改革试点方案》,确定了吉林、浙江等八省为农村信用社改革首批试点省(市),加快农村信用社管理体制和产权制度改革,充分发挥农村信用社农村金融主力军和联系农民的金融纽带作用。各地按照因地制宜的原则,灵活选取组建农村商业银行、农村合作银行、县级联社统一法人等改革模式,通过政策扶持、增资扩股等方式增强农村信用社的实力。2004年下半年,国务院决定在21个省(市)进行农村信用社深化改革。这一时期,中国农村金融体系在社会主义市场经济制度顶层设计下逐步重新建立,并在探索中不断创新,在试错中逐渐转型调整。

(五)农村金融体制的逐步开放阶段(2005年至今)

这一阶段是农村金融市场进一步开放的阶段。为了适应农村经济和金融市场的发展需要,政府对农村金融体制进行了一系列改革,农村金融基础设施和服务网络的建设方便了农村金融活动的开展,普惠进入制度初步建立,降低了农民获得金融服务的成本。农村金融产品和金融服务方式的创新则缓解了农民贷款流程烦琐和贷款难的问题。乡村振兴战略的实施,明确了农村金融改革的时间表、路线图,基本确立了农村金融发展方向、农村金融体制改革思路,将推动农村经济快速发展。

2005年农村金融改革进入创新阶段,以增量改革代替存量调整,明确了微观层面推进农村金融改革的思路,放松民间资本的准入限制,激发农村金融市场活力,创新农村金融产品。

2006年,按照中央要求,银监会出台了调整放宽农村地区银行业金融机构准入政策,鼓励社会资本在农村地区建立包括农村村镇银行、贷款公司和农村资金互助社等在内的新型农村金融结构,以服务县域经济为主的村镇银行应运而生。村镇银行作为地方性小型农村金融机构,具有贴近农民、经营灵活、治理完善的优势,丰富了农村金融的供给渠道,成为农村金融的一股重要力量,也弥补了农村金融市场缺乏竞争性的不足。2006年12月,银监会对农村地区银行业金融机构的准入政策做出了框架性规定,并在四川、青海、甘肃、内蒙古、吉林、湖北6省(区)的农村地区开展试点。

2007年1月,银监会在"研究改进和加强农村金融服务工作专题会议"上,提出了农村金融改革发展的思路,明确各类涉农银行业金融机构的发展方向。2007年1月,第三次全国金融工作会议召开,温家宝同志提出,加快建立健全农村金融体系,推进农村金融组织创新,适度调整和放宽农村地区金融机构准入政策,降低准入门槛,鼓励和支持发展适合农村需求特点的多种所有制金融组织,积极培育多种形式的小额信贷组织。这与此前银监会出台的降低农村金融业准入门槛的意见共同确定了未来农村金融改革的方向。2007年3月,中国邮政储蓄银行有限责任公司正式成立。2008年,中国农业银行股改方案获批,开启了统筹城乡网点布局和服务功能建设工作。2009年,银监会相继通过大范围发展小额贷款公司的指导意见和小额贷款公司可转制成村镇银行的规定,在相当大的程度上传递了大力发展小额贷款公司的意图,小额贷款公司作为"正规军"的补充力量蓬勃发展起来。

2012年1月21日,经国务院同意并经中国银行业监督管理委员会批准,中国邮政储蓄银行有限责任公司依法整体变更为中国邮政储蓄银行股份有限公司,又一家以提供农村金融服务为主的国有商业银行进军农村金融市场,解决了邮政储蓄资金返回农村的问题。同时,党中央首次明确了中国农业银行面向"三农"、商业运作、整体改制、择机上市的改革方向。

2013年被称为"互联网金融元年",此后互联网金融迅速发展。随着信息技术的普及和应用,银行等传统金融机构也开始重新审视发展模式,结合新技术的应用和客户群体的变化,积极进行渠道和产品的创新,为农村金融提供更为便捷的服务;京东、阿里巴巴等互联网企业也积极布局农村金融领域,发展农村普惠金融,为农村地区提供便利的存贷款、支付结算等金融服务。

2015年12月31日,国务院印发《推进普惠金融发展规划(2016—2020年)》,提出到2020年建立与全面建成小康社会相适应的普惠金融服务和保障体系,有效提高金融服务的可得性,明显增强人民群众对金融服务的获得感,显著提升金融服务满意度,满足人民群众日益增长的金融服务需求。

2017年《政府工作报告》提出,鼓励大中型商业银行设立普惠金融事业部,国有大型银行要率先做到,实行差别化考核评价办法和支持政策,有效缓解中小微企业融资难、融资贵问题。为有效推进大中型商业银行设立普惠金融事业部,弥补金融服务短板,增加有效金融供给,促进金融业可持续均衡发展,银监会、国家发展改革委、工信部等11个部门制定并印发了《大中型商业银行设立普惠金融事业部实施方案》,要求大中型银行设立聚焦服务小微企业、"三农"、脱贫攻坚及大众创业万众创新的金融服务事业部,提升普惠金融服务能力,并对普惠金融服务情况纳入监管评价体系,明确职工管理不良贷款容忍度等差异化监管要求。为了提高大型商业银行提供农村金融服务的能力,中国农业银行和中国邮政储蓄银行分别成立了三农事业部,成为具有较高经营自主权、专门化的农村金融服务提供者。

2018年1月,银监会(现为银保监会)印发了《关于开展投资管理型村镇银行和"多县一行"制村镇银行试点工作的通知》,旨在完善村镇银行监管制度,发挥集约效应,创新管理方式,提升普惠金融服务水平。2018年2月,中央一号文件《中共中央 国务院关于实施乡村振兴战略的意见》对实施乡村振兴战略进行了总体部署。2018年9月,《乡村振兴战略规划(2018—2022年)》作为首个全面推进乡村振兴战略的规划,就实施乡村振兴战略第一个五年规划进行了全面部署,要求加大金融扶贫、金融支农力度,并从扩大金融服务机构覆盖面、农村金融服务"村村通"、农村金融产品创新、农村信用体系建设等方面,以专栏的形式提出了乡村振兴金融支持重大工程。同时,鼓励证券、保险、担保、基金、期货、租赁、信托等金融资源聚焦服务乡村振兴。农村金融领域开启了全方位、系统化的改革进程。

2019年1月,中国人民银行、银保监会、证监会、财政部、农业农村部联合印发了《关于金融服务乡村振兴的指导意见》,分阶段提出了金融服务乡村振兴的目标,强调了以市场化运作为导向、以机构改革为动力、以政策扶持为引导、以防控风险为底线的基本原则,围绕坚持农村金融改革发展的正确方向、健全适合乡村振兴发展的金融服务组织体系进行了系统全面的部署。在对农村金融不断加大政策支持力度的同时,农村金融实践领域的创新也不断推进,信息技术的应用加大了农村金融产品的创新力度,提高了农村金融服务的效率,扩大了覆盖范围,使农村金融在推动金融扶贫,实现共同富裕,增加农民的获得感、幸福感等方面发挥了更加重要的作用。

2020年,中央经济工作会议和中央农村工作会议明确了2020年"三农"工作重点和发展方向,同时指明了2020年农村金融改革的工作目标和思路。中央一号文件《中共中央 国务院关于抓好"三农"领域重点工作确保如期实现全面小康的意见》要求,深化农村信用社改革,坚持县域法人地位。而如何进一步深化农村信用社改革,成为2020年我国金融体制改革的重要内容。从2004年中央一号文件发布至今,农村金融发展在每一年的文件中均有涉及。在此阶段,农村金融改革已经突破了以往对金融机构组织形态改革的局限,转向鼓励农村金融产品创新、改善农村金融法治环境等方面,中国农村金融改革的思路实现了从"行政干预"到"市场引导"的转变,农村金融市场的多元化供给模式已经基本形成,农村金融制度环境得到极大改善。与此同时,随着信息技术的应用,农村金融创新、强化普惠金融发展和金融扶贫创新等方面都取得了较大成绩。

三、农村金融改革取得的成效

近年来,围绕党中央、国务院关于乡村振兴的战略部署,中国人民银行和银保监会积极组织、全力落实。一方面,着力推动健全乡村振兴发展总体政策框架;另一方面,加强对银行业发展普惠金融与乡村振兴战略的组织推动和监管引领,特别是引导农村中小金融机构下沉重心、扎根县域,以"三农"、小微企业、贫困人口为服务重点,探索中国特色农村普惠金融发展模式,取得了显著成效。

(一)多层次农村金融组织体系基本形成

经过多年的农村金融体制改革,农村金融机构走向多元化,农村金融市场的竞争生态得到改善,农村金融体系服务三农的能力得到大幅提升。我国形成了以商业、合作和政策性金融机构相互补充,银行金融机构和非银行金融机构共同发展的现代农村金融体系。

当前,农村信用社(含农村商业银行)资本充足率达到11.8%,不良贷款率下降为4.5%,系统性风险基本化解。自2007年创立涉农贷款统计以来,全部金融机构涉农贷款余额累计增长534.4%,11年间平均年增速为16.5%。涉农贷款余额从2007年年末的6.1万亿元增加至2018年末的32.7万亿元,占各项贷款的比例从22%提高至24%。债券、股票等直接融资也有较快发展,农产品期货市场从无到有,功能逐渐显现。

2007—2018年,我国农业保险保费收入从51.8亿元增长到572.7亿元,参保农户从4 981万户次增长到1.95亿户次,分别增长了10.1倍和2.9倍,承担了全国98.4%的乡镇金融服务空白和67.7%的乡镇金融机构空白覆盖任务。

逐步拓宽中国农业发展银行的业务范围,重点保障粮棉油收购储备,在风险可控的前提下,积极支持农业农村基础设施建设。推动中国农业银行改革,开展"三农金融事业部"试点。组建中国邮政储蓄银行,加快健全邮政储蓄资金的回流机制。调整放宽农村地区金融机构准入政策,稳妥培育发展村镇银行等新型农村金融机构,已组建村镇银行876家,累计向74.2万农户发放贷款2 002亿元。大力发展农业保险,启动农业保险保费补贴试点。积极发挥资本市场作用,农产品期货品种体系基本形成。

(二)农村金融服务网络覆盖范围扩大,涉农服务取得阶段性成果

农村金融服务水平不断提升,金融服务方式不断创新,国家对乡村振兴的支持力度不断加强,农村金融服务网络覆盖范围也在不断扩大。2009年以来,累计解决了1 249个乡镇的金融机构空白和708个乡镇的金融服务空白问题。截至2012年末,县域物理网点数量达到11.3万个,年均增长超过1 000个;乡镇新布设ATM机、POS机等电子机具231.7万台,较2007年增长了29.5倍;在40万个行政村设置了助农取款服务点,小额取现转账电话覆盖30.4万个行政村;农村保险服务网点达到2.2万个。2009—2012年,涉农贷款已连续四年实现"贷款增量不低于上年、增速不低于贷款平均增速"的"两个不低于"目标。2012年末,农村基础设施和农田基本建设贷款余额较2007年末增加1.8万亿元。组织开展进村入社区、阳光信贷、富民惠农金融创新等"三大工程",支持各地开展"三权"抵(质)押试点,推广手机银行和网上银行,农村金融需求满足度和满意度进一步提高。2013年7月,中国人民银行全面放开金融机构贷款利率管制,对农村信用社贷款利率不再设立上限。2015年10月,取消对金融机构存款利率浮动上限。农村金融市场已经初步实现了适度竞争,农村信用社、村镇银行、商业银行的"三农金融事业部"和"普惠金融事业部"以及新型合作金融在市场分层的基础上展开适度竞争,有利于活跃农村金融市场,激发金融机构的创新动力,提高金融机构效率,缓解农民贷款难、贷款贵的问题。

(三)农村金融政策支持体系初步建立,农村金融基础设施日益完善

全国约有3.8万个农村金融机构网点接入中国人民银行跨行支付系统,4万个农村地区银行营业网点开办农民工银行卡特色服务。深入开展农村信用户、信用村和信用乡镇建设,为1.48亿农户建立了信用档案,对9 784万农户进行了信用评定。进一步推进送金融知识下乡、金融知识进课堂试点等活动。加大财政补贴力度,实行涉农贷款增量奖励,对新型农村金融机构给

予费用补贴,2007年以来累计安排各类补贴资金137亿元。制定实施一系列税收优惠政策,减少税收负担。对农村金融机构执行较低的存款准备金率,比大型商业银行低2~7个百分点;加大支农再贷款支持力度,2012年累计发放超过2 000亿元。免除农村中小金融机构监管费,设立农村网点和涉农金融产品市场准入绿色通道,实施弹性存贷比、降低农户贷款风险权重等支持性监管政策。

(四)支农服务监管制度从无到有

农村金融机构不断加强风险管控长效机制建设,已取得一定成效。限制农村信用社撤并农村地区网点。2011年实施新组建农村商业银行股东支农服务承诺制度,2013年全面推广董事会下设"三农"服务委员会,指导建立符合"三农"金融需求特点的组织架构、决策机制和经营模式。持续监测涉农贷款投放,建立县域法人存款用于当地的考核制度,将考核结果与存款准备金率、监管评级、市场准入挂钩。2017年,银监会发布了《中国农业发展银行监督管理办法》,首次对政策性银行建立专门监管制度,明确中国农业发展银行主要服务国家粮食安全,促进农业农村现代化,改善农村基础设施等领域。监管部门还对涉农金融机构制定差别化的存款准备金率,进一步提高了涉农贷款不良容忍度,涉农贷款不良率高出自身各项贷款不良率年度目标2个百分点(含)以内的,可不作为银行业金融机构内部考核评价的扣分因素。

(五)政府对农村金融的支持政策体系逐步完善

政府高度重视农村金融的发展,建立了政府对农村金融的支持体系,财政补贴力度不断加大。采取多种奖励措施,鼓励农村金融机构增加对"三农"的服务,引导更多金融资源投向"三农"。对涉农贷款增量给予奖励,对新型农村金融机构给予费用补贴等。为了提高融资担保行业的业务聚焦度、担保能力,畅通银担合作、风险分担补偿机制,进一步发挥政府性融资担保基金作用,2019年2月,国务院办公厅印发了《国务院办公厅关于有效发挥政府性融资担保基金作用切实支持小微企业和"三农"发展的指导意见》,要求政府的融资担保和再担保机构回归担保主业,切实降低小微企业和"三农"综合融资成本,加大奖补支持力度,落实扶持政策。

四、农村金融服务体系的构成

农村金融体系是指一切为农村经济服务的金融制度、金融机构、金融工具及金融活动的总称。它以农村货币流通与信用活动实现同一为形成标志，以二者的相互渗透及向证券、信托、保险等新领域的不断延伸为显著的发展特征。它的运行必须能够满足农村经济主体的正常金融需求，必须能够促进农村经济的持续发展和农民收入的稳定增长，必须能够维护国民经济的平稳、有序运转。

(一)农村金融体系的构成

农村金融在我国是指在县及县以下地区提供的存款、贷款、汇兑、保险、期货、证券等各种金融服务的银行类金融机构和非银行金融机构，县域农村金融服务主要由银行类金融机构提供，银行类金融机构主要包括政策性的中国农业发展银行及其分支机构，中国农业银行、中国工商银行、中国银行、中国建设银行、交通银行等商业银行在县域内的分支机构或网点，全国性股份制商业银行在县域内的分支机构或网点，以及农村信用社、农村商业银行、邮政储蓄银行、村镇银行、贷款公司、农村资金互助组织等。非银行类金融机构主要包括在农村地区提供服务的政策性保险公司、商业性保险公司、证券公司、期货公司、小额贷款公司、小额信贷组织和典当行等。

1. 银行类金融机构

(1)农村商业银行。农村商业银行是在遵循合作制原则基础上，吸收股份制的原则和做法而构建的一种新的银行组织形式，是实行股份合作制的社区性地方金融机构。这种劳动联合和资本联合、"三农"服务功能和商业功能相结合的产权制度，对我国"二元经济结构"比较明显的广大农村地区的农村信用社产权改革来说，是一次新的、大胆的尝试。

中国银保监会表示，将不再组建新的农村合作银行，农村合作银行要全部改制为农村商业银行。全面取消资格股，鼓励符合条件的农村信用社改制组建为农村商业银行。要在保持县(市)法人地位总体稳定前提下，稳步推进省联社改革，逐步构建以产权为纽带、以股权为联接、以规制来约束的省联社与基层法人社之间的新型关系，真正形成省联社与基层法人社的利益共同体。2019年全国农村信用社资格股占比已降到30%以下，已组建农村商业银行约303家、农村合作银行约210家，农村银行机构资产总额占全国农村合作金融机构的41.4%。另外，还有1 424家农村信用社已经达到或基本达到农村商业银行组建条件。通过改革，农村信用社治理模式已经发生了根本性变化，长期存在的内部人控制问题得到有效解决，机构自身已经形成了深入推进深层次体制机制改革的内生动力。农村商业银行无论是在机构网点,还是经营规模方面,在涉农金融机构里面发展均较为快速,但由于自身定位为"支持地方经济发展,服务'三农',服务中小企业",农商行的政策任务较重,在新业务拓展方面仍显不足,在商业银行领域的竞争力不强。因此,农村商业银行必须实施战略升级,有以下四种发展模式可供参考:扩张模式——大型区域银行、深耕模式——社区零售银行、区域合作模式、智慧银行模式。

(2)国有商业银行县支行。中国农业银行要强化面向"三农"、服务城乡的战略定位,进一步改革完善"三农"金融事业部体制机制,确保县域贷款增速持续高于全行平均水平,积极实施互联网金融服务"三农"工程,着力提高农村金融服务覆盖面和信贷渗透率。中国邮政储蓄银行要发挥好网点网络优势、资金优势和丰富的小额贷款专营经验,坚持零售商业银行的战略定位,以小额贷款、零售金融服务为抓手,突出做好乡村振兴领域中农户、新型经营主体、中小企业、建档立卡贫困户等小微普惠领域的金融服务,完善"三农"金融事业部运行机制,加大对县域地区的信贷投放,逐步提高县域存贷比并保持在合理范围内。股份制商业银行和城市商业银行要结合自身职能定位和业务优势,突出重点支持领域,围绕提升基础金融服务覆盖面、推动城乡资金融通等乡村振兴的重要环节,积极创新金融产品和服务方式,打造综合化特色化乡村振兴金融服务体系。

(3)中国农业发展银行。中国农业发展银行成立于1994年,注册资本570亿元,直属国务院领导,是我国唯一一家农业政策性银行。其主要任务是以国家信用为基础,以市场为依托,筹集支农资金,支持"三农"事业发展,发挥国家战略支撑作用。经营宗旨是紧紧围绕服务国家战略,建设定位明确、功能突出、业务清晰、资本充足、治理规范、内控严密、运营安全、服务良好、具备可持续发展能力的农业政策性银行。目前,其服务网络遍布全国。新时代中国农业发展银行要坚持农业政策性银行职能定位,提高政治站位,在粮食安全、脱贫攻坚等重点领域和关键薄弱环节发挥主力和骨干作用。

(4)中国邮政储蓄银行。中国邮政储蓄银行有限责任公司于2007年3月6日正式成立,是在改革邮政储蓄管理体制的基础上组建的商业银行。经过几年的发展,中国邮政储蓄银行有限责任公司在2012年1月整体改制为股份有限公司。目前,已形成了以本外币储蓄存款为主体的负债业务;以国内、国际汇兑,转账业务,银行卡业务,代理保险及证券业务,代收代付,代理承销发行,兑付政府债券,代销开放式基金,提供个人存款证明服务及保管箱服务等多种形式的中间业务;以债券投资、大额协议存款、银团贷款、小额信贷等为主渠道的资产业务。中国邮政储蓄银行依托邮政网络优势,按照公司治理架构和商业银行管理要求,不断丰富业务品种,不断拓宽营销渠道,不断完善服务功能,为广大群众特别是广大农民,提供更全面、更便捷的基础金融服务。中国邮政储蓄银行成立以来,充分发挥其网点多、覆盖面广的优势,农村金融业务迅速发展,在许多地区已经成为金融机构吸纳农村资金的重要渠道。与此同时,受其成立时间较短、业务发展还不完善等因素影响,中国邮政储蓄银行在农村地区的支农、惠农力度还有待进一步提高。

(5)村镇银行。村镇银行是银保监会主推的新型农村金融机构,是实行增量改革、推行以市场化为导向的商业性金融来解决农村地区金融问题的创新之举。发展村镇银行的目的是解决农村地区微小企业、个体工商户、农户的贷款难问题,村镇银行发展定位主要集中在"贷农贷小"(即面向农村、农业、农民,发放小额贷款)上。村镇银行已经成为民间金融向规范金融转型发展的典型示范。

村镇银行作为新型农村金融组织,在增强农村金融市场竞争、提高农村金融服务质量、满足不同金融需求等方面发挥了重大作用。一是有利于增加农村金融供给,缓解农村资金外流现象。二是有利于构建竞争性的农村金融市场。三是有利于为民间资本提供一种新的增值途径。村镇银行允许民间资本入股,为民间资本进入正规金融机构打开了大门。与此同时,村镇银行在其发展过程中也存在从业人员匮乏、网点少、结算渠道不畅等问题,在很大程度上制约着村镇银行的进一步发展。

2. 非银行类金融机构

非银行金融机构是以发行股票和债券、接受信用委托、提供保险等形式筹集资金,并将所筹资金运用于长期性投资的金融机构,下面重点介绍农村资金互助社、农业保险公司和小额贷款公司。

(1)农村信用社。农村信用社是指经中国人民银行批准设立、由社员入股组成、实行民主管理、主要为社员提供金融服务的农村合作金融机构。农村信用社是独立的企业法人,以其全部资产对农村信用社债务承担责任,依法享有民事权利。其财产、合法权益和依法开展的业务活动受国家法律保护。其主要任务是筹集农村闲散资金,为农业、农民和农村经济发展提供金融服务,依照国家法律和金融政策规定,组织和调节农村基金,支持农业生产和农村综合发展,支持各种形式的合作经济和社员家庭经济,限制和打击高利贷。作为农村金融的主力军,农村信用社是联系农民的金融纽带,不仅关系自身长远发展,而且关系地方经济特别是"三农"经济的全面协调可持续发展。农村信用社经过不断的改革发展,已经成为促进我国农村经济发展的重要驱动力。在部分省份,农村信用社已经成为省级第一大金融机构。特别是经过体制改革,农村信用社改革所取得的效果可以概括为"四增一降",法人治理结构进一步增强,资本金总量显著增加,不良贷款比例大幅下降,专项票据置换不良贷款的处置清收工作进一步增强,经营管理水平逐步增强。

(2)农村资金互助社。农村资金互助社是指经银行业监督管理机构批准,由乡镇、行政村农民和农村小企业自愿入股组成,为社员提供存款、贷款、结算等业务的社区互助性银行业金融机构。农村资金互助社是独立的法人,对社员股金、积累及合法取得的其他资产所形成的法人财产,享有占有、使用、收益和处分的权利,并以上述财产对债务承担责任。农村资金互助社与农村信用社的区别在于:农村信用社属于金融部门,其业务面向农村、农业;而农村资金互助社以村或村委会为单位构成,没有存贷款职能,只是一种内部互助。农村资金互助社以其灵活、便捷等特点受到了广大农民的欢迎,随着相关法律、制度的不断健全,作为农村金融领域的星星之火,相信在不久的将来必将迎来燎原之势。

(3)农业保险公司。农业保险公司是为农业生产者在从事种植业、林业、畜牧业和渔业生产过程中,对遭受自然灾害、意外事故疫病、疾病等事故所造成的经济损失提供保险的金融机构。农业保险一般可分为两大类:种植业保险和养殖业保险。

1)种植业保险范围。农作物保险。农作物保险以稻、麦等粮食作物和棉花、烟叶等经济作物为对象,是以各种作物在生长期间因自然灾害或意外事故使收获量价值或生产费用遭受损失为承保责任的保险。在作物生长期间,其收获量有相当程度取决于土壤环境和自然条件、作物对自然灾害的抗御能力、生产者的培育管理等方面。因此,在以收获量的价值作为保险标的时,应留给被保险人自保一定成数,促使其精耕细作和加强作物管理。如果以生产成本为保险标的,则按照作物在不同时期、处于不同生长阶段投入的生产费用,采取定额承保。

收获期农作物保险。收获期农作物保险以粮食作物或经济作物收割后的初级农产品价值为承保对象,即它是作物处于晾晒、脱粒、烘烤等初级加工阶段时的一种短期保险。

森林保险。森林保险是以天然林场和人工林场为承保对象,以林木生长期间因自然灾害和意外事故、病虫害造成的林木价值或营林生产费用损失为承保责任的保险。

经济林、园林苗圃保险。这种险种承保的对象是生长中的各种经济林种。包括这些林种具有经济价值的果实、根叶、汁水、皮等产品以及可供观赏、美化环境的商品性名贵树木、树苗。保险公司对这些树苗、林种及其产品由于自然灾害或病虫害所造成的损失进行补偿。此类保险有柑橘、苹果、山楂、板栗、橡胶树、茶树、核桃、枣树等保险。

2) 养殖业保险范围。牲畜保险。牲畜保险是以役用、乳用、肉用、种用的大牲畜,如耕牛、奶牛、菜牛、马、种马、骡、驴、骆驼等为承保对象,承保在饲养使役期,因牲畜疾病或自然灾害和意外事故造成的死亡、伤残以及因流行病而强制屠宰、掩埋所造成的经济损失。牲畜保险是一种死亡损失保险。

家畜保险、家禽保险。以商品性生产的猪、羊等家畜和鸡、鸭等家禽为保险标的,承保在饲养期间的死亡损失。

水产养殖保险。以商品性的人工养鱼、养虾、育珠等水产养殖产品为承保对象,承保在养殖过程中因疫病、中毒、盗窃和自然灾害造成的水产品收获损失或养殖成本损失。

其他养殖保险。以商品性养殖的鹿、貂、狐等经济动物和养蜂、养蚕等为保险对象,承保在养殖过程中因疾病、自然灾害和意外事故造成的死亡或产品的价值损失。

(4) 小额贷款公司。作为新型小额信贷组织,小额贷款公司在运行机制、制度约束上进行了大量创新,较好地支持了"三农"和微型企业发展。小额贷款公司在全国的发展已初具规模。小额贷款公司的快速发展,对扩大辖区"三农"信贷投入、缓解中小企业和个体工商户资金紧张局面、规范民间借贷、促进农村经济健康发展发挥了积极作用。据相关部门披露,除了西藏、海南、湖南等三个省区,全国其他省区均有小额贷款公司,排在前五位的省区分别是内蒙古、河北、安徽、浙江、山西。目前我国小额贷款公司业务主要投向私营经济等微型企业,并为个体工商户、农户提供信贷服务。

党的十八大以来,农村金融业以增加农民收入为核心,以脱贫攻坚为重点,大力支持特色优势产业转型升级,为"三农"经济发展提供了有力的金融支撑。农村金融服务方式与农业产业发展的契合度、关联度明显提升。现代化金融基础服务设施在农村实现全天候、宽领域覆盖,初步实现了农村金融网点现代支付系统和助农取款服务行政村"两个全覆盖"。农村信用体系建设让农民获得贷款的均等化程度显著提升,授信额度的提高、审批程序的简化、贷款利率的优惠,让守信农民得到实惠。

五、农村金融改革发展面临的挑战

农村金融是农村经济发展的核心,健康的农村金融生态环境是推动农村经济加快发展的重要基础,是实现农村经济发展的根本保证。近年来,为了搞好我国的农村改革,国家围绕农村金融和财政支农方面颁布并实施了一系列重要政策,推动了农村经济社会的快速发展,具体表现为金融服务主体多元化和农村中小微企业收益不断增加。但是,在乡村振兴战略的背景下,农村金融体系的改革和发展也面临着问题。

(一)农村金融体制不够健全

1. 农村合作金融机构产权结构不合理

农村信用社是最主要的农村合作金融机构。随着农村经济的不断发展和农村金融市场竞争程度的增加,农村金融需求扩大并推动了农村信用社经营规模和范围的扩张。在此情况下,农村信用社合作金融的产权制度产生了质变。一方面,广大社员股民由于股份小且占股分散而无法行使管理权;另一方面,多元化的股权结构和多层次的利益相关者容易导致产权主体虚置。与过去相比,农村信用社的股权结构更为复杂,股份类型增加了集体股、法人股、国家股等。在乡村振兴战略背景下,农村信用社改制的方向在于商业化运行。因此,农村信用社股份制改造面临着多重困境。

2. 政策性金融支持的范围和能力有限

乡村振兴战略的实施需要金融方面的政策支持。但在乡村振兴战略背景下,农村金融体系中的供应主体(机构)、农村金融服务的现代需求主体(法人)、农村金融风险承担与分散主体(担保、保险)以及农村金融环境(诚信、法治环境)等方面仍然存在着严重的生态链问题。一是乡村振兴战略需要金融机构提供更多、更有效的金融服务,但是现有的农村金融机构在设置、服务方向、政策保障等方面存在着很大的滞后性。二是乡村振兴战略必然要求改革原有不适应乡村振兴的涉农金融机构,必然要求全面构建与重建农村的金融供应、需求和风险以及环境等生态链结构。

3. 农村金融服务体系不健全

一是农村金融服务手段落后。"科技改变了人们的生活,也改变社会的发展,促进了产业的多元化。"但在一些农村地区,农村金融的服务手段非常传统和单一,网络信息技术在金融服务中没有发挥应有的作用。二是金融服务体系明显不完善。互联网经济带来了多元的劳动供给方式,虽然现在农村金融服务体系也比较健全,包括农村信用社、中国农业银行、中国农业发展银行、保险公司以及农村社会保障基金管理机构等,但目前我国以农村发展为落脚点、立志服务"三农"的各类银行金融机构以及非银行金融机构还未形成统一的整体。而且我国农村金融网点相对较少,分布不均,金融产品单一。农村金融服务体系的不健全影响着农村经济的发展和乡村振兴战略的推进。

(二)农村金融风险化解机制不够完善

我国农村金融改革已 40 多年,虽然取得了显著成绩,但也存在诸多问题,其中农村金融缺乏风险化解机制就是一个重要方面。

1. 农村金融机构投入的风险大

由于金融服务对象和金融消费面临的环境存在差别,我国城乡两个市场的金融风险差别较大。在我国农村,农业生产的特点以及各种农业投入的各种风险没有解决,造成农村金融市场长期以来是高风险、低收益的弱质产业,农村金融机构所承受的金融风险非常大。在乡村振兴战略背景下,我国城乡金融风险必然不平衡,农村金融体系缺乏风险的化解与分散机制,造成涉农金融机构缺位,"去农化"倾向严重。

2. 社会信用支持体系建设滞后

良好的农村信用文化和诚信的社会环境不但是农村市场经济发展所必需的,也是农村金融体制改革所必需的,但我国农村信用制度建设一直是薄弱环节,这必然影响着农村金融体系的建设。在乡村振兴战略背景下,我国农村金融体系的困境有以下表现:一是政府对农村金融中大量的违约现象重视不够。政府非常重视招商引资,但对当地金融机构经营中出现的违约现象重视不够。二是缺乏对农村借款主体信用违约的惩戒。在我国农村,经济主体的法治观念长期都比较淡漠,民间借贷中逃债、废债的信用违约现象大量存在,金融机构对其无能为力,而相关部门对这部分信用违约者也缺乏有力的惩戒措施,致使大量信用违约者不能得到应有的惩处,给社会信用带来不良的影响。三是农村信用制度建设面临的难度大。我国的信用制度建设一直非常薄弱,我国农村的个人征信系统更是覆盖面不宽,收集的信息内容不全,没有建立起规范的信用管理制度,难以对农村的民间借贷违约行为起到有效的监督作用。

(三)农村金融供给机制不完善

改革开放以来,我国的农村金融服务体系有了很大的变革,但农村金融市场供求不平衡,农村金融服务覆盖面以及供给规模、服务质量不足仍然是中国农村金融体系的重大缺陷,主要表现在以下几方面:

1. 农村金融服务供给落后

在我国广大农村,农民的基本金融服务需求是存款、结算等基本服务,可是目前这些需求在农村很多地方并没有得到满足,还存在一定的金融空缺。农村金融机构布局偏离农村现象较为严重,农村基本金融服务落后的现状没有得到解决。近几年来,新型农村金融机构的发展有很大的改变,但金融服务仍然存在布局不合理问题,农村金融供需矛盾依然突出,对照乡村振兴战略和金融供给侧结构性改革的要求,农村金融服务改革创新的任务仍然艰巨。因此,在乡村振兴战略背景下,农村金融体系的构建存在很大的问题。

2. 农民投资理财满足度低

随着我国经济的发展和社会的进步,农村居民收入大量增加,农民对理财产品的需求也与日俱增,农户对理财和增加收入的渴望比较强烈。从总量上看,随着农村金融改革的深入,我国农村金融服务整体呈现持续改善的局面,涉农直接融资和间接融资规模不断增加,农村金融产品和抵押方式创新不断涌现,农村基本金融服务得到了一些改善。今天的乡村振兴,必然涉及金融振兴,农村金融投资产品的创新必然是金融振兴的重要内容,现在农村社会对购买基金和国债的需求增大,有些富裕起来的农民对期货市场的农产品价格信号有着强烈需求,但目前我国农村金融市场上证券、期货的交易平台严重不足,理财产品非常单一,影响农民金融投资的积极性。

(四)金融资源配置不够均衡

乡村振兴需要金融支持,但在我国一些农村地区,金融体系仍然存在发展不均衡、借贷成本高以及金融运行不可持续等问题,阻碍着农村地区普惠金融的发展。

1. 农村金融资源配置不均衡的问题仍然突出

乡村振兴战略的推进,必然要求农村金融能均衡运行。一是农村金融资源供给不足。多元化的农村金融主体之间缺乏充分的竞争,银行在农村设立的网点有限,剩余的农村金融机构的农业信贷门槛高,授信额度小,这使得农民对正规金融的依赖度很低。中国农业发展银行和中国农业银行主要向农村基础设施和农产品加工企业提供贷款,很少向农户贷款,能够提供信贷服务的农村金融组织资源缺乏。二是农村合作金融组织选择性贷款现象严重。农村信用社的分支机构基本覆盖了广阔的农村地区,但其出于追求自身利益最大化的考量,进行了选择性贷款,导致一般农户获得贷款的可能性不断降低。三是农村地区农业信贷风险补偿机制不健全,小微企业、农户信息不通,民间借贷属于非正规金融借贷及借贷中缺乏抵押物等原因,造成了借贷成本高、还款压力大、企业运行不可持续等问题。

2. 农村金融运行的资源利用还受到诸多限制

科技的创新推动着金融产品创新和金融服务的创新,在乡村振兴战略背景下,一些农村地区的金融资源利用还存在很多问题:一是农村金融体系运行中存在产品创新和服务方式创新受限的问题。由于我国广大农村市场竞争机制环境以及人才技术和城市相比有着很大的不足,很多金融机构在运行中仍然依赖传统信息技术和贷款技术这一平台,使得金融运行中在产品创新和服务方式的创新方面仍然受到多重限制。二是农村金融运行中对网络信息技术利用不够。互联网、大数据、云计算的运行给农村传统金融产业带来了机遇与挑战,为农村金融体系降低运行成本、扩大服务覆盖面提供了可能性和新的路径。同时,新兴信息科技的发展也为乡村振兴战略带来了很多新的金融业态。然而,由于存在地理空间障碍、农村金融信息技术人才的缺乏以及农村金融机构在创新实践中对信息技术的重视不够等问题,农村金融不管在运行上还是在产品创新上都存在对网络信息技术运用程度不高等问题,农村金融服务缺乏科技支持,影响了农村的普惠金融业的发展。

3. 国家支持农村金融的财政与金融政策尚未形成配套体系

农业是国民经济的基础,但不可否认,农业在我国经济结构中仍然处于弱势地位。因此,农村经济的发展需要大量资金的投入和积累,同样离不开农村金融的支持。这些年,国家财政综合运用对农业的奖励、补贴和税收等优惠政策,引导和鼓励农村金融机构开展多种形式的金融贷款服务,对推动农村经济发展起了重要的促进作用。在乡村振兴战略支持下,政府对农村金融的支持和财政补贴力度必然加大,但是,我们必须看到,支持农村金融的财政与金融政策尚未形成配套体系。国家各级财政和中国农业发展银行、中国农业银行、农村商业银行、农村信用社和中国邮政储蓄银行在支持"三农"问题上的政策口径不一,在政策和借贷方面缺乏统一配合与制度安排,金融资源浪费现象在一些地方还很严重。

第二章 乡村振兴建设中的金融需求与供给

乡村振兴战略涵盖农村经济、文化、治理、民生、生态等多方面内容,是乡村发展的整体性工程,既是一项宏伟的国家战略,也是一个长期的历史任务。其中经济发展是激发乡村全面振兴活力的基础,只有产业兴旺、百姓富裕,乡村其他各项事业发展才能得到保障。据不完全统计,未来 5 年乡村振兴工程大约需要投入 7 万亿元以上的资金。这么大的投资,没有金融和社会力量的参与,就不可能取得成功。同样,金融部门如果不积极、创新、全面地参与到乡村振兴这一伟大事业中来,也难以在激烈的竞争中找到新的增长点和后续发展动力。促进乡村经济发展需要建立适合"三农"特点的农村金融服务体系,不断创新开拓乡村投融资渠道,将金融活水源源不断地向乡村引流,更好地满足农村地区对于产业融合、综合化服务、补短板及可持续发展等方面的金融服务需求。

一、乡村振兴建设中的金融需求

乡村经济发展是乡村振兴的基础,作为现代经济的核心和实体经济的血脉,金融在开拓投融资渠道,强化乡村振兴投入方面发挥着重要作用。改革开放以来,我国农业产业体系建设取得了长足的进展,农业发展正在由增产导向转向提质导向,大宗农作物的种植、畜禽水产、特色种养等现代种养业不断地向规模化、标准化、品牌化发展,绿色发展成为中国农业发展的一个新特征。对农村金融来说,支持乡村振兴既是新时代服务实体经济的使命担当,也是发展普惠金融业务的重大机遇,要结合当地农村经济发展的特点精准施策。

(一)我国农村金融需求的现状

农村经济主体对金融需求主要包括三个层次:一是货币需求,这是由收入水平决定的;二是信用需求,取决于可支配收入在储蓄和消费之间的分配;三是在前两者的基础上发展起来的金融服务需求。由于我国乡村区域范围广泛,涵盖经济主体多样,经济发展程度不一,不同地区、不同经济主体以及同类型经济主体在不同发展阶段都具有不同的金融需求。

1. 农业现代化建设的资金需求

按照现代化大生产的分工,现代农业的产业链可以分为农业生产资料供应、农产品生产、加工、储运、销售等多个环节。目前,产业链整合有两个发展趋势:一是在纵向上实行产加销一体化,形成一个有机整体;二是专注于产业链的一个环节,深耕细作。新时代农村金融要理解和把握现代农业发展的新形势,深化体制机制创新,形成加快推进农业现代化的强大动力,继续为农村经济发展提供有力支撑。

(1)推进高标准农田建设。一是全面开展永久基本农田规划。加快千亿斤粮食新建仓容建设进度,加快建设跨区域冷链物流体系。二是深入推进粮食高产创建和绿色模式攻关,加大对园艺作物标准园创建、标准化规模养殖场建设的支持力度。三是加快生物育种、智能农业、农机装备、生态环保等领域的科技创新,加强农业生态环境污染治理,加大对重金属污染耕地修复等工作,特别是要在中西部地区建设一批重大引水工程、大型水库和节约灌溉骨干渠网,不仅可以夯实农业持续发展基础,又可以扩大投资、增进增长、改善民生。

(2)支持农业科技进步。农业科技进步依赖于大量的资金投入,依赖于金融资源的合理配置。因此,要推动农业科技进步,就必须高度重视金融创新的作用,构建农业科技的金融支撑体系,引导金融资源向农业科技配置,促进农业科技与金融的结合。创业投资是与科技创新风险收益特征最匹配的金融创新工具。作为农业科技创新的重要主体,农业科技企业的风险收益结构是与创业投资相契合的,应大力发展创业投资在支持创新型中小农业科技企业发展中的关键作用。

2. 农业结构调整的金融需求

(1)农业生产结构调整的金融需求。为深入推进新一轮农业结构大调整,按照"一县一业、一乡一特、一村一品"的要求,着力培育复合型特色主导产业体系,这些新型行业和产业迫切需求金融机构给予更多的信贷资金支持,满足其发展现代农业的融资需求。

第二章 乡村振兴建设中的金融需求与供给

(2)农业一、二、三产业融合的金融需求。农业产业链方面,出现了"公司＋基地＋农户""龙头企业＋合作社＋农户"等新型农业产业化经营模式,迫切需要金融机构创新发展农业供应链金融服务模式。电子商务发展方面,农村金融机构积极推动"互联网＋农业"行动,形成了地方特色的"一村一品一店"发展新格局。由于缺乏可抵押的固定资产,使得部分急需资金和正在起步阶段的淘宝村电商仍难以正常获得融资。

(3)农业经营结构调整的金融需求。农业经营结构调整,就是加强新型农业经营主体的培育,逐步建立起以农业龙头企业为核心、农民合作社为纽带、家庭农场和专业大户为基础的农业产业化联合体。当前新型农业经营主体的融资需求强烈、融资缺口较大。

3. 农业基础设施建设的金融需求

现代农业的发展有赖于完善的现代农业基础设施建设。农业基础设施建设具有投入大、工期长、见效慢等特点。从总体上看,企业通过农业基础设施建设而实现的短期经济增长幅度较小,投资意愿不高。因此,农业基础设施建设需要政府的引导和推动。地方政府往往受制于财政资金的限制,对基础设施的投入不足,即使每年划拨专项资金用于基础设施建设,也因建设速度慢、投资期长等原因,影响基础设施建设的成效,难以适应农业化发展的客观需求。政策性银行融资就是金融创新解决农业基础设施建设的有效手段,政策性资金不仅可以有效地解决建设配套资金不足的问题,还可以解决政府平台企业由于资本金不足,难以有效利用商业银行信贷的情况。

4. 乡村生态宜居的金融需求

(1)农村基础设施建设的金融需求。从基础设施建设来看,乡村振兴最直观的标志就是农村居住环境的改善和乡村面貌的提升。缩小城乡基础设施差距,让农民有一个便捷、整洁、美丽的现代化生活环境是重要的民生和民心工程,也是吸引优秀人才回流农村的重要保障。乡村道路建设、饮水安全、文体设施、电力电信、垃圾清运、厕所改造等工程建设和维护都需要大量资金投入。此外,农民集中居住过程中也需要建设大量的基础设施,需建立多元化的投融资体制。

(2)生态经济建设的金融需求。绿色是乡村振兴的"底色"。实施乡村振兴战略,要坚持绿色发展理念,将"青山绿水"铸造成乡村振兴的绿色引擎,留住美丽的家园,实现乡村可持续发展。这就需要商业银行调动更多资源投入农村生态环境建设,把"绿色金融"理念贯彻到振兴乡村的实践中,为农村绿色产业、农业循环经济、乡村污染防治等提供相应金融服务,形成乡村经济发展和生态保护的良性互动。农村金融机构可通过信贷服务、产业基金、金融顾问等方式支持农业产业结构调整,增加绿色有机农产品的供给,助力绿色产业发展和乡村生态修复。在绿色发展理念引领下,把广大乡村的"青山绿水"源源不断地变为"金山银山"。

(3)公众服务环境建设的金融需求。从基本公共服务来看,近年来,农村基本公共服务的政策体系已初步建成,但实施标准还不够高,农村公共事业发展仍然较为缓慢。以农民医疗养老服务为例,各类养老金融需求较为广泛。如老年人集中居住点、老年公寓建设需要大量资金投入。当前,广大农村地区医疗养老水平相对落后,年迈农民大多无储蓄、无资产且体弱多病,家庭难以承担商业养老开支,养老方式仍停留在传统的子女供养居家养老,急需探索"政府+机构+农户"的农村养老新模式。补齐这些短板,一方面需要发挥国家财政的积极作用,另一方面要完善政策保障体系,通过政府和社会资本合作,通过金融手段撬动社会资本更多的投入。

5. 农户多元化的金融需求

(1)农户购房金融需求。目前农户在乡村集中居住点购房呈现出多元化的情况,在乡镇、县城和市区购房户均需求更高。农户普遍反映的银行机构住房贷款门槛高、还贷方式和利率不贴近农户需求等问题,迫切需要强化农村住房金融改革。

(2)农户就业创业金融需求。据中国人民银行开展的入户调查数据显示,农户创业贷款需求占全部贷款需求的45%,但当前农村金融机构创业贷款门槛较高,如创业担保贷款反担保条件较高,反担保人必须为公职人员,难以满足农户创业资金需求。

(3)贫困农户的资金需求。目前农村金融机构对贫困户主要以小额信贷产品为主,尽管种类较多,但是小额信贷分散的特点加大了贷款管理难度、投入产出比较低,银行投放积极性不高。

6. 金融服务综合化需求

(1)从服务品种上看,除了传统的信贷支持和账户管理等金融需求,还需要市场资讯、金融培训、财务规范、公司治理、投资银行等多种类的金融服务,部分富裕的农村还有投资理财咨询、贵金属和金融衍生品交易、上下游客户中介等金融服务需求。

(2)从服务方式上看,除了传统的网点柜面式服务,农村地区更需要现代化金融服务手段。相比城市,农村地区具有交通不便、居住区域范围大等特点,随着互联网和智能手机在农村的普及,农村企业和农民更需要网上银行、手机银行等灵活便利的银行服务终端,尤其需要开发针对广大农民的简单、便捷的使用界面和功能。

(3)从服务效率上看,受农村地区种、养殖业季节性影响,资金需求的窗口期更短,需要银行提高信贷审批效率。同时,农村合格抵、质押物相对不足,还需要商业银行创新风险控制手段,把控实质风险,提高农村信贷服务的质效。

(二)农村金融需求变化的趋势和特点

自2008年以来,我国农村经济发展表现出两个新的特点:一是以党的十七届三中全会通过的《中共中央关于推进农村改革发展若干重大问题的决定》为标志,国家加大对农村的重视和投资力度,国家农村政策的调整和大量惠农政策的实施,极大地激发了农民生产的积极性;二是全球金融危机对我国经济造成深刻影响,实体经济受到强烈冲击,导致大量农民工返乡经营农业,很多地区农产品出现降价、售卖难等问题。与农村经济发展的新特点相适应,农村金融需求呈现以下新态势。

1. 农村金融需求的趋势变化

(1)农民消费信贷需求意愿变强。近年来,国家为了拉动内需,扩大农村市场,相继出台了家电下乡、汽车下乡和小型农机具下乡等活动,提高了农民对消费信贷的需求。近年来许多农户积极扩大种植面积,提高劳动效率,降低劳动强度,对各种农具及家电的需求增加,而在此时国家推出一系列下乡活动,双方需求吻合。如果金融机构在这一时期配合国家政策,提供相应的信贷产品并给予优惠,就既能丰富农村金融市场,又能刺激农村消费市场,促进农村经济增长。

(2)农地生产经营贷款需求增加。我国土地流转政策措施出台后,土地流转速度加快,出现越来越多的大规模农业种植户,因此大规模农地经营必然要求农户拥有更多的资本投入生产经营,随之而来的就是生产经营的信贷需求不断增长。这就对农村金融机构支持提出新的要求,推动"龙头企业＋基地＋农户"模式,并引导新的模式(业主＋农户、订单＋农户)发展,促进农村经济向集约化、规模化、多元化方向发展。

（3）专业合作社贷款需求明显。各个部门对农民专业合作社的大力支持，自然就产生合作社对金融服务的需要，专业合作社已成为农村经济的一种新趋势。

（4）农民工创业贷款需求增加。2008年金融危机引起农民工回乡，对当地政府和金融机构也提出了新的难题，即引导农民工重新就业。值此，国家出台农民工创业优惠政策鼓励创业，而土地流转、林权制度改革为创业提供机遇，促进了创业高峰期的到来。农民工自主创业提高了对金融服务的需求。

（5）农村基础设施信贷需求呈上升趋势。自然灾害让大家意识到改善农村生产条件和生活环境的重要性，政府加大了对标准化农田、打井、修路、修渠等公益性基础设施的投资力度，而这方面的投资数额大、期限长，除农民集资、政府农业补助外，还需要农村金融部门信贷的大力支持。

（6）农村电商平台的金融需求不断上升。近年来农村电商蓬勃发展，已逐渐成为推动农村产业兴旺的主力军和乡村振兴的新引擎。农村金融支撑仍然是农村电商发展的主要环节，银行、电商、新型科技企业三大主体把握历史机遇，凭借着银行的线下布局和信贷支持、电商企业的平台运作和资金配给、科技企业的网络流量和潜在客群，各自发挥优势、扬长补短，在农村电商与普惠金融结合的浪潮中担任不同使命却又相辅相成，推动农村电商与普惠金融深度融合，形成了"三位一体"的发展格局，引领农村经济的巨轮驶入历史新航道。

2. 农村金融需求的特点

（1）季节性和分散复杂性。农业生产受客观自然环境条件的影响和制约十分显著。目前，虽然各种农业生产新技术不断出现，极大地改变了农业生产的自然条件，也在一定程度上改变着农业生产的季节性，但这种改变毕竟十分有限，大量的农业生产仍要遵循春夏秋冬四季的时节轮转，而且在我国一家一户小农经济状态没有彻底得以改变之前，农户的信贷需求仍然要在较长时期内沿袭春贷秋还的周期性交替。同时，农村还有数以千万计的中小微型民营企业，这些企业在经营规模、技术水平、抵押担保条件、内部经营管理体制等方面存在较大的差别和种种不足，其金融需求也必然呈现短、小、频、急的典型特点。

（2）低收益和高风险。目前我国农副产品仍主要是初级生产形式，加工增加值所占比重较低,农业相关产业营利水平低,决定了农村金融的低利性。与一般的工商企业相比较,农产品供给弹性小,加之我国绝大多数的农业生产仍保持一家一户的基本格局,无法参与或自主决定农产品的市场价格,一旦市场价格发生变动,就有可能给农户的生产经营带来巨大的损失,给农业借贷带来较大的风险。同时,农业生产尤其是传统的种养业生产,对自然条件的依赖性较强,且小规模农户生产自身条件的局限性进一步限制了其抵御自然风险的能力,致使农业借贷面临较大的自然风险,最终的结果就是农业借贷的高风险。

(3)可抵押品少和交易成本高。无论是广大的农户,还是数量众多的农村个体工商户、中小微型企业以及农村基础设施建设项目,抵押担保物的缺少是制约其获得贷款的瓶颈所在。以农户为例,农户对所经营的土地也只有经营权而没有所有权;农村住房作为农民的基本生活资料,不具备抵押资格;其他生活和生产用品的市场价值,不具备抵押价值。同时,农村居住分散,金融需求品种较少且量小,导致农村金融网点少、规模小,农户获得借贷不仅有付息成本,还包括交通成本以及其他成本。

(4)差异性和层次性。由于不同地区资源禀赋的差异以及国家政策的引导推动,我国不同地区的经济发展水平存在较大差距,具体到农村地区也同样如此,最典型的表现就是不同地区农民收入水平差距明显且收入来源渠道也十分不同。而不同农村地区的收入水平和来源结构也决定了金融需求的差异性和层次性,一般都将这种区域差异性简单地概括为落后、中等发达和发达三种类型,相应地区类型的主要金融需求分别为基本的生活性需求、扩大规模的农业生产性需求和企业发展与城镇化建设方面的需求。

(5)缺少市场化的投融资主体。对当前我国各类农村金融需求主体来说,2亿多普通农户仍是绝对的需求主体,但普遍缺乏基本的抵押担保条件;除极少数的农业产业化龙头企业外,大量的农村企业和农村经济组织与现代化的企业制度要求相比,仍存在较大的差距;相对于城市基础设施投融资体制的建设而言,农村基础设施建设还基本是一片空白,致使在政府财政资金投入明显不足的情况下,农村基础设施建设领域的金融需求无法与金融市场对接。

(三)农村金融需求存在的问题

面对多元化的金融需求,需要从供给端及时做好供应,但从当前的具体实践看,各地亟待破解制约金融资源投入的瓶颈。

1. 有效承贷主体与乡村振兴旺盛的金融需求不匹配

当前,推进金融服务乡村振兴战略中,无论是农村产业提升、基础建设优化,还是农村环境整治、农民增收等方面的融资需求都很旺盛,但普遍缺乏涉农有效融资主体。当前农业经营主体金融承载能力不足,农村环境提升融资渠道不畅通,存在"三农"领域"贷款难"和金融机构"难贷款"并存的现象。比如,有的乡村振兴项目短期内不能产生稳定的现金流和收益,金融机构较难跟进服务;有的因承建主体经营、项目手续等原因,无法获得银行信贷支持。

2. 财政资金和社会资本对金融资源的撬动力不足

当前很多农村基础设施建设项目,既需要财政资金作为启动资金,也需要撬动信贷资金的投入,甚至需要居民自身投入以及社会资本方的介入,共同形成资本联动,但很多项目周期长、无收益或者收益率低,难以吸引社会资本方和民间资本介入。2017年以来,国家进一步规范了政府购买服务的中长期融资业务模式,中长期项目贷款与"政府兜底背书"分割,部分乡村振兴项目为公益性项目,本身无收益或收益很小,没有政府背书很难达到各银行准入要求。

3. 金融服务乡村振兴的配套机制有待完善

乡村振兴各类金融需求主体中,拥有的最大资源资产为各类农村产权,但在农村产权抵、质押融资方面,所涉及的产权交易、价值评估、抵押登记、风险缓释、抵押物处置等多个环节都需要相关配套措施才能有效吸纳支持信贷资金流入。从当前农村产权交易流转市场看,普遍面临产权交易不活跃、标准化程度不高等问题。从农村产权价值评估看,普遍面临专业化评估机构欠缺、抵押物价值难以有效释放等问题。从担保增信与风险分担方面来看,地方政府与金融机构合作对接意愿强,但后续落实机制难以有效跟上,信贷担保资源落实难,风险分担体系不完善,影响金融机构服务乡村振兴的积极性。从农村信用环境看,由于历史、体制和教育等因素影响,农村信用环境亟待完善,农村经营主体信用意识有待提高。农村信用登记制度和信息共享机制尚不健全,不能满足金融机构对信用的获取、评估和运用。农村金融风险防范压力较大,需要多部门联动,构建失信联合惩戒机制和守信激励机制。

4. 乡村振兴领域的金融服务创新有待进一步加强

从农村金融机构网点布局来看,近年来国有商业银行为整合资源、降低成本，在乡村的网点数量减少。目前乡镇一般只有农村商业银行、农村信用社、中国邮政储蓄银行（或邮政代理网点）的营业网点，难以满足需求。从提供的金融产品来看，乡村银行网点大多只提供基本存款、贷款和汇款类服务；从资金流向来看，乡村大部分存款没有用于农村经济建设，而是回流城市；从金融创新方面来看，针对农村的信贷产品或方式仍以普通的抵押担保为主，契合农村集体经济特点的金融创新较少，与全面融入地方政府乡村振兴战略尚有一定差距，同时，相关产品存在同质化现象，难以满足乡村振兴多样化的金融需求。

（四）农村金融有效需求不足的原因分析

农村金融需求虽然巨大，但贷款难、贷款贵的问题一直难解。这固然受制于"三农"自身的特点，但与一些金融机构脱实向虚、不专注支持实体经济也密切相关。

1. 农村金融改革发展的制度缺位，影响需求不足

一是农村金融改革政策落实不到位。近年来，国有商业银行逐步建立了"三农"事业部，分别出台了金融支持乡村振兴战略的具体方案，但是国有商业银行在服务农村经济发展的具体措施和方法上还比较滞后。由于多层次的原因，国有商业银行在农村金融市场并没有得到真正的实施，中国农业银行、中国邮政储蓄银行、农村商业行和农村信用社吸收存款后通过购买国债、存放同业或贷款给城市客户使资金流向城市，农业发展银行对农产品收购资金实行封闭管理，导致了县域金融机构都不同程度地收缩了农村市场业务，而把资金流向收益相对较高和稳定的城市。

二是农村金融服务缺位。政策性银行发挥对农业投入的对口支援作用还比较弱化，服务功能缺位明显，资金来源渠道单一，市场化筹资能力差，很难为农业农村经济提供真正意义上的多元化、低成本、大金额、长期性资金。农村商业银行和农村信用社贷款的用途、额度与农民的实际需求之间存在结构性矛盾。农村商业银行、农村信用社由于产权不明晰、法人治理结构不完善、历史包袱重、资产质量差、服务手段落后等因素制约，无法发挥其农村金融主力军的应有作用。

三是农村金融市场中的高风险。农村金融机构经营具有高风险性，在发展的初期，农村金融机构还未真正成为符合现代企业特征的金融企业，而要承受计划经济体制风险、市场经济体制风险以及计划经济体制和市场经济体

制摩擦的系统风险以及运营风险和流动性风险,其经营行为有明显的政策性特征。在县域层面,农村金融供给面临的最大瓶颈即农村金融市场的三大风险,包括自然灾害风险、农户违约风险和较高的机会成本,导致农村金融存在惜贷的现象。

四是农村金融改革不够深入。虽然国家提出了乡村振兴战略,并发布了激励农村金融改革发展的政策,但是政策的实施效应滞后,农村金融改革发展的内生动力不足,落实乡村振兴的货币政策落实不到位;我国农村金融产品及服务供给的创新不足,金融需求主体能力的培育不够,国家激励农村金融发展的政策落实不到位,农村金融机构发展思路和定位不清晰,导致中国农村金融服务缺位,使农村金融需求得不到满足。

2. 农村金融产品缺位,导致金融需求不足

一是农村金融信贷供给、服务效率仍需进一步提升。主要表现在中小型农业企业、农民合作社、农户等主体普遍评级不高、市场准入难;国有银行客户分类、信用评级、授信用信、利率定价等政策未能实行分类管理,农村企业授信评级偏低,信贷审批流程偏长;适应农村经济发展的"三农"产品创新仍需加强,部分"三农"贷款产品在额度、期限、还款方式等方面难以有效满足农村实际需求。

二是抵押担保配套措施仍需完善。现行的借款保证方式主要采取信用、抵押和担保,其中财产抵押占较大比例。而农户和农村中小企业缺乏用于抵押的资产,再加上农村的信用体系非常薄弱,在农村金融机构都追求利益最大化的前提下,农户和农村中小企业向正规金融机构的贷款申请迟迟得不到批准,农村金融机构就会做出"逆向选择",把资金投向风险大、收益高的龙头大企业和城市工业,消极对待支农、扶农的任务。信贷需求从正规金融机构得不到满足,农民就把目标转向非正规金融机构、亲友借贷或者民间借贷来填补资金缺口。

三是农业保险实现突破,但风险分担补偿机制仍待优化。自 2009 年中央一号文件首次提出"探索建立农村信贷与农业保险相结合的银保互动机制"以来,不少地方进行了银保互联的尝试,比如中国工商银行 2012 年开始在江苏省分行、浙江省分行试点开办信用保证保险方式的小微企业贷款。保险公司提供农业设施保险、农产品价格保险、收入保险或者对农民提供意外险,银行对符合条件的参保农户优先予以信贷支持,工行与多家保险公司合作,累计放贷额超 30 亿元。近年来,"保险+期货"的农业帮扶模式得到期货

经纪公司、保险公司、粮食主产区地方政府的积极响应。这一模式由期货公司承担涉农保险的"再保险"角色,分散保险公司的承保风险。2016年、2017年的中央一号文件明确指出要稳步扩大"保险+期货"试点。在此基础上,"保险+期货+银行"的模式于2017年在大连商品交易所落地。尽管涉农保险与银行贷款结合的创新模式取得了阶段性突破,但目前还未形成完整有效的涉农风险分担补偿机制。农业保险的保费普遍偏高,保费资金主要来源于政府补贴或者相关机构帮扶,尚未建立起长效、完善的商业可持续发展机制。

3. 农民思想保守,道义小农与理性小农并存

我国农村经济是典型的小农经济,农业规模小、以种植业为主使其借贷行为明显地带有长期自给自足的小农经济色彩。小农经济导致的结果就是农民追求的是解决温饱问题而不是经济人所要求的效益最大化,农户基于交易动机和谨慎动机产生金融需求。再加上受根深蒂固的传统观念影响,"圈层结构"在农村盛行,友情借贷优先于外援融资。在一部分高收入农户中,虽然他们逐渐走向"理性小农",从事非农业生产,对信贷需求逐渐增加,但他们也和农业生产者相类似,抵押品严重缺乏,从而降低了他们对正规金融需求的欲望。

4. 借贷成本高,风险承受能力弱

农业是弱质产业,其产量受自然气候影响大,生产效益明显比其他产业低,因此农业借贷的效益也相对较低。现阶段我国农户将收入主要用于教育、医疗等生活性支出,用于生产性支出的资本积累欠缺,农户难以承受过高的利率,而金融机构面向农户的信贷利率超过了农户的承受能力,限制着农户的正常金融需求。中小企业向金融机构贷款必须支付除利息以外的其他费用,主要是为了与机构人员往来便于借到款项。这样中小企业就要花较多的心思和成本与金融机构周旋,从而提高了借贷的时间成本和经济成本,这对本身规模小、信贷资金少的中小企业无疑是雪上加霜。农业企业靠微小的贷款只能维持原有规模进行再生产,难以进行扩大再生产,实现经济规模生产。

二、乡村振兴建设中的农村金融供给

改革开放以来,我国政府在农村金融领域实施了一系列的改革,特别是乡村振兴战略提出后,对农村金融的发展定位和改革思路进一步明晰,农村金融供给机制发生了很大的变化。金融供给方面,在组织体系上逐渐形成了

以合作金融为基础,商业金融、政策金融分工协作的农村金融服务体系,在农村金融服务的工具和手段上也逐渐实现了多样化。

(一)我国农村金融供给的现状

1. 农村金融供给总量严重不足

改革开放以来,随着大型国有银行从农村金融市场退出,农村商业银行、农村信用社成为我国农村金融供给主体,农村信用社提供的有限金融资源不能满足农户和农业生产过程中的需求。随着改革开放的深入和城镇化水平的提高,农村金融供给与需求之间的缺口越来越大。针对这一突出问题,党中央深入推进农村金融服务体制机制的改革,运用行政干预和政策倾斜等方式为广大农村地区输送金融资源,涌现了村镇银行、农村商业银行等定位于支农、支小的机构。然而由于资本的逐利本性,大部分农村金融机构并没有深耕农村市场,将经营管理部门设在城乡接合部,宝贵的信贷资源也没有全部投向农村地区,农村金融体系处于现代金融与传统金融、正规金融与民间金融并存的"二元结合状态"。从本质上看,这种"二元结合状态"产生的根源在于金融供给总量的严重不足,一方面,农村经济发展产生的资金需求呈现小额、分散、频率快的特点,农村居民的生产生活需要的金融产品具有周期性和季节性;另一方面,农村经营主体财务信息不规范,农村征信体系薄弱,缺乏有效抵押物覆盖借贷风险,金融机构从防范信贷风险的角度考虑对农村借贷对象产生信贷配给现象,农村金融资源供给与融资需求总量不平衡,导致资金配置向"三农"倾斜少,信贷撬动支农的杠杆作用发挥不明显。

2. 农村金融供给结构严重失衡

从当前金融体系布局来看,银行在中心城市分支机构众多,针对城市企业和居民业务竞争十分激烈,而在中心城市周边的乡镇金融机构设置偏少,一般只有中国农业银行、邮储银行、农村商业银行以及农信社在乡村地区下设分支机构。另外,乡村地区绝大部分金融机构都是银行,农业担保、信托、基金、保险、资产管理等机构数量偏少。随着我国乡村振兴战略的部署,农户和农业经营主体金融服务供给与需求更加不对称。从金融工具来看,多数情况下是使用间接融资手段,直接融资工具还没有在乡村地区普及。此外,各银行业金融机构以股东价值最大化为目标,将经营中心放在经济发达地区,追求产品高净值化,信贷产品较为单一。

3. 农村金融融资成本高

国内大多数商业银行对待乡村金融还是基于传统的思维模式,对于服务效率及人员投入、资产定价等方面仍受传统金融模式影响和约束,基于成本与风险考量,金融机构缺乏发展乡村金融业务的动力。乡村地区小微企业多,生命周期短,通常在3～5年,又由于缺乏资金和设备,其无法向农村金融机构提供固定的抵押物,还款能力较差且还款意愿较弱。另外,农户贷款受季节性因素影响较大,抗风险能力差,在当前乡村金融体系尚不成熟的背景下,金融机构在支农、支小方面面临较大风险,金融机构的小微企业贷款不良率是一般贷款业务的两三倍。乡村金融客户属于长尾群体,只有通过技术手段,依靠自动化设施,实现批量化运作,才能大幅降低金融机构成本。在信息化程度不高的情况下,农村信用社、农村商业银行不仅成本极高,经济效益也较低,因此基于成本与风险考量,乡村金融机构一般放贷给普通农户和新型农业经营主体的利率较高,融资难、融资贵问题仍比较突出,从而加大了农业生产成本。

4. 农村金融机构偏离本源,定位不清晰

农村金融机构创设初期就定位于"支农、支小",然而近年来有些农村金融机构在市场定位上出现偏移。2018年,银保监会因资金流向不清晰、贷款审批不尽职、票据业务无真实贸易背景等事项对多家乡村金融机构做出处罚决定。相关农村金融机构为获取短期更大利润,把宝贵的信贷资金抽离农村并向城镇集中,逆向资金流动,将资金挪用至国家宏观调控政策限制的房地产等领域。乡(镇)附近的一些机构网点,通过分支机构吸收存款和理财资金,投资于非标业务、财富管理等资产负债表外的其他业务形式,在大型企业和域外项目上投入大量资金,这导致农村储蓄外流,客观上导致农村金融资源流回城市,投资于城市大中型项目,影响了乡村振兴发展。这些行为不仅无助于解决"三农"、小微企业融资问题,还大大增加了运行风险,甚至存在诱发系统性金融风险的可能。

5. 金融创新能力低,服务手段单一

当前农村金融以贷款业务为主,服务手段、资产定价等方面仍受传统金融服务模式的影响和约束,缺乏适应农村金融特点的产品体系和服务模式。随着农业生产规模化、产业化,加之劳动力转移造成的土地流转集中,贷款对象由农户向新型农业经营主体转变,农户和农业经营主的金融需求更加综合化和多元化。此外,各地乡村纷纷基于自身资源禀赋优势,探索出了形态各异的特色化发展路径,形成了模式不一的农业产业集群,如商业化农产品、少数民族村寨、庭院经济等,朝着"一乡一业、一村一品"发展模式迈进,涌现了大量农村产融结合的新形态,农村金融所服务群体的需求日益多样化,不同地区、不同类型、不同生产环节的客户有不同的金融需求。但是,目前农村金融机构创新产品和服务速度跟不上发展的步伐,县级机构创新不足,不能根据农村振兴的实际需要在质量、结构、数量等方面开发符合特色的创新型产品,与"三农"关系密切的非银行金融机构、合作性质的非金融机构又缺乏服务"三农"群体的手段及能力。

(二)农村金融供给不足的原因分析

当前,乡村振兴战略正在按照国家规划稳步推进,由于各地经济发展的差异,农村地区资金严重短缺是阻碍农村经济可持续发展的重要因素之一。这很大程度上受资金需求主体的低效性、分散性和高风险性所限制,同时受制于农村金融体制和机制改革滞后、农村金融供给严重不足、农村金融效率低下等因素,农村金融抑制严重。

1. 农村金融发展定位不清晰,服务功能弱化

由于农村经济货币化程度较低,农村金融赖以生存的微观经济基础脆弱,正规金融因农村市场的比较弱势而选择"自我纠正",国有商业银行大量退出农村市场,导致农村金融服务覆盖面下降,农村金融出现空洞化和边缘化。

一是国有商业银行退位。在趋利性的驱使下,近年来,国有商业银行县支行大量撤并了经济欠发达地区特别是农村的机构网点。在机构撤并的同时,贷款权限的上缴同样造成了农村金融支持的下降,正规金融在农村范围内萎缩的趋势非常明显。

二是政策性金融服务缺位。目前,中国农业发展银行基本上是一个单纯的粮棉油收购银行,在支持农业产业化、综合开发、基础设施建设、农业科技推广等诸多关键环节政策性效能受到制约,已经偏离了非营利性这一经营目标,政策性职能发挥不完全。

三是农村商业银行、农村信用社服务功能错位。农村商业银行、农村信用社的市场定位是农村,且又不得不承担"小额农户信用贷款"这一刚性政策任务,再加上支持农业这一"弱质产业"的需要,农村信用社小额农户信用贷

款利率受监管当局利率管制,执行利率无法实现价格发现和风险管理功能,无法补偿支农贷款的成本和风险。在历史包袱与高额成本的压力下,农村信用社效仿农村商业银行跳出"农门"、走"商业化"自救道路的趋势已逐渐显现。

四是农村金融服务有效性不足。农村地区金融服务网点少,作为支农主力军的农村商业银行、农村信用社基本完成农村地区范围内的结算网络建设后,农村商业银行、农村信用社汇路不通、跨区域资金回流无门的局面才得以缓解;从银行卡业务的发展规模来看,目前农村地区普遍使用率不高,其他诸如代发代缴、异地查询及国库券、基金交易等业务,在广大农村更是难觅踪影。

2. 外生性金融制度供给不足

从制度自然演进的角度来看,农村金融制度安排是制度供给者和需求者相互选择的结果,也是资金供给者和需求者互相选择的结果。只有适应客观金融需求的制度安排,才是适应生产力发展需要的,才能促进经济发展,而脱离客观金融需求的制度供给必然是不足的,也是低效率的。由于农村经济社会发展的特殊性,在非需求导向下的全国近乎统一的农村金融制度安排下,这种制度供给相对于需求错位和不足显得更加突出,进而表现出更低的绩效。体现在以下几方面。

一是农村商业性金融制度供给不足。单一的存贷款业务形成了单一的金融交易制度,削弱了农村金融活力;单一的结算手段形成了单一的结算制度,降低了农村资金的使用效益。

二是农村政策性金融制度供给不足。与农村基础设施建设配套的政策性金融业务没有制度性安排,"村容整洁"等硬件建设筹资无门。

三是农村金融保障性制度供给不足。农村金融的高风险理应有相应的补偿机制进行风险对冲,但是农村信用社自身消化能力弱,风险补偿能力有限,而农村商业性保险因难以享受政策补偿而几乎已退出农村市场,从而削弱了农村信贷风险的社会补偿能力。

四是金融管制性制度更新不及时。比如民间借贷作为农村正规金融的一种有力补充,其长期存在必然有其合理性,但在制度上从未为其"正名",导致民间借贷长期处于一种非健康发展状态,对农村经济发展的推动作用还未真正激发。

3. 农村地区支农激励政策落实不到位

乡村振兴是长期性、战略性的重大系统工程,资金前期投入大、回报周期长,特别是在老少边穷地区,人口居住分散,经济不发达,金融业务量较少,金融运营成本高。如果没有足够的财税优惠政策等相应激励机制,金融机构难以向农村欠发达地区(尤其是乡镇及以下地区)配置金融资源。

一是农村金融风险分担机制不完善。财政注资的担保公司和民营融资担保公司未深入到农村乡镇地区,政策性担保缺乏、商业性担保门槛较高,难以有效分担农村信贷风险。

二是农村中介组织和交易市场缺乏。目前农村土地、财产流转所需的登记、评估、交易等配套中介服务尚不健全,农地、农房等资产流转成功交易较少。

三是央行、财政、监管等多个职能部门均出台了一系列支持"三农"发展的激励政策,但由于缺乏顶层总体设计,难以形成政策合力。

4. 农村金融资源错配

一是储蓄漏出现象持续,形成新的农村再生产资金缺口。现代经济理论认为资本形成主要依赖储蓄,只有当储蓄被投资需要且吸收时,才能实现供求平衡和经济正常循环。因此,储蓄转化为投资成为国民经济运行顺利的关键环节,这一转化主要依赖金融体制的完善。而在我国欠发达的农村地区,农村创造的财富没有完全形成资本,其中的相当一部分货币财富被转化为储蓄而吸收到银行体系,并被转移出农村再生产循环过程,表现为储蓄漏出。储蓄漏出是经济运行的漏项,它必然形成短期需求不足,如果不建立一种长久、有效的农村资金回流机制,短期的储蓄漏出无法通过信贷注入而及时"补血",将会导致农村资金只有"外流"而无"回流",农村资金再生能力和内生能力逐步削弱,农村经济的持续发展和新农村建设目标也就无法实现。农村资金的储蓄漏出主要体现在储蓄资金外流方面。

二是农村金融资源分配不公,导致农业资金供给不足。2017年末,主要农村金融机构(农村信用社、农村合作银行、农村商业银行)人民币贷款余额149 820亿元,比年初增加15 602亿元,呈现逐年增加的趋势。与此形成鲜明对比的是,农村商业银行、农村信用社在金融体系中的弱势地位并未随之改变,农村金融资源的竞争弱势最终导致农商行和农信社支农后劲不足,可持续支持乏力。国有商业银行资金上存及邮政储蓄"抽水机"效应对农村市场的掠夺,使得农村信用社组织存款工作困难,甚至投入的支农资金也成了竞争对手的派生存款。尽管有央行再贷款和专项票据的注入,但资金依然紧张,农村信用社不得不减小对"三农"的支持力度,农业有效资金需求得不到及时满足,制约了农村经济的发展。

三是农村金融高风险、高成本、低收益遏制了农村金融的经营冲动。利率是资金成本的现实价格表现。农村资金供求主体之间的信息不对称带来的道德风险、农村资金需求的季节性特征带来的流动性风险、农产品市场化程度较低带来的市场风险、农业生产受自然条件限制带来的自然风险和有效担保抵押不足带来的信用风险,再加上农村资金需求主体分散带来的高管理成本,都只能依赖贷款利率这一价格表现来弥补和对冲。尽管金融监管部门没有对农村信用社进行明显的利率管制,甚至还将贷款利率浮动上限上调到了 2.3 倍,农村信用社贷款利率已超过 10%,但相对于随行就市、市场化程度较高的民间借贷利率来说,农村信用社贷款利率尚未真实反映其高成本、高风险,其净收益仍然较小,投入产出不对称。

四是农村信贷资源并没有流向农户,而是投入了地方政府引导下的大型建设性项目。地方政府追求的目标与中央政府的指导意图存在一定的偏差,使得地方政府在执行中央的政策时存在着一定的偏误现象。有些地方领导没有树立正确的政绩观,在任期内为了追求个人政绩上的成功,主要着眼于地方经济的发展,从而对 GDP 的增长有着盲目的追求。在地方政府的干预下,农村金融机构资金主要流向了地方政府主导的建设性项目等,而真正需要贷款的农村居民无法得到信贷资金。

5. 农村金融生态环境失衡

金融生态环境是信贷资金赖以生存的外部变量,金融生态环境的优劣决定着农村金融发展的快慢,也制约着农村经济发展的速度。

(1)经济发展环境失衡,资金需求总量旺盛与有效资金需求不足的矛盾难以统一。在农村地区,传统农业依然占据着主导地位,"三农"仍处于弱势地位,传统基地农业、科技农业和品牌农业还没有形成气候,农业产业化也只是处于萌芽和转型阶段。受农村地区微观经济主体禀赋限制,其信贷需求往往难以达到金融机构所要求的规模、品牌和效益标准。农业产业化龙头企业大部分处于创业初期,资金实力较弱,产品品种单一,科技含量低,附加值更低。社会主义新农村建设虽然激发了农村资金需求主体的旺盛需求,但在贫瘠的农村土壤上,优良信贷个体毕竟有限,群体的旺盛需求与个体的有效需求出现明显的脱节,金融供给也就根本无处下手。

(2)金融信用环境失衡,信用环境建设长期性与政府行为短期性的矛盾难以理顺。以农村信用社为例,与农民和农业高度关联,决定了农村信用社在信用环境建设中处于劣势地位,难以得到政府的持续支持。据调查,地方政府在农村信用工程建设中的行为短期化突出,主要表现为"三重三轻":一是重政绩工程,轻整治措施;二是重表面文章,轻组织落实;三是重信用荣誉和奖牌,轻环境治理和整顿。农村经济主体逃废债得不到相应制裁,农村信贷资金潜在风险与日俱增,在信贷责任追究制的约束下,金融机构往往被迫实施"逆向选择",以规避信贷风险。在很多地方,农村信用社信贷行为严重扭曲,在他们看来多放风险大,少放风险小,不放风险无。当信贷风险转移为责任风险之后,农村资金需求就求贷无门了。

(3)中介服务环境失衡,信贷交易信息透明化与现实交易非对称的矛盾难以处置。表现为:一是企业信用体系尚不健全,完全市场化的企业信用体系还未形成,没有一套成熟的企业信用信息采集和披露制度。二是农户信用信息数据库尚未建立,农户信用信息处于零散分布状况,没有专门机构收集管理,除农村信用社掌握部分农户信用信息外,其他金融机构无从知晓。三是农业贷款担保机制尚未形成。农业贷款扶持的农业、林业等产业,其资产多为农产品、林业资源,若作为贷款抵押物,自然风险太大;而农村土地使用权、收益权受到诸多政策法规约束,抵押融资受到较大限制,造成农业贷款抵押物难选择,制约了农业保险发展。四是中介收费过高,这也是抑制区域资金需求的老大难问题,更是农村专业种养大户的一块心病。个别地方农户办理房产抵押贷款时,房管部门收费甚至比银行贷款利息还高,每百元抵押贷款综合费用率达10%以上,很多农户只能望"贷"兴叹。

(4)金融司法环境失衡,银行债权维护与地方利益保护的矛盾难以协调。依法清收是有效化解银行信贷风险的法律途径,金融司法环境好坏是衡量一个地区金融生态环境优劣的重要标志。针对无能力履行义务的自然人缺乏相关的法律对其进行制约,缺乏对被执行人为自然人的资产负债情况的法律调整,再加上在执行过程中,由于法律的不健全对执行人员的司法权力没起到相应的约束等,都造成金融案件执行的困难。目前,司法环境还存在很多不尽如人意的地方,当银行和企业发生利益冲突时,地方保护主义往往以牺牲银行利益为代价,保护地方局部利益。

三、围绕乡村振兴，拓展金融供给渠道

农村金融是农村经济发展的血脉，做好乡村振兴金融服务是农村金融机构义不容辞的政治责任，也是加快自身三农业务发展，提升县域市场竞争力的迫切需要。金融服务乡村振兴战略的关键在于精准特色，提升广大农民群众对金融服务的获得感和满意度。

(一)大力发展乡村持牌微型金融机构

地方各级人民政府要积极引导金融机构到农村地区，不断增加涉农金融机构新增量。目前，乡村持牌微型金融机构不仅规模小，而且相对于乡村面来讲机构太少，因此，要进一步解放思想，鼓励乡村大规模设立乡村持牌微型金融机构，在强监管、严监管的前提下，宜应设尽设，能批则批。重点发展如乡村商业银行、村镇银行、小贷公司等乡村微型金融机构，要进一步强化乡村持牌金融机构金融服务纵深化，已有涉农金融机构要坚守定位。各机构应以服务"三农"工作为重点，延伸服务链，扩大服务范围，向"三农"提供更多优质服务，与农共享金融改革和发展的成果。对于金融资源空白的村庄，为了满足农民的基本服务诉求，应实现"村到村"的金融网络。完善适合农业和农村特点的农村金融体系，促进农村金融机构回归初心，为农村经济社会发展的重点领域和薄弱环节配置更多的信贷资源，更好地满足乡村经济各种金融服务需求。

(二)大力优化乡村金融供给机构的布局

明确银行业在乡村振兴中的职责定位，强化大中型金融机构的社会责任与社会担当，要引导其主动承担乡村振兴中的金融企业责任，特别是要进一步强化大型金融机构和政策性金融机构普惠金融工作部对乡村振兴支持力度，强化服务方式创新，完善自身管理机制，减少对农村贷款资金来源限制。放开农村地区金融机构法人总体数量限制，完善村镇银行机构布局和功能，做好农村金融机构服务乡村振兴的本职工作，持续增加涉农贷款占各项贷款余额的比重，所有金融机构不得完全按利益最大化原则来经营管理，要确保乡村地区金融机构分支数量和金融资源保有量，增加机构从业工作人员数量。

(三)大力支持乡村经济的龙头企业

加强对农村地区相关产业驱动型发展的资金支持，重点支持科技手段实

现和升级,逐步实现农业农村和农民发展与科技进步的有机结合。加大农村和农业相关领域的绿色信贷,重点支持绿色农业技术,节水灌溉工程,农田基础设施,现代农业等领域的开发和应用。促进绿色债券对农村绿色发展的贡献,充分发挥大型绿色融资的长期优势,探索绿色债券在生态农业和林业项目,农村污染防治项目和低碳产业项目中的应用,提高绿色金融供给能力和效率。以"互联网+精准扶贫+农产品"为切入点,通过大规模农产品种植、家庭农场、合作社等新型农业企业的发展,将有效地带动农民增收,摆脱贫困,从而致富。重点突出区域品牌,延伸产业链,拓展分拣、加工、物流等各类社会化服务项目,积极探索建立农业产业化综合体和农产品综合交易中心,大力推进现代农业产业体系、生产体系和操作系统的建设。农业相关金融机构应从有效融资农业生产环节,流通环节,加工和销售环节入手,创建差异化的金融产品系统,建立客户分层系统,提高风险定价水平,并实施精细化和差异化定价。

(四)开展金融产品创新

一是大力搭建互联网金融线上服务平台。广大乡村地区人口密度低、面积大,按照距离设置物理网点既不经济也不现实,而互联网打破了空间与时间的限制,众多金融业务通过平台进行,因此,提升乡村金融服务的可得性如享有权,搭建互联网金融线上服务平台既经济又可行。相关电商平台利用自身信息资源、物流和渠道优势,渗透到农村金融市场,成为农村经济的重要参与者,并以其成熟的体系广泛开展综合性的金融服务。此外,涉农互联网线上服务平台可与金融机构开展合作,共同深耕农村市场,利用各自优势分工协作,建立以互联网线上服务平台为核心的普惠金融服务体系。

二是大力创新乡村金融产品。农村金融产品单一、创新能力不足是制约金融,影响农村金融发展的主要因素。应根据市场化和发展多元化导向创新与农业相关服务模式和产品,探索开展农业设施、设备抵押贷款和生产订单融资,因地制宜地推出家庭农场和大额专业贷款新的融资模式,如农民专业合作贷款和农村电子商务数据贷款。统筹安排基础设施项目融资规划,加大对重点农村项目的资金支持,创建特色化的金融系统,实施精细化和差异化定价。

三是建立农村金融产品创新激励机制,可由当地财政出资建立专项基金,对支持特色农业开发过程中新推出金融产品奖励,积极做到服务对象精准,产品服务精准,政策贯彻精准,金融扶贫精准。金融机构应积极探索低成本、可再生、易于推广、量身定制的农村金融产品和服务,加快建立和完善符合当地需求特点的金融产品体系。

四是大力拓展金融业务服务面。提高农村金融资源的可获得性,不仅包括贷款业务,还包括结算、缴费、小额支付以及金融知识教育普及。在物理网点原有的农业保险、账户查询、生活费用代缴基础上拓展服务项目,助力升级农村支付、电子结算服务终端,加快现代支付系统和服务网络的建设和应用,积极推进农村金融知识和服务,培育农民现代金融意识。规范"向农村发送财务知识"的活动,以社区网点为中心,以文化表演等大众表演的方式普及基本的金融知识,对农民进行教育,进一步提高农民的金融知识和风险防范意识。

第三章 国外农村金融发展经验与借鉴

党的十九大报告提出了乡村振兴战略,提出要"坚持农业农村优先发展,建立健全城乡融合发展体制机制和政策,加快推进农业现代化"。经过近年来的不断努力,我国的农业产业化已经有了长足的进步,但是,我国农村的金融供给已经不能满足当前农村经济日益发展的需要,也不能满足乡村振兴建设的资金需求,农村金融体系改革势在必行。在经济全球化、区域经济一体化的背景下,发达国家在工业、农业等方面健康快速发展,形成了相对完整的农村金融体系,为农村经济发展提供了资金支持,推动了本国农村经济的快速发展。因此,在实施乡村振兴战略的大背景下,对国外农村金融体系、金融产品和服务创新的方式、方法进行学习、研究和借鉴,有利于我国加强农村金融体制和机制的改革,建立完善适应我国农村经济发展的金融体制和服务机制,为实现乡村振兴战略、增加农民收入贡献金融力量。

一、美国农村金融发展的经验

据相关数据统计,美国农业人口约占其总人口的1.5%,但美国的农业总产出约占世界总量的20%。美国农业的发展与其金融支持密不可分,现阶段美国已形成以政策性金融机构为支撑、农业信贷合作金融机构为主导、农业服务型商业金融机构为补充的农村金融服务体系,为美国农村经济发展提供了资金支持。

(一)美国农村金融的发展历程

美国的农村金融体系是伴随着美国国民经济特别是农业经济的发展和变革而逐步建立和完善的。20世纪之前,美国没有专门的农村金融机构,农业信贷资金基本上都是由商业机构和私人贷款提供。随着农业不断市场化,美国开始变革原有的农村金融体系并取得了良好成效。

以 1916 年美国创立联邦土地银行为标志，美国的农村金融体系逐步建立和完善。1923 年，美国政府颁布了《1923 年农业信贷法》，建立了联邦中期信贷银行，开始构建全国的农业信贷体系。1933 年又颁布了《1933 年农业信贷法》，成立生产信贷协会，并在 12 个农业信贷地区设立 12 个合作社银行，主要针对农业合作社提供贷款和咨询服务。为发挥国家金融手段对农业的帮扶作用，政府性的农业信贷机构逐步建立起来。1933 年成立了商品信贷公司，其主要任务是对农产品进行价格支持或者对农业生产给予经济上的补贴，以此控制生产，稳定农民收入。1935 年成立了农村电气化管理局，主要用于发展农村电力事业、农村通信，缩小城乡差距。同年成立的农业重振管理局(1937 年改为农业安全管理局，1946 年改为农民家计局)是美国的政策性农业信贷机构，直属农业部。1938 年，联邦政府颁布了《联邦农作物保险法》，逐步建成了三个层次的联邦农作物保险运作体制。1953 年又成立了小企业管理局，专门针对小企业提供贷款服务，维护小企业的利益，促进小企业的发展。自此，美国完整的农村金融格局基本形成。

(二)美国农村金融体系的构成

美国作为农业现代化国家，拥有较为完备的农村金融服务体系，这个体系大致可以分为以下四个分支体系。

1. 商业金融体系

农村金融是一个风险大、收益小的领域，一般逐利性的商业银行都不愿意参与。尽管美国的农村金融也存在类似的情况，但是美国政府为鼓励商业银行进入农村市场、防止农村资金外逃制定了一系列的优惠政策，如为涉农贷款占贷款总额 25% 以上的商业机构提供税收优惠、为涉农贷款的利率提供补贴等。

2. 合作金融体系

美国农村的合作金融体系主要由联邦土地银行系统、联邦中期信用银行系统和合作社银行系统三大独立的系统组成。这三个系统起初都是由政府出资、采用自上而下的方式组建起来的。随着政府资金的逐步退出，三大系统目前已经成为由农场主拥有的真正意义上的合作金融组织。根据美国有关农业信贷的法律规定，全美共有 12 个农业信贷区，美国农业信贷区都设有一个联邦土地银行、联邦中期信贷银行和合作社银行，由联邦政府的独立机构——农业信贷管理局领导、管理和监督。

(1)联邦土地银行系统。20世纪以前,美国并没有设立专门的农村金融机构,其农业信贷资金主要依靠私营机构和个人提供。1916年,美国设立联邦土地银行,彻底改变了美国没有专门的农村金融机构的局面。根据1916年美国国会通过的《联邦农业贷款法案》,全美被划分为12个农业信贷区,每个信贷区设立一个联邦土地银行。这12家联邦土地银行构成了美国的联邦土地银行体系。联邦土地银行下设许多联邦土地银行合作社,每个合作社又由众多农场主出资组成。联邦土地银行的资金主要来源于会员缴纳的股金(联邦银行合作社须向所在联邦土地银行缴纳一定比例的股金,以此取得会员与借款的资格)、发行的联邦农业债券和借款。联邦土地银行的资金用途主要是为个体农场主提供长期不动产贷款。

(2)联邦中期信用银行系统。联邦中期信用银行系统的结构与联邦土地银行系统类似,它由12家联邦中期信用银行及其下设的生产信用合作社组成。联邦中期信用银行只对下设的生产信用合作社贷款,然后生产信用合作社再为个体农户提供贷款。生产信用合作社与联邦土地银行合作社的贷款对象基本相同,它们的不同之处主要在于生产信用合作社可以直接向农场主提供贷款,而联邦土地银行合作社是协助其上级联邦土地银行办理贷款事宜;生产信用合作社提供的是中、短期贷款(1~7年),而联邦土地银行合作社只是协助其上级联邦土地银行办理长期贷款(5~40年)。

(3)合作银行系统。与联邦中期信用银行系统和联邦土地银行系统类似,合作银行系统也是在12个农业信贷区分别设立一个合作银行,但与联邦中期信用银行系统不同的是,合作银行系统还拥有一个中央合作银行。中央合作银行主要是对业务范围超过一个农业信贷区的大生产合作社提供金融服务。

3. 政策金融体系

美国的政策金融体系主要由农民家计局、农村电气化管理局、商品信贷公司和小企业管理局组成,其主要功能是为农业生产和与农业生产有关的活动提供信贷资金和服务,并通过信贷活动调节农业生产规模和发展方向,贯彻实施农村金融政策,控制农业发展规模等。

4. 农业保险体系

美国的农业保险体系是以联邦农作物保险公司、私营保险公司、保险代理人和保险查勘人为主体的多元化保险体系。联邦农作物保险公司主要负责规则制定、风险控制以及监督稽查等,并不直接参与保险业务的经营;私营保险公司则在联邦农作物保险公司的指导和监督下承担农作物的保险业务;保险代理人和保险查勘人分为独立人员和私营保险公司的雇员,他们负责农作物保险业务的具体工作。在这种多元农业保险体系里,联邦政府依然发挥着决定性的主导作用,这主要体现在以下四方面:一是法律支持,早在1938年美国就颁布了《联邦农作物保险法》,这为农业保险业务的开展提供了法律依据和保障。二是补贴支持,政府为承担农业保险的私营保险公司提供了一系列的保险补贴和业务补贴,并在农业保险的推广和教育方面提供了大量经费。三是再保险支持,政府主要通过联邦农作物保险公司向私营保险公司提供再保险和超额损失再保险等支持。四是税收支持,按照《联邦农作物保险法》的相关规定,政府对农作物保险免征所有税赋。

(三)美国农村金融体系的特点

美国的农村金融体系是一种以政府为主导的复合型信用模式。这种模式具有以下特点。

1. 金融机构多元,分工相对独立

商业性金融机构、合作性金融机构和政策性金融机构可以并存发展,既相互竞争又互补合作。同时,金融机构形成了相对明确的分工:商业银行主要经营生产性的短期贷款和一些期限不长的中期贷款,联邦土地银行专门向农场主提供长期抵押贷款,联邦中间信贷银行则向为农民提供服务的金融机构提供资金,而政府农贷机构主要办理具有社会公益性质的农业项目的投资,比如土壤改良、兴修水利、灾害补贴等。职责明确、分工协作的金融体系,保证了整个体系运作的成功。

2. 财政大力支持,法律保障完备

美国在农村信贷的发展初期,为了促进信贷事业的发展,政府给予了大量的拨款。比如美国联邦土地银行最初的股金主要是政府拨款,占总股金的80%,而政府农贷机构的资金绝大部分来源于财政的拨款或借款。出台了《联邦农业贷款案》《农业信用法案》《联邦农作物保险法》《农业保险修正案》等多部涉农金融法律法规,把农业金融的运作融合到其他相关法律体系中,从而使农村金融运作有章可循、有法可依,将行政干预和人为影响降至最低。

3. 组织制度合理,融资渠道宽泛

除商业金融机构外,合作性金融机构自成体系,接受农业信贷管理局的

监督和管理,但和联邦储备系统及各联邦储备银行之间没有隶属关系。农业信贷系统的全部方针政策由联邦农业信贷委员会负责,而农业信贷管理局负责具体执行、日常督促和全面协调。农村信贷大量资金来源于金融市场,合作系统的协会和银行不办理一般的存款和储蓄,信贷资金大部分来源于国家在金融市场上出售有价证券,连隶属政府农贷机构的农民家计局的信贷资金也主要依赖于在金融市场上发行债券进行筹集。

(四)美国构建农村金融体系的经验

美国农村金融体系经过在市场经济环境下长期的摸索与改革,目前对美国农村经济发挥了有效的金融支持作用。美国农村金融体系不仅有效促进了美国农场社会化、集约化的发展,深化了美国农业产业化的步伐,提升了美国农业劳动生产率,加快了美国农产品的贸易流通速度,而且提高了美国农村创新、创意经济的发展水平。目前,美国是全球最大的农产品贸易出口国,GDP中归属于农业产业的金额超过2 000亿美元,而这是占比不到3%的美国劳动力创造出来的。美国农村金融体系的作用直接体现在促进美国农场土地不动产逐年增长上。

1.健全的农村金融服务体系不可或缺

美国农村金融发展表明,农村合作金融体系、农村政策性金融体系和农业保险体系三合一是农村金融服务体系不可或缺的组成部分。它们各自发挥自身优势,在市场化的作用下相互竞争,在政策规章的规制下又相互补充。其中,农村合作金融体系是主体,通过商业化的运作支持农业的发展;农村政策性金融体系是支撑,脆弱的农业必须得到政策性金融的支持,才能发挥其基础性作用;农业保险体系是金融安全的必要组成部分,保障涉农资金的高效使用,三大体系互为补充、互相促进,共同支持农业的发展。

2.政府的引导和扶持十分重要

农业自身的特点,如周期长、季节因素干扰强、营利水平低等,决定了农业的发展难以得到商业资金的支持,所以政府的金融支持是农业发展的关键。主要表现在:一是实施税收减免,增加农业收益率,吸引商业资金的进入;二是注入资金,政策资金是农业发展资金的主要组成部分,发达国家对涉农银行均有大量的专项资金注入;三是直接补贴,美国一直采取直补的方式补充农村金融,增加农业收入,推动农业发展;四是存款准备金梯度差异化,对不同金融机构执行不同档次的存款准备金率,目前美、英、日等国家均实施这一制度。

3. 合作金融模式适合农村金融的发展

合作性金融组织是经过证明的适合农业发展的一种金融组织方式。由于农业经营的规模小,自身力量有限,只有集合起来才能更有效地发展。合作金融组织把分散的游离资金集合起来,有针对性地投入到急需部门,能最有效地发挥资金的作用。

4. 商业金融和惠农保险是有益补充

目前,在美国 14 600 多家商业银行中,有 4 100 多家乡村银行,农业贷款占其贷款总额的 50% 以上。此外,美国的保险业在支持农业发展方面也发挥了重要作用。美国的农业保险表面上是自愿投保,但 1994 年《农业保险修正案》的实施已使之成为事实上的强制保险。

二、日本农村合作金融改革发展的经验

日本在推动农村金融改革发展中,采取了发展合作金融、完善政策性金融、建立农业信用保证保险、发展农业保险、实施双重宏观审慎监管等措施,成效明显。鉴于日本的文化传统与我国国情有很多相似之处,都是小规模农业经营国家,中、日两国农村金融改革发展历程具有一定的阶段相似性,以日本的农村金融体系为研究对象,通过对日本在农村合作金融体系构建方面的具体实践研究,中国未来可在培育农村合作金融组织、深化农村政策性金融改革、完善农业信贷担保体系、发展农业保险、完善农村金融监管等层面合理借鉴日本经验,从中汲取有益于中国农村金融发展的成功经验。

(一)日本农村合作金融改革发展概况

日本农村合作金融围绕日本农协(JA)组建,属于农协子系统,金融(信用)业务也是农协五大事业部门之一。尽管依附于农协建立发展,但日本农村合作金融组织独立、架构完整、层次分明、功能清晰。在农协金融组织架构中,起关键作用的机构分别是全国层面的农林中央金库、都道府县层面的 JA 信联和市町村层面的地域农协。

1. 农林中央金库

农林中央金库位居日本农协金融系统最高层,发展历史最早可追溯至 1923 年,其前身是日本为支持国内农业发展、依照《产业组合中央金库法》专门组建的专业性金融机构"产业组合中央金库"。1943 年,日本修订《产业组

合中央金库法》,将其更名为《农林中央金库法》,"产业组合中央金库"也由此更名为"农林中央金库"。

从组织性质来看,农林中央金库属于半官方性质的私有制民间合作金融机构。1959年,日本推行农林中央金库私有化改革,退还全部出资,下放高管任命权。但综合考察农林中央金库历任理事长,均具有农林水产省高官转任这一典型特征;农林中央金库各项业务的开展同政府之间也存在较多关联,承担着政府农村金融政策推广、宣传的重任。从组织业务来看,农林中央金库除负责制定全国层面的农协金融经营战略和事业方针之外,还发挥吸纳农协、渔协和森组系统剩余存款的重要作用,也向农协、渔协和森组提供融资便利,缓解因季节性变动等因素造成的农协、渔协和森组资金不足。此外,农林中央金库还借助国内办事处和国外分支机构,广泛开展各类信贷业务,参与债券、股票、不动产等投资,以此来提高资金管理效率,实现资产保值增值。

2. JA 信联

JA 信联主要承担农协在各都道府县层面的信用事业,负责为会员和地方居民提供存款储蓄、生产生活借款、资金汇款和农业赈灾资金支持等基础性金融服务。从资金运用来看,JA 信联可以储金的形式保管农协系统中的富余资金,也可将其作为借款出借给有资金需求的农协会员。JA 信联也被允许利用富余资金购买有价证券来参与投资,或将富余资金存入农林中央金库。此外,JA 信联也受托作为日本政策金融公库的业务代理机构,受理政策性农业信贷业务。截至2016年10月末,日本国内共拥有JA信联32个。

3. 地域农协

日本地域农协可被划分为综合农协和专业农协。综合农协经营业务广泛,包括指导、经济、信用、福利和共济事业,全面涵盖了与农业生产和农村生活相关的领域,会员人数多,覆盖范围大,社会影响力强;专业农协则刚好相反,其经营业务单一,一般仅限于农资采购和农产品销售等农业生产经营领域,社会影响力小,且专业农协成员基本兼具综合农协成员的身份。截至2016年10月末,日本国内共计拥有综合农协654个。此外,还有各类专业农协681个。

(二)日本农业政策性金融改革发展概况

日本农业政策性金融体系较为健全完备。从供给主体来看,既有专为提供政策性支农资金而成立的日本政策金融公库,亦有合作金融和商业性金融在政府补贴支持下参与农业信贷业务；从资金来源来看，具有典型的"中央—地方"两级政府直接注资政策性金融机构的特色，中央、地方两级政府根据具体权责划分，从不同层面推动政策金融发展；从业务类别来看，信贷业务种类齐全，涵盖农业现代化、农业抗灾、农村振兴、新人育成等领域，且不同信贷业务的门槛、对象、利率、用途和资金来源差异化明显。现阶段，日本政策金融公库在日本农业政策性金融发展中发挥着主力军作用。

日本政策金融公库拥有悠久的发展历史，其前身为1953年日本为支持国内农林渔业发展、依照《农林渔业金库法》专门组建的政策性金融机构"农林渔业金融公库"。该机构旨在强化政府与农林渔业之间的政策联结，通过财政支持为农林渔业基础设施建设提供长期低息信贷资金。除财政注资外，农林债券也是农林渔业金融公库的重要资金来源。同时，为确保资金用途专一、提高资金使用效益，农林渔业金融公库不提供短期流动融资。

2007年，日本颁布《日本政策金融公库法》，提出将改革、裁撤和整合农林渔业金融公库、中小企业金融公库、国民生活金融公库、国际协力银行等政策性金融机构及其业务；2008年，经过整合，日本政策金融公库宣告成立，其业务范围进一步扩大，承担着推动日本农业政策性金融发展的重任。在日常运营中，日本政策金融公库实行总裁领导制，设有副总裁，同时下设"企划管理本部""秘书处"等部门，整体架构完整，部门分工明确，运营效率较高。此外，为精简机构、节约成本，日本政策金融公库实行"一级法人、二级管理"的运营模式，都道县府及以下行政区域的金融业务实行委托代理制。截至2017年3月末，日本政策金融公库拥有资本金4.06万亿日元，准备金1.83万亿日元；国内分公司152家，海外事务所2家；职员总数7 364人；贷款余额18.39万亿日元，其中国民生活事业贷款余额7.06万亿日元、农林水产事业贷款余额2.75万亿日元、中小企业事业贷款余额5.69万亿日元、危机应对业务贷款余额2.82万亿日元、特定事业等促进业务贷款余额682亿元。此外，不良信用保险的保险承保余额为24.09万亿日元。

（三）日本农业信用保证保险制度改革发展概况

日本是世界上最早建立农业信用保证保险制度的国家之一。为解决有效担保物不足导致农业经营主体信贷可得性低，以及金融机构因涉农信贷风险居高不下而出现放贷意愿减弱等问题，日本于1961年颁布了《农业信用基金协会法》，正式启动政府主导下的农业信用保证保险制度建设。根据《农业信用基金协会法》，日本都道府县先后成立了由地方政府、地方公共团体、农林中央金库等金融机构共同出资组建的农业信用基金协会，专职负责农业信用保证保险业务运营。同时，为解决农业信用保证保险业务运营中广泛存在的高风险、高赔付等问题，日本政府、农业信用基金协会和农林中央金库等金融机构共同出资成立农林渔业信用基金，专门负责为农业信用保证保险提供再保险业务，以实现一定程度的风险转嫁。此外，农林渔业信用基金也为农林中央金库等金融机构直接提供融资保险服务。

日本农业信用保证保险业务实行两级组织运营模式，典型特色是具备双重保障，主要涉及保证保险与再保险两项业务。在第一层级，当农业经营主体向农协、信农联、农林中央金库等融资机构提出融资申请时，其可以同时向农业信用基金协会提出委托担保申请；在取得农业信用基金协会保证承诺后，可直接获得融资机构放款；农业信用基金协会为该笔贷款承担偿债担保责任，农业经营主体则需为该笔贷款缴纳保证费。在第二层级，农业信用基金协会为减轻自身担保风险，会向农林渔业信用基金办理再保险，以实现农业信用保证保险业务风险缓释，同时农业信用基金协会也需为此缴纳再保险费。需要特别说明的是，为实现可持续运营，日本农业信用保证保险相关条例规定，保证保险或再保险均不实行全额赔付，且推行赔付比率差异化政策，保证保险赔付比例为70%，再保险则为50%。

（四）日本农业保险制度改革发展概况

在日本，农业保险也被称为"农业共济"，有着悠久的发展历史，具有政策导向性强、覆盖面广、参与度高、效益良好等特征，获誉"世界农业保险成功典范"。历史上长期广泛存在的农业共济行为奠定了日本现代农业保险发展的思想和制度基础。1929年，日本立法颁布了世界上首部养殖业保险专门法律《家畜保险法》，这也是日本现代农业保险制度化发展的标志。1938年，日本继续推动农业领域立法，颁布《农业保险法》，进一步扩大、优化和规范农业保险业务。第二次世界大战后，由于农业领域的全面改革导致原有农业保险法律体系难以契合改革后农业领域出现的新变化，日本政府遂于1947年宣布整合《家畜保险法》和《农业保险法》，经修订后重新颁布《农业灾害补偿法》。该部法律全面涵盖了家禽、家畜保险和农作物保险，进一步扩大了农业保险覆盖面，同时大幅提高了财政在农业保险领域的补贴支持力度。至此，日本现代农业保险制度雏形已现。

第三章 国外农村金融发展经验与借鉴

伴随着农村经济结构和社会形态发展变迁,日本农业保险法律制度也适时进行了调整修订。20世纪70年代,日本政府修订农作物保险中关于单位面积保额的确定方法,引入土地生产率这一条件,同时大量新增农作物保险覆盖品种,并将最高保额上限提升至单位面积产量的72%。上述政策有效提高了农作物保险的覆盖面和保障效益,增强了农户参保意愿。在该时期,日本政府还进一步设立推广了水果保险、旱地作物保险和园艺保险。20世纪80年代,为推动水稻生产成本下降、鼓励水稻种植和出口,日本政府再次修订农作物保险中关于水稻种植的参保要求,大幅降低水稻保险准入门槛,同时新增小牛、园艺设施等各项农业保险品种。进入21世纪后,农业保险法律制度也历经了多次修订。2003年,基于赋权活能考虑,日本政府进一步修订农作物保险中关于农户参保选择的规定,赋予农户更大程度参保自由选择权。2005年,基于防灾减灾考虑,将农业建筑及农机具纳入保险对象。

历经多年规范发展,日本农业保险已较为成熟。根据补偿对象差异,可分为农作物、家畜、果树、旱田作物、园艺设施、建筑物和农机具保险七大业务种类。在实施方式上,实行"强制保险+自愿保险"双轨并行模式,规定凡满足一定门槛的农业生产活动都必须参与农业保险。在保费补贴上,推行不同险种差异化保费补贴,建筑物和农机具保险不享受财政补助。在承保灾害上,不同险种承保灾害划分明晰,但也存在一定程度交叉重复。在运营模式上,合作色彩浓厚,综合农协在其中发挥重要作用。政府虽未直接参与运营,但频繁通过强有力的财政补助和颁布相关政策予以支持,目前已形成政府扶持下的三级组织运营模式。

(五)日本农村金融监管制度改革发展概况

20世纪90年代,日本为应对经济衰退,全面推进金融改革,其中金融监管制度改革被列为重中之重。在1996年前,日本实行由大藏省统筹负责的金融分业监管。当时,考虑农协信用业务的特殊性,由农协辖内的都道府县政府负责对其监管。但在20世纪90年代经济危机中,大藏省多次出现经济形势误判、金融政策失准等问题,背后根源主要是缺乏专业性和独立性。有鉴于此,日本国会于1998年通过《金融监督厅设置法》及相关法案,试点一元化金融监管体制改革,剥离原属大藏省的金融机构检查、监督等职能,将其统一集中于新成立的专业化金融监管机构金融监督厅。此后又历经多次改革,大藏省更名财务省;金融监督厅和财务省金融企划局合并成立金融厅,下设检查局、总务企划局等部门。至此，日本完成一元化金融监管体制改革，金融厅开始独立承担金融制度设计、金融监管等关键职能，仅在部分业务上需与财务省共享权力。

为配合金融监管体制改革，日本政府同时着手推动日本银行全面改革。在1998年前，日本银行的主要职责在于维护日元稳定和金融体系平稳运行，法律并未授予其监管金融机构的职权。1997年，日本政府全面修改《日本银行法》，旨在强化日本银行独立性，赋予其法律监管职权。改革后日本银行的独立性和专业性显著增强，同政府联系更为紧密，央行货币政策和政府经济政策的协调力度得到显著提高。

日本现行农村金融监管体制属于典型的双重宏观审慎监管，即日本金融厅和日本银行在农村金融市场实行分工明确的监督和稽查。日本金融厅作为行政机关，侧重于发挥行政权力，实施金融监督，监管力度较强；日本银行作为中央银行，侧重于发挥政策导向，实施现场稽查，监管力度较弱。同时，日本金融厅和日本银行也会定期展开联合金融监管活动，日本全国银行业协会等行业团体也在宏观审慎监管体系中发挥着一定作用。

(六)日本农村金融体系的运行特点

1. 合作性金融和政策性金融相结合，采取"需求追随型"的发展战略

在日本农村金融体系中，合作性金融与政策性金融的市场分工十分明确，政策性金融是政府实现农业金融政策和目标的有力保证，主要解决偿还期限长、资金量大、收益低的资金需求。而大量的具体业务则由民间合作金融组织开展，主要为农村的一般融资需求服务，而且比商业金融的融资门槛低，从而能更有效地满足农业资金的需求。合作性金融与政策性金融相结合的金融体系为农业发展提供了强有力的金融保障。

合作金融机构坚持"需求追随型"的发展战略，提供借换型住宅贷款、农机仓储贷款、加工贷款、经营贷款、信用卡借贷、教育贷款等有针对性的产品，基本满足了会员的资金需求。按规定基层农业协同组合将贷款资金以外资金(剩余资金)的2/3以上存到信联会。信联会对存款(大部分为1年定期存款)除了支付约定利息之外，还支付称为"奖励金"的另一种利息。同时，信联会有将自身剩余资金的1/2以上存入农林中央金库的义务，对此农林中央金库支付约定的利息和0.8%左右的奖励金给信联会，这对保障信联会的稳定经营发挥了重要作用。农林中央金库虽然不直接经营对农村地区的零售业

务,但通过支付优惠利率,吸收下级组织存款等方法发挥了较好的支农作用。此外,农林中央金库还经营全国农村金融系统清算,日本政府粮食采购资金收付、农业政策性金融机构委托贷款等业务。在融资方面,小规模融资由基层农业协同组合负担,中规模融资由信联会负担,大规模融资由农林中央金库负担。合作金融组织还积极拓宽海外业务,日本农林中央金库在伦敦、纽约、新加坡等城市设立多家海外分行,成为大型国际化商业银行的代表。业务范围涉及证券、债券、信托、保险业等,农林中央金库资产业务的70%是证券投资业务,其中的60%通过国际资本市场进行。

政策性金融机构农林渔业金融公库的业务始终根据农业发展不同时期对投融资的需求进行调整,最初支持生产性基础建设,逐步扩展到对农业结构调整、农业现代化、农业改良、农产品加工流通等各领域的支持,但始终集中在改善农业生产条件和提高农业劳动生产效率上,使政策性金融对农业的支持和保护作用发挥到最大限度。公库的贷款范围包括占贷款60.3%的农业信贷业务,占贷款24.7%的林业信贷业务,占贷款4.9%的渔业信贷业务,占贷款10.1%的加工和流通信贷业务4个方面。日本农村金融体系运转是有效率的,保证将资金留在农村、用于农业以及惠及农民,对农村金融服务可持续发展有重要意义。

2. 日本政府扶持力度较大,为农村金融的成长创造了宽松环境

为创建政策性金融和合作性金融机构,日本政府分别在1945年和1947年专门立法。在农村金融体系的运转过程中,政府财政注入资金扶持合作金融组织的运行,对农村贷款给予各种财政补贴,并为弥补合作金融组织的贷款损失设立专门的基金。建立农业灾害补偿制度,通过保险对各类天灾进行经济补偿。在灾害发生后,国家担保对各个层面的农业共济组织大力支持,形成基层农业共济组合和农业共济组合联合会与国家农林水产联动机制,快速应变、调整预算、发放补助贷款、设立新融资品种等。对于合作金融组织吸收存款和所得税方面也有很多优惠措施。2011年12月24日,日本政府向国会提交财政预算案,预算总额为90.333 9万亿日元,其中农业一般会计预算为2.172 7万亿日元,农业灾后重建预算为1550亿日元,农业预算额合计为2.328 4万亿日元,占财政预算总额的2.58%。

日本农林渔业金融公库由政府财务部管理,与财政关系非常密切。2001年以前,日本政策性金融机构资金的主要构成是邮政储蓄资金。日本邮政储

蓄与其他商业银行相比具有高利率以及纵横交叉的网络布局优势,因此吸引了大量居民存款,是日本农业政策性金融资金的重要来源。2002年以后,随着日本邮政储蓄改制开始,政府投资债及养老保险等资金也进入了日本农业政策性金融领域,但仍以邮政储蓄资金为主。日本政府财务部通过设置"财政投融资"计划将资金划拨给日本农林渔业金融公库,以达到国家对农林渔业长期资本支持的目标,促进农林渔业的大力发展。

总之,日本政府通过政策扶植、财政资金援助以及政府信用力降低了农村金融的借贷交易成本和运营风险,创造了有利于农村金融成长的宽松社会经济环境。

3. 独具特色的农村金融风险防范制度

第二次世界大战以前日本农业金融的最大特征是以农地作为贷款担保手段,第二次世界大战后《农地法》颁布,规定农地不能改变性质和非农法人不能取得农地,农地流动性较差,自然丧失商业价值。2010年日本全国贷款余额按照担保方式分类,44%是信用贷款,36%是担保贷款,20%是抵押质押贷款,而以土地抵押的贷款不过1%左右。

目前,日本农村金融风险防范主要基于日本政府建立的农业信用保证保险制度。保证系统由农业信用基金协会、受托金融机构与借款人构成。农业信用基金协会主要有两方面业务——保证保险与融资保险。保证保险主要是为农业信用基金协会的代替偿还债务事项提供保险服务,融资保险则主要为农林中央金库、信农联的农业现代化资金等贷款提供保险及再保证服务,可分为两个层次:一层是农业信用基金协会的债务保证。它是由政府和农协集资,借款人仅需缴纳4%左右的保证费,经农业信用基金协会审查同意后,由其承担借款人的偿债担保责任。另一层是农林渔业信用基金协会的保证保险和融资保险以及全国农协保证中心的再保证。上述双重担保系统,有效分散了贷款风险,较好地解决了涉农信贷的担保问题。

在监管方面,日本对农村合作金融的双重监管行之有效,能够很好地达到监管目标。第一重监管,是由金融监管厅作为政府的统一监管部门来监管金融机构。第二重监管,是国家各层级的农林水产部门协同配合监管厅来监管农村金融机构,如隶属于农林水产省的金融科对农林中央金库进行监管,隶属于农林水产省的农政局对管辖区内县级信联会进行监管,隶属于都道府县的农政部对管辖区内的农协合作金融部进行监管。

(七)日本农村金融改革发展经验

1. 合作金融内嵌综合农协,主导农村金融服务供给

日本农村合作金融发展成熟度较高,在农村金融系统中位居主导地位,是农村金融服务的主要供给者,在农村经济发展中发挥着重要作用。同政策性金融和商业性金融不同,合作金融属于内生型金融,具有强烈的平等、自愿、互助和民主等特色,是一种以互助换取融资的信用合作形式,能够较为有效地克服农村金融市场中广泛存在的信息不对称、逆向选择和道德风险等问题。在内生规则约束和外部制度规范下,日本农村合作金融在发展过程中较好地实现了资金运用专业化,也有效避免了业务导向偏离、运营商业化、风控失灵等问题,展现出了较强的内生发展动力,较好地解决了农村地区金融供给不足问题。同时,日本政府选择依托发展模式,借助农协在农业生产经营领域的指导、经济等职能,将合作金融内嵌于综合农协,使之成为农协子系统,金融业务也由此成为农协五大业务之一,这有效提高了信贷资金使用效率,降低了信贷风险。

2. 政策性金融实现广覆盖,借助合作金融提升效益

政策性金融在日本农村金融系统中发挥着关键作用,是农村金融服务供给的重要补充,同合作金融形成了典型的互补关系,共同推动农村经济发展。考虑到合作金融和商业性金融难以或不愿涉足部分农业信贷业务,导致农业信贷市场频繁出现供需缺口,日本政府选择主动介入农村金融市场,采取多种方式向农业信贷领域提供全方位、多样化、高密度、强有力的政策支持,在成立专门性政策金融机构直接开展政策性金融业务的同时,也支持合作金融和商业性金融开展涉农信贷业务,为农业经营主体和各类金融机构提供农业信贷咨询服务。除此之外,日本政府同样重视通过合作金融来增强政策金融的支农撬动效应,频繁通过专项财政补助等手段,支持农协开展具有较强政策性色彩的农业贷款业务,以提高政策支农效益。

3. 信用保证破解融资难题,双重保障实现持续经营

日本重视建立完善农业信用保证保险制度,强调通过发挥财政资金引导作用来为农业经营主体提供各种贷款担保支持,以破解农业信贷领域融资难题,强化农村金融支撑,降低农业信贷风险。日本农业信用保证保险制度的特色之处在于"两级运营、双重保障"。该运营模式的主要优势在于借助农业信用基金协会可以有效解决农业经营主体面临的贷款担保难题;农林渔业信用基金所提供的再保险则成了农业信用保证保险重要的风险缓释工具；而农林渔业信用基金尽管会因提供再保险而出现一定程度的亏损，但依靠政府财政支持，加上其向农林中央金库等金融机构直接提供融资保险服务所获得的盈利，也基本能够做到保本微利，实现可持续经营，进而构建起一个广覆盖、低成本、可持续的农业信用保证保险体系。

4. 立法奠定保险发展基石，双轨并行提高保险效益

日本农业保险较为成熟，不仅为农业生产经营构筑了一道坚实的屏障，也有助于实现农业信贷风险缓释，提高金融机构放贷的积极性。日本农业保险坚持走法治化、专业化、规范化发展道路，农业保险法律制度时代特色鲜明，始终处于不断修订中，保险经营机构的性质、政府在保险领域的角色和作用、保险资金的来源和用途、保险标的分类、承保灾害类型、补偿方式确定、再保险制度的实施等农业保险发展过程中的关键环节也由此逐步明晰，显著提高了保险补偿效率，减少了保险投机风险。同时，"强制保险＋自愿保险"双轨并行模式有助于帮助农业经营主体规避农业生产经营基本风险，提高农业效益。此外，在实施强有力财政保费补贴支持的基础上，依照险种不同实行差异化保费补贴政策、重点补助基础险种，则有助于强化农业保险基础保障能力，引导目标险种发展，提高财政补贴效率。

5. 实施双重宏观审慎监管，依法授权、用权，分工明确

日本农村金融监管范式属于典型的完备金融立法基础上的宏观审慎监管，但基于国内监管机构设置考虑，也进行了一定程度创新，主要在于推行双重监管模式。现阶段日本农村金融监管的法律依据主要是《金融厅设置法》和《日本银行法》，负责农村金融监管的两大机构则分别为金融厅和日本银行，二者共同在农村金融领域实行分工明确的监督和稽查。金融厅发挥行政机构职能特色，依照相关法律法规对金融机构行使监督权，在实际操作中，偏向于问题早期纠正，监管周期较短、次数频繁，实际监管力度较强。日本银行则发挥中央银行特有的政策导向职能，依照《日本银行法》对金融机构行使稽查权，在实际操作中，偏向于发挥劝导功能，监管周期较长、次数较少，实际监管力度较弱。这种依法授权、依法用权、分工明确、弹性适度、覆盖全面的农村金融监管模式效率较高，既能够节约监管部门的监管成本，也有助于解决金融机构因重复监管而导致的合规成本攀升问题。

三、韩国新村运动的实践与经验

进入21世纪后，韩国新村运动又出现了新的变化。许多农村将物质资

源与精神文化资源相结合,发展绿色农业、生态农业和文化农业,使农业迈向更广阔的发展之路。一些农村主要发展绿色食品、有机食品的生产,还有些农村通过开发建设原生态景观、农耕文化景观、田园景观来发展农村旅游观光,把农业第三产业化。随着新村运动的不断深入发展,韩国广大农村呈现出欣欣向荣的景象。

(一)韩国农村金融对新村运动的支持

韩国的农村金融体系是商业金融、政策金融与合作金融并存,其中,主要以政策金融和合作金融两种形式对新村运动进行支持,对发展农村经济起了重要作用。

早在1933年,韩国就有了全国性的金融机构——金融组合,但一直到20世纪50年代中期,金融组合发挥的作用都很小。1956年,韩国根据《一般银行法》成立了农业银行,同时解散了金融组合。随着国家发展农村战略的确立,农村金融又面临调整的局面。1961年,韩国政府决定将农业银行与旧的农业协同组合合并,成立新的农业协同组合(简称农协),同时成立农协银行。成立之初,农协的组织结构分为四级,1969年调整为三级,1981年再次调整为两级。直至现在,农协的组织结构分为上下两层,上层为中央会,下层为设在邑面(乡镇)的基层组合。农协的业务分为金融业务、经济业务与教育业务三个大类,其中,金融业务是农协的核心。

农协的金融事业分为两部分:①农协银行,以城市为中心,向下延伸设立分支机构。农协银行既是一家商业银行,也是农业领域的政策性银行。服务领域既包括商业性信贷也涉及农业政策性信贷,其中,农业政策信贷是农协银行金融业务的重要组成部分。②合作金融,中央会和基层组合均有合作金融,但以基层组合为重心。中央会充当合作金融的"总行",基层组合运用剩余的资金,由中央会合作金融部运营。韩国农村金融支持政府开展的新村运动实际上主要是农协对新村运动的支持,在新村运动中,农协发挥了重要的支持作用。正因为农协强有力的支持,新村运动才取得了成功。

(二)农村金融在新村运动中发挥的作用

农村金融为农业提供了足够的资金,有力地推动了农村经济的发展,支持了新村运动的开展。

1. 政策金融的支持

政策性金融业务主要由农协金融机构承担,农协金融平台是农业政策性贷款的主要渠道。农协金融机构的网点深入广大农村,承担农村政策性金融业务比其他金融机构更具有优势。韩国政府对农业、农村、农民的各项投资、补贴大部分也是通过农协金融机构进行。农协金融机构的资金来源主要有自有资金、吸收存款、借款和发行农业金融债券,政策性资金来源主要有农村住宅贷款、农业开发贷款、综合开发贷款和农业机械化贷款等。

对符合政策支持条件的借款人,农协金融机构按政府要求提供低息贷款。由于政策性支农贷款利率低于商业性贷款利率,甚至低于农协金融机构吸收存款支付给存款人的利率,因此政府对农协金融机构给予相应的补偿。政府对农协的补偿有事前补偿和事后补偿两种方式。事前补偿是政府事先通过中央银行——韩国银行预先提供给农协金融机构利率更低的贷款,农协金融机构利用这部分资金发放支农贷款;事后补偿是政府向农协金融机构支付一定的利差补偿金,用以补偿农协金融机构因发放支农贷款而受到的损失。

农民申请借款以土地和家庭财产为担保,农协金融机构贷款不仅利息低,而且发放快。从申请到拿到钱款,通常只需要5天。贷款到期时,如果遇到自然灾害等特殊情况,也可申请延期。对没有财产、没有担保的贫困户,由政府设立信用保证基金为支农贷款提供担保。这样不仅使农协金融机构发放支农贷款不会有后顾之忧,也可以使农民容易获得贷款,不会为贷款发愁。比如,韩国政府1972年开始建立的农林水产业从业人员保证基金(简称农信保)就是为没有担保、个人信用度低无法从农协金融机构获得贷款的农林水产业从业人员提供信用保证。家庭困难的农林水产业从业人员向农协金融机构申请借款时可同时提出信用保证的申请,然后由农协金融机构通知农信保管理机构,农信保管理机构对借款人进行调查后为其提供信用保证,农协金融机构据此向借款人发放贷款。除农协金融机构外,全国畜牧业合作社联社也可以经营金融业务,发放政策性支农贷款。农业政策性金融长期发放低息政策性支农贷款,逐年增加农业机械化、农田水利建设、农产品加工和畜牧业方面的投资,促进了传统农业向现代农业的转变,有力地配合支持了新村运动的开展。

2. 合作金融的支持

合作金融只限定在组合成员之间,具有金额小、利率低、贷款简便等特点。它为遏制农村高利贷,摆脱农民对高利贷的依赖,保护农民利益,发展农村经济起了重要的作用。

(1)农协合作金融。农协合作金融是农协为其成员提供农业生产及日常生活所需资金支持。农协中央会和基层组合都有合作金融业务,但以基层组合为主。基层组合按照互助原则,从资金富裕的组合成员中吸收储蓄存款,然后再贷给缺乏资金的其他组合成员。由于享受政府的补贴政策,其利率比商业银行高2%~3%,因此吸引了组合成员踊跃储蓄,农协金融机构储蓄额不断增加。1971年平均每户农民的存款只有4 300韩元,到1978年则增长到245 000韩元。农民储蓄的增加,为农协金融机构提供了更多的支农信贷资金。

(2)新农村金库。新农村金库是某一地区的农民,出于相互了解和彼此信任,为追求共同的经济利益而自发成立的金融组织。金库由组织成员共同出资建立,向需要资金的组织成员提供小额、低息、便捷的贷款。新农村金库最早是1963年在韩国的庆尚南道出现的,开始属于非正规金融组织,但后来韩国开展新村运动,为促进新村运动的开展,韩国政府为支持新村运动的金融组织机构大力推广建设新农村金库。新农村金库丰富了农民的融资渠道,成为农村金融市场的一部分。

(3)新村存储机构。新村存储机构是妇女协会开办的信用合作组织,由于当时农村金融机构不能完全满足农民的信贷需求,高利贷在农村盛行,为遏制私债市场,满足村民的信贷需求,一些农村地区的妇女协会发起成立了新村存储机构。新村存储机构把村民中闲置的小额资金汇集起来并贷放给急需用钱的村民,贷款速度快,时间短,利率虽然比商业贷款略高一些,但远远低于高利贷。由于地方政府也支持妇女协会成立新村存储机构,所以新村存储机构的数量在20世纪70年代迅速增长。后来由于农协金融机构等农村金融机构在农村网点数量不断增加,新村存储机构就逐渐衰退了。新村存储机构存在的时间虽然不长,但在新村运动中发挥了积极的作用,为新村运动注入了活力。

(三)韩国农村金融取得的成就

新村运动是20世纪70年代,朴正熙政府主导的一场波澜壮阔的农村现代化运动。经过不到十年的发展,新村运动不仅一扫韩国农村破败凋敝的面貌,还重塑了韩国农民勤勉、协作、自立的精神面貌,精神文明与物质文明双丰收,堪称亚洲农村现代化的典范。

1.农村金融法律体系不断完善

1957年,韩国政府出台《农业协同组合法》和《农业银行法》,根据这两部法律,韩国政府分别成立农业协同组合和农业银行,其中农协专做经济业务,农业银行专门提供金融服务,但在实践中,这种二元经营模式存在效率低下、相互掣肘等问题。因此,韩国政府于1961年颁布新《农业协同组合法》,将原农协和农业银行合并为新的韩国农业协同组合,即"新农协",现代的综合农协就此产生。1988年,政府修改农协和畜协相关法规,减少农村金融业务领域的管制,以便协同组合方式能更好地贯彻民主管理原则规定。1994年修订的《农业协同组合法》将农协中央会的银行部门和非银行部门进行分离,促进了农协金融事业的专业化运作。2005年,韩国农协开始设立事业部门代表,引进理事制度,实施责任经营体制。2011年,为改变事业机构,政府再次修正《农业协同组合法》。韩国政府在发展中不断根据实际情况,修改或出台新的法律法规,建立了独特的农村金融法律体系,为本国农村金融的发展提供了立法保障。

2. 建立和健全农村金融体系

韩国农村经济的快速发展依赖于其健全的农村金融体系,除了众多的商业银行为农村经济服务外,韩国的农业协同组合中央会,既包括互助金融事业,又拥有NH农协金融控股公司,且该公司下辖8家子公司。韩国农协集农村政策性、商业性和合作性金融于一身。政策性金融业务体现国家农业政策支持重点,主要服务于农副产品收购、农业开发和技术研究;商业性金融业务主要满足一般工商企业融资需求;合作性金融业务主要面向农户开展存贷款等金融业务,满足了农村各个市场主体的资金需求。近十年来,农协的存贷款规模、投资银行业务规模和保险业务在韩国始终处于该行业首屈一指的地位,韩国农协的综合化运营理念取得显著成效。

3. 建立了灵活的组织架构和完善的治理结构

为解决交易成本过高和决策效率过低的问题,韩国农协从1969年起进行组织体系调整,取消了省(道)农协这一层级,将原有的四级体系改组为中央农协、县(市)农协、基层农协构成的三级体系,一定程度上做到了职责清晰、界限分明。1980年,韩国农协根据内外部发展环境变化,进一步将三级体系简化为由中央农协和基层农协构成的两级体系,这种改革降低了农协的运作成本,提高了与企业开展合作的效率,并一直沿用至今。除了组织体系的调整之外,韩国农协也对其内部的业务框架进行改革创新,改革的主要内容是银行部门和非银行部门进行明确区分。在改革之前的很长一段时间里,

第三章　国外农村金融发展经验与借鉴

银行部门和非银行部门都被纳入统一的经营体系之内,导致产权不明、核算不清、资金混乱、人员分散等问题。基于此,1994年修订的《农业协同组合法》将中央会的银行部门和非银行部门进行专业化分离,这种改革举措使银行部门和非银行部门进一步认清了自己的职责范围和业务方向,提高了专业化水准。

在1999年新制定的《农业协同组合法》颁布之后,韩国农协也加快了自身治理结构规范工作。例如,为保证集体决策,农协代表大会选举成立董事会,同时设立审计委员会,负责监察和财务审计工作,以限制董事会的权力滥用,并且增设了合作社银行存款人保护基金委员会,强化了内部控制能力。这些改革措施健全了合理完善的治理结构,有利于发挥"合理分权、有效制衡、科学决策"的作用。

4. 不断创新经营模式,成功实施"以商养农"战略

韩国农协在成立之初,主要提供的金融服务是农业政策性贷款,但农业政策性贷款远不能满足多样化的融资需要。为此,农协又陆续推出了合作保险和共同信贷业务。伴随时代的进步,韩国农协不断尝试金融创新服务,开发新的理财产品,使得业务多样性、综合性进一步增强。现在在农村金融方面,韩国农协提供的金融产品包括了保险、政策性贷款、商业贷款等各种类型,可以满足客户的多样化需求,在有效满足农村金融需求的同时,实现了农协自身的良性发展。

基于农业信贷方面高风险、长周期的特征,银行及金融机构难以单纯通过农业信贷来增加财源。基于此,它们往往选择收益率高、回报快的商业金融作为主要的"开源"渠道,以实现农业信贷的持续发展。韩国农协积极参与证券、股票等商业金融领域来扩大财源,提高自身的盈利能力,在商业金融领域获得的资金反哺农业,这种"以商养农"的战略使得农业信贷领域拥有充足的资金保障。

5. 利用技术手段强化金融服务

韩国农协高度重视信息技术的开发与利用。农协首先在组织结构上增设信息技术部门,由信息科技部负责整个农协体系的信息技术应用,并直接向农协副主席汇报工作。在保险和银行部设立电子商务处,负责电子业务的发展。农协的各种业务都完成了全国实时网络化管理。通过网络化信息技术手段,韩国农协将农户、商场、消费者连接在一起,做到了资源共享,提高了

市场竞争力。

四、孟加拉乡村银行发展及成功经验

1974年,孟加拉国北部农村发生了大饥荒,大量饥饿的农民涌入城市,或流浪或饿死。这促使在吉大港大学教授经济学的穆罕默德·尤努斯从庙堂之高走入民间,深入农村,以"蚯蚓"的视角贴近贫穷,去研究、理解贫困,最终创造了以小额信贷("微贷"革命)为基础的 Grameen Bank(译为格莱珉银行)来回应贫困,该模式在孟加拉国获得了极大的成功,并很快绵延至世界各地,改善了千千万万贫穷人的生活和处境。

(一)孟加拉乡村银行模式

孟加拉乡村银行源于20世纪70年代初著名经济学家穆罕默德·尤努斯博士的小额信贷试验,1983年,被政府允许注册为民间银行。早在20世纪70年代,孟加拉国的尤努斯博士目睹了家乡人民的生活疾苦,为了让更多的人摆脱贫困的境遇,他立志帮助他们。他把自己的27美元借给了42个贫困农村妇女,从此小额信贷便诞生了。从借贷27美元给42个赤贫农妇起步,他开始创建孟加拉乡村银行,用了30年时间,发展成为拥有400万借贷者(96%为妇女)、1 277个分行、12 546名员工、贷款总额达40亿美元的庞大银行网络,帮助了数百万人口成功脱贫。2006年,尤努斯获得诺贝尔和平奖。他同时完成了一个伟大的经济学证明:穷人更讲信用。

孟加拉乡村银行模式,是一种非政府组织从事小额信贷的模式,具有独立的组织系统和经营机构。其主要特点如下:第一,孟加拉乡村银行专营小额信贷,专门向中低收入阶层提供存款、贷款、保险等小额信贷金融服务,贷款对象以穷人为主,多为贫困群体,主要是农村贫困妇女。第二,孟加拉乡村银行的贷款资金来源主要是本国政府和国际组织的支持,以及成员储蓄。第三,孟加拉乡村银行的组织系统由银行自身的组织机构和借款人组织机构两部分组成。银行自身的组织机构分为四级,即总行—分行—支行—营业所。借款人的组织机构分为三级,即会员中心—会员小组—会员。其在自愿的基础上建立农户自助组织,通常按30~50人组建一个中心,5人为一个小组。中心有定期的每周中心会议制度,即时交流管理、技术等方面的经验和做法。在会员小组,小组成员都需要达成以下共识:承担在其他成员发生还款困难时相互帮助的义务,即如果贷款者无法按期还款,则中心小组成员共同承担风险,其他成员负有相应的连带还款责任。第四,孟加拉乡村银行的贷款额

度由成员个人所在小组的表现、个人在乡村银行的总储蓄额及个人意愿决定,总额度不低于个人储蓄总额的150%。还款期限可选择按周或按月还款。对按期参加活动、按期还款的会员,其贷款额度逐步增加;反之则递减。第五,孟加拉乡村银行根据借款人的需求发放无抵押、短期的小额贷款,同时要求客户开设储蓄账户,存款金额达到一定程度时必须购买孟加拉乡村银行的股份,从而成为银行股东。

(二)孟加拉乡村银行的成功经验

1. 成功的风险控制使小额信贷成为可能

由于农民贷款缺乏可用于抵押的物品,而商业性金融机构出于控制风险的考虑,对抵押、担保等条件要求很高。孟加拉乡村银行通过整贷零还、小组模式、随机回访等一系列风险防范措施,在无须抵押担保的情况下,保证了资金的安全,为营利创造了条件。如信贷偿付采用每周还款方式:贷款期为1年,每周分期付款,从贷款一周后开始偿付。特别是乡村银行将5个贷款户划分为一个小组,小组成员之间对贷款进行内部评估、互相鼓励、互相监督,并承担一定的联保责任。正是这种内生性的激励机制替代了抵押担保制度,成为乡村银行取得成功的重要因素。对于小组成员的违约问题,通过道德约束进行互相监督,由借款小组组成的乡村中心定期召开会议,进行集中放款和还贷,集体进行培训,安排成员交流各自的还款计划和进程,使借款小组成员之间互相监督和激励。

2. "小组＋中心＋银行工作人员"的信贷制度,在一定程度上解决了信息不对称的问题

孟加拉乡村银行的工作人员采取上门服务措施,并且分工到位,平均1名工作人员要负责10个中心约400名借款人的业务。当某一成员在一次会议期间正式提出贷款申请,银行工作人员通常会向小组组长和中心负责人咨询,较为真实地掌握借款人的信息状况。这种公开透明的"小组＋中心＋银行工作人员"的贷款程序是一种充满智慧的金融创新。

3. 高利率政策保证了乡村银行的营利和可持续发展

孟加拉乡村银行根据市场情况自行制定利率,利率水平较高,一般年复利在10%左右。孟加拉乡村银行的职员需走村串户、上门服务,因此薪酬较高,较高的利率水平与职员较高的薪酬水平是相对应的。一般认为,除了农业生产特点决定农村信贷的高风险因素外,传统银行舍弃农村市场的一个重要原因是农村

小额信贷的交易成本过高,银行的利润率过低,甚至难以抵补成本和费用。各国政府通常采取福利性政策,如发放低息贷款等,以支持农村经济的发展。尤努斯认为,对贫困人群的低息贷款的福利主义政策,一方面易使受惠人群产生依赖性,养成其惰性;另一方面,少数有权势的阶层更有条件通过非正常渠道套取低息贷款,而一般的贫困人群却很难享受到优惠。孟加拉乡村银行制定了较高的贷款利率。高利率的作用有二:一是高利率有效地避免了非目标人群利用权限套取低息贷款的现象,增加了赤贫人群贷款的可得性;二是高利率带来的利润有效地填补了小额信贷的高交易成本,使银行的经营、发展能够得到正常维持。

4. 完善的用工制度有助于提高乡村银行员工的整体素质

首先考查应聘者的思想道德,是否具有敬业、吃苦耐劳的精神。其次,按照学历来安排所从事的工作。一般情况下,基层工作人员至少是高中学历;营业所的经理、主任必须是本科以上学历,但工作能力特别突出者,适当破格提拔任用;近来,许多研究生也加入到乡村银行的队伍中,从而提高了职员的素质,也提升了银行的影响力。最后,公开招聘,以公开、透明的方式选拔优秀人才。这极大地杜绝了一些才学浅薄的权贵分子进入银行,提高了银行的运行效率,有效避免了寻租现象。

5. 与政府建立良好关系,政府采取有效的政策措施促进其健康、有序发展

孟加拉国政府对乡村银行的发展不仅在态度上给予肯定,还放宽了对其的政策限制,同时乡村银行始终与政府保持着融洽的关系。首先,政府在资金方面提供支持,以4%~5%的利率贷款给乡村银行,至今已累计超过50亿塔卡;其次,在法律方面予以支持,认可乡村银行以非政府组织的形式从事金融活动;再次,在政策方面予以支持,为乡村银行提供免税的优惠政策;最后,在组织方面鼎力支持,孟加拉国政府成立政府小额信贷组织、孟加拉国农村发展委员会和农村就业支持基金会以及政府小额信贷项目、国有商业银行小额信贷项目,这些组织及项目无形中为乡村银行上了多重保险,更加有利其发展壮大。

五、国外农村金融改革发展的启示

我国是农业大国,农业是我国经济社会可续发展的根基,农业产业化和现代化是我国发展的重要保障,美国、日本和韩国作为世界上现代农业发展最先进的国家,其农业现代化的金融支持体系对于我国农村金融体系的完善和功能的有效发挥有着重要作用,孟加拉乡村银行发展的经验为我国实施脱贫攻坚提供了参考。当前如何切实加大对乡村振兴的支持力度,确保农村金融业务健康、稳定

发展,是我国农村金融改革发展的重要任务。为此,我们可借鉴美国、日本、韩国和孟加拉国农村金融改革发展的成功经验,加强农村金融制度和机制的创新建设,真正将我国农村金融发展逐步纳入到稳健发展的轨道中来。目前我国稳定的经济环境和良好的政策支持使得农村金融改革进入一个千载难逢的大好时期,随着社会主义新农村建设不断向前推进,农村经济也将在农村金融的有力支持下高速发展。

(一)建立健全农村金融法律制度

上述农村金融比较完善的国家,首先都是立法扶持农村金融的发展,形成了较为规范、有效的法律体系。市场经济的发展需要法律制度作为保障。美国的《联邦农作物保险法》和《联邦信用社法》,日本的《农业协同组合法》和《农林中央金库法》,韩国的《农业协同组合法》和《农业银行法》等一系列法律的颁布和实施指导了这些国家的农村合作金融的健康发展。因此,中国的农村金融改革与发展,在农村金融监管制度的设计上要按照因地制宜、区别对待的原则,建立一套符合农村经济运行规律,增加有效金融供给,促进农村经济市场发展的监管法律制度。改变现行"大一统"金融监管模式,变自上而下、标准统一的监管模式为分类指导、差别监管的模式,引导农村金融走上法治发展道路。完备的法律体系可以规范农村金融机构的运作,使其在运行过程中有章可循、有法可依,避免一些不必要的干扰,保障这些机构更好地为"三农"服务。当前,加强农村金融的立法工作,完善农村金融的相关法律制度,是中国建立高效的农村金融体系刻不容缓的工作。

(二)加强政府对农村金融的扶持

农业发展需要进行大规模的农田基本建设、水利建设和农业科技投入,这都需要大量的资金,并且风险大、周期长,加之可能受到自然灾害的影响,这些因素都限制了商业性金融在农村金融中的支持力度。政府对农村金融发展的政策性支持是各个国家比较普遍的做法,西方发达国家的经验表明,政府不仅需要直接设立政策性银行和保险机构支持农业农村的经济发展,还需要采取优惠政策扶持合作金融和激励商业性金融投入农业发展。例如日本以合作性金融为主、政策性金融为辅的金融体系,由基层农协对会员的贷款免担保,并且贷款利息优惠比普通银行幅度大。这些政府直接或间接扶持农村金融发展的措施,给予了金融机构和农民较大的成长空间,促进了农村经济发展。由此可见,政府的扶持是农村金融发展的最有力支撑。

当前中国涉农银行的支农力量总体薄弱,因此需要进一步发挥其作用,改变农村融资渠道较窄的现状。除涉农银行直接开展政策性金融业务之外,中国还可以借鉴其他国家的经验,通过提供财政补贴等利益诱导方式来激励合作金融、商业金融为"三农"服务,并将支持的重点投向科研、技术、环保和巨灾救济等方面。

(三)坚持农村政策性金融、农村合作金融和农村商业性金融等多元主体共同发展

发达国家的经验表明,农村合作性金融和商业性金融的发展需要政策性金融的长期引导、扶持和配合。以法律的形式规范农村政策性金融机构的性质、地位、功能、经营目标、业务范围等,明确界定其与政府、财政、中央银行、银行业监管机构与外部主体的关系,以正常稳定地发挥农村政策性金融诱导培育功能。要立足于法制建设与政策设计的有效配合,充分发挥政策性金融的窗口效应和引导作用,鼓励民间资本进入农村金融市场,逐步促进新型农村金融机构等新兴市场力量的成长,进而推动农村金融发展环境的根本改变。

与此同时,农村合作性金融的发展,必须依法强化法人治理结构和转换内部经营机制,使农村合作金融成为名副其实的合作金融组织,真正体现为社区服务、为社员服务的宗旨。

(四)建立健全农村金融保险体系

中国农村的实际情况是农户的经济实力较弱,抗风险能力较差,因此在发展农村金融的过程中各金融机构除自身要注意风险管理外,建设完善的农村金融保险制度也尤为迫切。美国农村金融体系能健康稳定运作,与其完善的风险保障体系是分不开的。而针对中国当前农村信用社抵御风险能力还不强的实际情况,很有必要借鉴美国的经验,建立存款保险制度。存款保险制度是保护存款人利益,维护金融系统稳定,预防金融危机发生的重要手段之一,也是金融监管体系的一个重要组成部分。中国可以在政府的介入和中央银行的参与下,各个信用社共同入股组成相对独立的、以营利为目的、专门经营存款保险业务的政策性金融机构——存款保险公司。它可以监督和检查参加存款保险的信用合作社的业务,对于那些出现信用危机的农村信用社给予紧急贷款或者无偿援助,保证存款人的利益得到全面的保护。当自然灾害导致农户没有能力归还贷款时,存款保险公司可以给予适当的补贴,从而减轻农业生产者的负担,消除农村金融机构支持农业的后顾之忧。

第四章 中国农村土地金融的探索与实践

我国作为农业大国,农业经济的提高有着非常重要的基础作用。而土地流转模式作为我国农村对土地拥有权的一种使用方式,合理的应用不仅可以帮助农业经济的发展,也可以有效地提高农民的经济效益,改善农民的基本生活。

改革开放以来,随着农业深化改革,农村城镇化进程加快,全国各地对农村土地流转进行了探索,农村土地进行有效流转的面积持续增大,参与流转的合作社以及龙头企业等利益主体逐渐增多,现代农业的设施投入加大,规模效应初见成效。在新形势下,做好农村改革的工作主线依旧是处理好农民与土地的关系,稳定农民的土地承包关系是党中央确立的"三权"分置改革的制度基础。新的改革政策提出将农民的承包经营权落实到具体的地块,这样可以更加明晰农民所承包的土地权属问题,有助于农户在进行农村土地流转过程中明确自己的利益预期,有利于农村土地的高效稳定流转,从而实现农村土地流转在提高土地的利用率以及利用效率上的作用,进而确保国家的粮食安全。同时,农村土地流转也可以促进农村居民的就业多元化,拓宽农村居民收入的渠道;有利于提高农业劳动的生产率,扩大农业生产的产值,有效地缩小城乡居民之间的收入差距;农业土地经过流转归集之后,可以实现规模化的经营,促成新的农业生产经营业态,有利于国家农业发展以及新农村的建设,并实现城镇化的快速推进。

当前我国正在深化农村土地流转的改革,农村土地正经历家庭联产承包制的个体经营向土地流转后的集约化发展转变,其中涉及的各方利益分配问题凸显。在经济总体层面上,土地流转关联方的利益冲突,可能阻碍经济的平稳发展和社会和谐。在农户个体层面上,利益分配的不对等直接影响个体的收入增量,进一步拉大城乡居民间的收入差距。在我国全面实施乡村振兴战略以后,如何在保证农户个体合理利益的前提下,实现土地流转各方的利益分配均衡尤为重要。

一、我国农村土地流转方式的探索

党的十七届三中全会提出建立健全土地承包经营权流转市场,健全严格规范的农村土地管理制度;加强土地承包经营权流转管理和服务,建立健全土地承包经营权流转市场,按照依法自愿有偿原则,允许农民以转包、出租、互换、转让、股份合作等形式流转土地承包经营权,发展多种形式的适度规模经营。土地承包经营权流转,不得改变土地集体所有性质,不得改变土地用途,不得损害农民土地承包权益。全国各地因地制宜地对农村土地流转方式进行了探索,激活了农村生产要素,促进了农村经济的发展。

(一)我国农村土地流转的模式

对于流转土地承包经营权,发展适度规模经营,目前一些地方已经进行了多种形式的探索,创造出各种不同的农村土地流转模式,主要有以下几种类型。

1. 农村土地互换

农村土地互换是指村集体经济组织内部承包土地的承包方为了便于耕种或者规模种植的需要,交换自己的承包地,其土地承包经营权也进行相应的交换。最具代表性的是重庆江津模式和新疆沙湾模式。

(1)重庆江津模式。重庆江津模式是农村建设用地互换的典型代表。为推进农村建设用地市场化,自2007年9月到2008年8月,江津区在重庆市率先开展农村集体建设用地置换试点,该试点的鲜明特点是由市场主导实施和指标跨区流转。

2007年9月,重庆市颁发的《农村集体建设用地置换管理工作试行意见》是指导试点的纲领性文件。将农村建设用地复垦为耕地,范围包括农民宅基地、废弃的工矿企业用地、公路等。江津区国土局统计数据显示,一期复垦,全区新增农用地面积4 160亩,其中耕地面积2 781亩。以解决城市建设用地为核心的农村建设用地减少与城市建设用地增加挂钩的做法成为江津区推行土地改革的重要动力。当然,实现指标跨区流转得益于农村土地交易所的建成。农村土地交易所是重庆市进行统筹城乡综合配套改革而向国务院申请的重要政策之一,其主要交易品种是农民宅基地、乡镇企业用地、村落公用地等农村集体建设用地,经过复垦整理并严格验收,置换出建设用地指标。

江津模式中政府发挥着重要的作用,首先是提供经费支持,政府复垦土地的成本,包括劳动力、安置补偿、新居建设配套设施完善等,每亩花费4万~5万元;其次是政府主导了指标流转、定价及收益分配,有利于土地的集约高效利用,有效缓解城镇发展用地的供求矛盾,促进了城市化和工业化发展进程,改善了农户的生产发展环境。

(2) 新疆沙湾模式。新疆沙湾模式是农村土地耕地互换的典型代表。为了推广实施节水滴灌,节约成本,提高效率,实现连片规模种植,自2004年起,新疆维吾尔自治区沙湾县四道河子镇下八户村率先发起土地互换,将农户原本分散在三四处的土地集中到两块统一种植,解决土地过于分散的问题,以便于耕种、铺设管道。到2005年,全村所有10 368亩耕地全部实现了互换,滴灌、微灌等高新节水技术普及率达到100%。互换完成后,全年农户人均纯收入达到8 000元,土地利用率提高3%~5%,净增加耕地400亩,增加的耕地可使农民每年人均增收347元。由于土地互换的效益比较明显,四道河子镇下庄子村、中心村等6个村先后完成了土地互换,面积达4.27万亩。通过土地互换,农作物种植实现了相对集中、标准化种植、集约化生产的目的。

老沙湾片乡镇棉花生产基地品种进一步统一,品质进一步优化,单产进一步提高,有力地推动了土地规模集约经营,加速了农业产业化进程,促进了农业增效、农民增收,加快了农村经济的发展。

2. 农村土地出租

农村土地出租是指农户签订租赁合同,将其所承包的全部或部分农村土地租赁给农业生产大户、农业产业化龙头企业或合作社从事农业生产,土地出租不改变农村土地承包关系,原来承包土地的农户继续按照原有的土地承包合同履行其义务,享受其权利。新参与的土地租赁方按照租赁合同的约定对土地承包方履行按其支付租金并不得改变农村土地用途的义务。可以采取现金或者实物的方式按年度支付租金。农村土地出租方式主要有农业公司租赁型、农业大户租赁型及农村反租倒包型等。安徽小岗模式较为典型。

安徽小岗土地流转始于当初的"反包倒租",就是鼓励土地向种田大户、能手流转,进行适度规模经营,通过组织协调改变土地现转,从而发挥其应有效应,以获得更大的利润。通过新农村规划,加大投入,大力支持中心村的发展,将村民向中心村集中。这样可以节约土地,减少国家财政对公共设施的投入,促进村民素质的提高,改善村民的生产生活条件,同时促进第三产业的发展。

小岗村耕地面积大约有 2 000 亩,其中 60% 目前被出租流转集中起来,用于发展蘑菇、花卉、葡萄规模种植及家禽养殖等。采取土地集中利用,发展农业规模经营,提高农业生产效率的新型合作给当地农户带来巨大的经济实惠和利益。2009 年,安徽小岗村的农村人均收入达到 6 600 元,比同期全国农村居民家庭人均纯收入 5 153.2 元高出 1 446.8 元。

3. 农村土地股份合作

土地股份合作制属于村集体经济组织内部的一种产权制度安排,即在按人口落实农户土地承包经营权的基础上,按照依法、自愿、有偿的原则,采取土地股份合作制的形式进行农户土地承包使用权的流转。农户土地承包权转化为股权,农户土地使用权流转给土地股份合作企业经营。扣除相关项目的土地经营收入剩余按照农户土地股份进行分配。它代表当前农村土地流转模式创新的方向,也是比较普遍的一种农村土地流转模式。最具代表性的为广东南海模式、山东枣庄模式。

(1)广东南海模式。为了充分保障农户分享农村土地增值收益,满足城市化、工业化建设用地的需求,广东省佛山市南海区 20 世纪 90 年代在其辖区内实行农村土地股份合作制。广东南海模式的特点在于由股份合作组织直接出租土地或修建厂房再出租,村里的农民出资入股,凭股权分享土地非农化的增值收益。

实行土地股份制的具体措施有如下两点:一是采取分区规划,把辖区土地按照土地功能及定位划分为商业居住区域、经济发展区域和基本农田保护区域,集约利用有限的农村土地资源,充分发挥土地效益,合理实施城镇发展规划,对基本农田实行最严格的保护。二是明确股份份额和范围。可以将农村土地、农户的土地承包经营权及村集体经济组织集体财产折价入股,制订股份公司章程,股东权利的范围、股东红利的分配及股东权利管理严格按照公司章程规定办理。

该模式创新遵循的共同原则有以下几条:第一,只有村集体经济组织内部的成员才有权参与土地股份公司的土地分红,"人人参与,个个有份"的制度设计与安排使成员权益得到了切实的保障;第二,年龄成为集体组织成员股份分配差异的依据;第三,在股权变动与调整时会充分体现人口变动、村集体经济组织成员变化的情况;第四,为了便于村社管理,特别是为了执行有关计划生育和治安管理等,额外设置了一些村集体经济组织成员获得股东权利或者参与股份分配的附加规定;第五,村集体经济组织的农户分享的股份数额具有较强的福利性,只能自己享受,没有继承权,不得赠送、转让与抵押。

广东南海模式的农村土地流转制度创新用土地股份合作制取代原来的家庭联产承包经营责任制。这种制度创新不仅充分保障了农户承包土地的收益分享权利,而且从制度设计上通过股利分配的方式赋予农户分享农村土地非农化所带来的巨大土地增值收入。这是南海土地股份合作制的核心,也是我国农村现行土地利用制度和城市化、工业化建设进程的有益尝试。从土地收益分享的方面考察,这种土地制度创新不仅承认农户的农村土地经营收益分配权,而且保障了农户参与分享农村土地非农化的土地增值收益权。

用农村土地股份合作制取代农村家庭联产承包经营责任制,实现了农村土地权利的过渡,由土地的自然状态向土地的资本状态过渡。这种以土地资本化为典型特征的土地使用制度创新,减少了土地流转过程中的利益冲突,极大地调动了农户的参与积极性,推动了农村土地资源的充分利用,促进了农村土地资源的有效流转,推动了农村剩余劳动力的转移,带动了农村第二、第三产业的发展。

(2)山东枣庄模式。山东省枣庄市山亭区徐庄镇于2008年9月成立了全国首家农村土地产权交易所,为参与徐庄土地合作社的农户颁发了280份农村土地使用权证,并创出了三个全国"首次":首次创办了获得工商注册的土地流转合作社,首次由区政府向农民颁发农村土地使用产权证,首次建立了农村土地使用产权交易所。这标志着在国内各地的农村土地制度改革探索案例中,增加了一种新模式,村民可使用土地使用产权证做抵押,向信用联社申请贷款,进行农业基础建设和采购。

枣庄市农村土地制度改革由三部分组成:首先,发放土地使用产权证。持有土地使用产权证的农户可以在其有效期限内,自愿经营或者进行农村土地流转,同时可将土地使用产权证入股经营或者作为抵押担保物。其次,从市级自上而下建立市、县(区)、乡镇三级有形的农村土地使用产权交易市场,解决市场缺位问题。再次,地方政府出台政策引导农户走农业合作化的道路,以土地为纽带联系农户与合作社,消除参与合作农户的后顾之忧,调动农户参与合作社的积极性。同时通过制度设计避免农户的失地风险。一是农业合作社成员的构成比例合理,以土地入户的农户数不得低于总成员的

80%,其他成员不得超出总成员数的20%,同时对有投票表决权的票数进行限制,通过资金入户的社员投票权不得超过投票权总票数的20%。二是构建农业保险体系,政府出资补贴涉农保险企业的农业保险项目。三是对土地使用权抵押的额度和年限进行限制,抵押额度最多不得超过1/3,抵押年限不得超过3年。

枣庄市农村改革的主要动力来自农民,出发点是为了农民,是"自下而上"由农民自发开始的,做到了尊重农民意愿。改革的重点放在农业地区,而不是近郊区。向农民发放"土地使用产权证"的最终目的,是追求土地的规模效益。

4. 农村土地入股

农村土地入股是指村集体经济组织的承包户为了发展规模农业,提高农业生产效益,将农村土地承包经营权折算为股权,自愿走农业产业化发展道路,实现农业生产合作,以土地承包权入股组成股份有限公司或者农业生产合作社,实现农业产业化经营。这种方式以上海奉贤模式较为典型。

上海奉贤的做法:一是规定入股农户的最低收益保障数额,每亩土地的最低收益为400元,每亩土地的最低分红为200元;二是规定合作社的利润分配顺序及方式。统计数据显示,截至2011年年底,奉贤区的农民专业合作社总数已经达到350家,带动参与农户数额为6.5万户,全区农民专业合作社销售各类农产品总额大约22亿元,比上年增长7.3%,利润1.12亿元,而由合作社统一购销金额达16.8亿元,约占总额的76%,同比增长8.4%。

上海奉贤农民专业合作社具有典型的三大特征:一是合作社的产业类型齐全,除传统的粮食、蔬菜、水果、花卉外,农家乐和营销类合作社发展迅速,达到29家,占总数的8%;二是合作社组织形式多元化,采取"合作社+基地+农户""合作社+农户""龙头企业+合作社+农户"等多种形式,其中前两种占了总数的80%;三是合作社运行质量逐年稳固提高,运行情况良好和较好的合作社有200多家,合作社实行民主管理,社务公开。承包人在用工上对合作社负责,合作社优先安排就近社员工作,产业化经营能力强。

5. 农村土地转包

农村土地转包是指村集体经济组织内部承包方将其承包经营权的全部或者部分转给同一村集体经济组织内部的其他农户从事农业生产。土地转包不改变原有的农村土地承包关系,原有的土地承包按照土地承包合同继续履行原有合同的义务,并享有相应的权利。农村土地转包模式是目前农村土地流转面积最大、比例最高的一种土地流转形式,其中具有代表性的是浙江温州模式、重庆忠县模式和重庆九龙模式。

(1)浙江温州模式。浙江温州模式具体而言主要有三种实现方式:一是村集体经济组织主导模式。该模式充分发挥村委会和村级经济合作社的主导作用,在维持原有农村土地承包经营权不变的前提下实现农村土地的流转。其具体做法是村集体转包直接经营和村集体代种代耕。村委会或村级经济合作社在按照一定标准收取一定费用的基础上进行代种代耕,农户只负责田间管理和粮食收割。二是种粮大户承包模式。农户把土地承包经营权转包给种粮大户是该模式的核心,采取有偿转让的形式,通过招标、中转站转包或中介机构合同转包等方法实现农村土地的有序流转,减少农村土地荒芜,充分提高土地利用效率。三是社会化模式提供服务的方式。主要是专业农业合作、农场或者粮食合作社对粮食生产实行"一条龙"的有偿服务,或提供某一关键环节有偿服务。

(2)重庆忠县模式。忠县推出农村土地流转的主要模式是"1+5"。"1",即乡镇依托农经管理部门建立土地流转服务中心,指导土地流转工作,村依托村支部、村委或农民专业合作组织,建立土地流转服务所,农户委托土地转中介服务机构。"5",即主要以农户转包、大户经营、公司租赁、农民专业合作社股份合作、单位和居民认购这五种形式进行土地流转。截至2006年,通过"1+5"的模式,全县合同和协议农村承包土地累计流转达 7.113 万户、19.126 万亩,分别占全县总农户和耕地面积的 28.5% 和 23.9%,涉及外出务工农户 62 158 户,面积达 17.568 万亩。按流转方式划分,转包 45 274 户、126 009 亩,转让 85 户、256 亩,出租 24 966 户、62 415 亩,互换 325 户、1 108 亩,入股流转 480 户、1 472 亩。重庆市截至 2006 年通过转包流转土地总面积 108.88 万亩,占土地流转总量的 50.33%。39 个区县中除大渡口外,流转面积最大的是忠县,达 18.8 万亩,流转比例最高,达 98.3%。对于减少农村土地撂荒,扩大农户土地的规模经营和连片种植起了良好的推动作用。

推行"1+5"农村土地流转模式,既降低了流转成本,又加快了土地流转,提高了土地流转的规范化水平,收到了较好的经济社会效益。一是在一定程度上解决了土地撂荒的问题。据统计,当时,全县复耕撂荒土地面积 55 602 亩,涉及农户 29 376 户,撂荒土地占耕地面积的比率较 2005 年下降 6.9 个百分点。二是推进了土地规模化经营,助推了农业产业化发展。2006 年,全县累计完成施格兰柑橘基地果园建设9.1万亩,种植苗木280万株,红豆杉原料林基地8 300亩,种植优质粮油26万亩,"双杂"制种1.1万亩,改造桑园5 000亩,养蚕2.2万张等农业产业化发展任务。三是大多数农民从土地的束缚上解脱出来,进入第二、三产业,促进了全县劳务经济的发展。2006年,全年新增转移就业农村劳动力5.28万人,累计转移就业农村劳动力28.78万人,实现劳务总收入15.21亿元。四是实现了农民和承包方的双赢。通过建立土地中介流转制,分产业、分区域确定流转收益指导标准,有效地改变了过去零流转费或负流转费的状况,增加了农民的收入,保护了农民的土地流转权益。按平均流转收益每亩300元计算,全县农民总计流转收益5 738万元,户均收益806元,相对种粮收入提高50%以上。例如忠县大地科技开发有限公司按每年每亩650元支付给农户,流转收益共计32.6万元,支付部分农户就地务工工资60万元,两项合计92.6万元,户均2 650元,比农户原经营收入增长了5倍。2006年,该公司在遭受特大旱灾情况下获利22万元,实现了公司与农户的双赢。

(3)重庆九龙模式。该模式是承包地换社保、宅基地换住房的方式。承包地换社保是指农民以放弃农村宅基地为代价,把农村宅基地置换为城市化、工业化发展用地,进而农户可以在城里获得一套住房。与此同时,农民自愿放弃农村土地承包权,与市民享受同等的医疗、养老等社会保障,逐步建立起统一城乡的公共服务体系。其中以重庆九龙模式最具代表性。

重庆市于2007年获国家批准成为统筹城乡综合配套改革试验区,九龙坡区作为重庆先行的试点区域,在农村土地使用制度方面进行了大胆尝试,创造了农村土地流转的重庆九龙模式。依靠"宅基地换住房、承包地换社保"的方式,促进了农村土地的集约利用,充分发挥农村土地使用效益,消除土地对农村劳动力转移的束缚。

重庆九龙模式的基本做法有两点:一是以宅基地换住房。政府拿出原农村宅基地面积的20%左右,集中兴建新型农村社区,腾出的80%左右复垦为耕地,其农村建设用地指标则置换为本城镇建设用地指标。流转的宅基地每个村民能免费置换20平方米住房,优惠5平方米住房,其余面积按580元/平方米计算。二是以承包地换社保。具体的配套措施:①九龙坡区颁布相应政策,凡是没有稳定收入来源又自愿放弃农村宅基地使用权和农村土地承包经营权的,可以自愿申报为九龙坡区城镇居民户口,并在小孩上学、再就业培训、医疗保障与养老保险等方面与市民享受相同待遇。同时,大力推广新农村合作医疗,解决农民的看病就医问题。②以土地承包权出租,按稻谷每亩年平均产量折算约1 000元的金额,收取租金。流转以自愿为原则,其目的是将农民从土地中解放出来,从农业园区或城镇企业获得务工收入,由务工企业来解决社保问题,并享有固定土地收益,实现持续增收。

(二)农村土地承包经营权流转存在的问题

统筹城乡综合配套改革是一项长期、艰巨的工作,涉及的方面很多,农村土地流转就是其中一项十分重要的工作。在土地流转的过程中还存在农民恋土情结太重不愿流转、农村土地没有税费不思流转、流转机制不完善不好流转、产业带动不强难以流转、耕地条件差不利流转、经营技术和水平不高害怕流转、农民公司或农村产业合作社的管理水平较低影响流转等问题。这些问题,都直接或间接地制约着农村土地承包权、经营管理权的流转。

1. 土地流转意识有待进一步增强

一是农民自觉流转意识不强,一些农民对国家土地承包和流转政策理解不够,担心土地流转出去后会丧失土地经营权,失去生活依靠,宁愿土地抛荒也不愿流转出去,还有些业主怕政策不稳,担心投入无回报而不敢经营流转的土地。二是农民大局观念和法治意识不强。个别农民对县里的农业产业化政策不支持、不理解,对涉及土地流转的农业产业项目恶意刁难,百般阻挠。个别农民法治意识不强,签订土地流转合同后毁约,侵害业主利益。三是基层干部工作热情不高。乡村干部对土地流转工作不力、情况不清,工作缺乏积极性和主动性,造成土地流转行为不规范,矛盾纠纷隐患多。

2. 土地流转行为不规范

一是流转程序不规范。部分土地流转项目存在由乡镇政府或村级组织出面租赁农户的承包地再进行转租或发包的"反租倒包"现象,与政策相违背,也容易引起损害农民利益行为的发生。二是流转协议订立不规范。有相当部分的土地流转只是口头约定,没有签订书面合同;有些虽签订书面合同,条款也多不够规范,内容过于简单,对双方的权利、义务及违约责任规定不具体,且大部分流转合同没有通过职能部门鉴证和备案,存在纠纷隐患。三是土地流转价格存在不合理现象。

3. 土地流转机制不完善

一是土地流转无章可循。土地流转处在摸索和尝试阶段,配套政策措施尚未出台,流转无具体的操作办法,土地流转费的确定没有可操作的价格标准,容易出现竞相压低租金,损害农户利益以及个别农户漫天要价,阻碍土地流转的行为。二是土地流转信息不畅。土地流转和租赁市场没有形成,无中介组织,出租方找不到承租方,承租方又难以找到有流转土地意向的对象。三是土地流转管理不规范。由于乡镇农经站工作人员职责不清,土地流转管理职责不明确,土地承包流转合同管理难以到位。四是土地流转扶持措施尚未出台。土地流转项目激励措施、土地流转补偿制度、土地投资补偿制度等优惠政策有待进一步建立健全。

4. 土地承包流转政策不配套

一是土地流转工作难度大。各级政府在实施农业产业项目过程中,个别农户因想不通,不愿流转规划区内的承包土地,甚至有恶意阻碍农业产业化经营的现象,影响项目的实施。二是抛荒地难处理。农业比较效益低、耕地毁坏严重、水利设施落后等原因,造成了土地弃耕抛荒。这些抛荒耕地的流转难度大,因为一些外出打工、经商的农民把土地看作今后生活的退路和保障,宁愿荒地也不舍得将土地流转出去,而政府对抛荒行为制止有限,既不能强制收回或强制流转抛荒地,又没有进行处罚的法律依据,从而造成了抛荒现象的蔓延。

(三)正确处理和把握土地经营权流转中的矛盾和问题

1. 正确认识土地承包经营权流转与坚持农村基本经营制度的关系

农村以家庭联产承包经营为基础、统分结合的双层经营体制,是中国特色社会主义市场经济体制要求,符合我国农业生产特点的农村基本经营制度,必须毫不动摇地坚持。坚持农村基本经营制度是实行土地承包经营权流转的制度基础,要保持现有土地承包关系稳定不变,完善土地承包经营权利,依法保障农民对承包土地的占有、使用、收益等权利,搞好农村土地确权、登记、颁证工作,夯实土地承包经营权流转的制度基础。

2. 正确处理土地承包经营权流转与发展现代农业的关系

一是要看到集约经营和规模经营是现代农业的重要特点,土地承包经营权流转是农业产业现代化的客观要求和必然趋势,随着农村劳动力的转移和农业物质技术装备水平的不断提高,通过土地承包经营权流转可扩大土地经营规模;二是要看到在我国发展规模经营是一个长期过程,且土地承包经营权流转不是实现规模经营的唯一途径,建设现代农业应当着力推进家庭经营、统一经营"两个转变",不可一味地追求土地集中的规模经营。

3. 正确处理土地承包经营权流转中政府与市场的关系

一是要发挥市场的作用。土地承包经营权流转是生产要素合理配置的需要,本质上是一种市场行为,要建立健全土地承包经营权流转市场,充分发挥市场机制的基础性作用。二是尊重农民意愿。土地承包经营权属于承包土地的农民,土地承包经营权流转必须坚持依法、有偿、自愿的原则,尤其要尊重农民的意愿,不得强迫或阻碍农民流转土地承包经营权。三是发挥政府的调节作用。政府是公共服务的提供者,也是市场的监管者,要依法规范市场秩序和流转行为,加强流转管理和服务,不断优化流转环境,健全纠纷调处体系,确保土地承包经营权流转有序进行。

4. 正确处理土地承包经营权流转中国家、承包者和经营者的关系

在土地承包经营权流转中,要正确处理这三者的关系,统筹协调国家粮食安全利益、承包者权益、经营者收益,确保土地承包经营权流转不改变土地集体所有性质,不改变土地用途,不损害农民土地承包权益,既遵循市场经济规律,又符合国家宏观调控方向。

二、我国农村"两权"抵押贷款试点取得的成效

2015年12月27日,第十二届全国人民代表大会常务委员会第十八次会议通过决定,授权国务院在部分试点县(市、区)行政区域分别暂时调整实施有关法律规定,并于2017年12月27日延长授权至2018年12月31日,为开展农村承包土地经营权和农民住房财产权(以下简称"两权")抵押贷款试点提供了重要法律支撑。全国各试点地区结合自身实际,对流转土地承包经营权,发展适度规模经营进行了多种形式的探索,创造出各种不同的农村土地流转模式,也取得了一些经验,比较典型的主要有如下几种类型。

(一)江苏省"两权"抵押贷款试点经验

2015年,江苏省10个农地试点地区和3个农房试点地区稳妥有序地推进"两权"抵押贷款试点工作,在金融产品创新、处置机制探索、绩效考核激励等方面的支持力度有较大提升。在试点推进过程中,部分地区形成了具有一定创新意义的经验和做法。

1. 江苏省"两权"抵押试点主要经验

一是发挥地方政府主导作用。2017年,中国人民银行南京分行联合江苏省"两权"抵押贷款试点工作推进小组成员单位,督促各试点地区政府切实

发挥主导作用,进一步完善配套措施,为试点工作扫清障碍;会同江苏省金融办起草了《江苏省政府关于全面推进农村金融创新发展的意见》(苏政办〔2017〕143号),将"两权"抵押贷款试点作为农村金融改革的重要创新来抓,进一步提升试点地区政府的重视程度。各试点县(市、区)积极完善体制机制建设,2017年累计出台支持"两权"抵押贷款试点政策文件50余项(件)。金湖县制定了《金湖县农村承包土地经营权流转履约保证保险办法》,有效化解流转履约合同失约风险;姜堰区印发了《农村承包土地经营权抵押贷款试点工作考核办法》,对各镇试点情况和银行工作成效实行考核。同时,各地还积极开展服务宣传活动,促进试点工作深入推进。如沛县构建金融顾问制度,为办理承包土地经营权抵押贷款的农业经营主体提供信息咨询服务;武进区以宅基地制度改革试点为契机,多次开展农房抵押贷款培训宣传和调查走访活动。

二是强化中期评估结果运用。2017年初,江苏省"两权"抵押贷款试点推进小组核心成员单位对12个试点地区2016年试点情况开展了中期评估,以省试点工作小组名义将评估结果、存在的问题和改进意见抄报江苏省委、省政府,并同时向试点地区进行反馈,督促各地对照问题及时查缺补漏、加强整改。各试点地区也高度重视中期评估工作。如东台市对照评估结果反映出的问题,责成"两权"指导小组成员单位对承办试点业务的金融机构逐一上门走访,督促各项试点业务的实施和推进;高淳区根据评估结果,推动当地法人金融机构制定专项营销活动方案,明确农房抵押贷款投放奖励政策,加大考核力度。同时,对2016年中期评估结果较好地区的试点经验进行了梳理总结,形成整村流转抵押的"太仓模式"、构建风险闭环的"沛县模式"、农房抵押贷款的"泗洪模式"等特色经验,并在中国人民银行工作培训会上进行了交流。

三是深化抵押物处置机制建设。抵押物处置机制建设和完善一直是试点工作的重点和难点,中国人民银行南京分行积极推动试点地区攻坚克难,不断创新和完善相关制度建设。泗洪县构建了"四方协议"合作模式,明确贷款人、出租人(乡镇政府)、借款人、监督人(县农工办)的权利义务和工作要求,并积极借助司法拍卖手段进行处置。沛县以农土公司为土地流转经营管理公司,作为"风险处置终端"为不良贷款按照协议进行代偿,并对抵押地块经营权进行代持、组织拍卖流转和自营,极大地调动了社会各方参与经营权抵押贷款业务的积极性。无锡市惠山区在发放土地承包经营权贷款时,要求村集体出具回购承诺函,对用于抵押土地经营权进行兜底。仪征市通过制定管理办法,明确要求在抵押物处置方面,开辟法院诉讼"绿色通道",简化流程,减少诉讼和执行过程的时间。

四是进一步加大政策激励和目标考核。中国人民银行南京分行继续将试点工作纳入分行 2017 年重点工作任务,定期督查通报任务落实情况,各试点地区也进一步细化工作目标,强化激励约束机制建设。姜堰区对金融机构发放的农地抵押贷款按各季末平均余额的 2‰ 予以补贴,2017 年已发放专项奖补资金 12.55 万元;东台市对发放农村承包土地经营权抵押贷款的金融机构按贷款发生额的 1‰ 进行奖励,起点奖励 1 万元,再按照贷款额的 1.21‰ 进行补偿,2017 年已发放奖励 51.2 万元;东海县人民政府将各乡镇配合试点工作情况纳入年终考核,对各乡镇流转土地的交易确认、场外流转转场内的服务工作进行评比,以此作为年终财政拨付的重要依据。

2. "两权"抵押试点工作成效

一是配套机制建设深入推进。试点地区确权颁证工作基本完成,农地抵押贷款试点方面,确权率达 97%,颁证率达 95%;农房抵押贷款试点方面,由不动产登记中心进行确权登记颁证,试点地区确权率和颁证率均达 95% 以上;农村产权交易体系逐渐完备,11 个试点地区接入了江苏省"农村产权交易信息服务平台",专门用于农地经营权、林权等各类农村产权的交易和抵押登记。农房方面,依托当地不动产登记中心或农村产权交易服务平台进行流转交易;风险补偿和缓释机制逐步建立,全省已有 10 个地区设立了规模不等、形式多样的财政风险补偿基金,对"两权"抵押贷款的不良损失按比例进行风险代偿。

二是贷款规模持续增加。试点开展以来,在多方共同努力下,江苏省"两权"抵押贷款业务发展较快。截至 2017 年末,"两权"抵押贷款余额 18.89 亿元,同比增长 72.9%。其中,10 个承包土地经营权抵押贷款试点地区贷款余额 15.83 亿元,同比增长 108.6%,当年累计发放贷款 4 507 笔、14.7 亿元;3 个农民住房财产权抵押贷款试点地区贷款余额 3.06 亿元,同比下降 8.2%,当年累计发放贷款 3 079 笔、2.1 亿元。与此同时,"两权"抵押贷款融资供给主体日益丰富。农地抵押贷款试点地区均有 3 家以上的金融机构开展抵押贷款业务,其中泗洪、如皋、金湖、东海等地开办机构数超过 7 家(含);三个农房抵押贷款试点地区承办金融机构都已超过 3 家(含)。各地承办金融机构积极通过抵押贷款管理办法,在贷款对象、条件用途、期限利率等方面进行明确和细化,并在绩效评价、资源配置、利率定价等方面对试点业务给予适当倾斜。

三是优惠利率节约融资成本。农村"两权"抵押贷款业务不仅有效拓宽了农村融资渠道,也一定程度上降低了农户融资成本,促进了农民致富增收。全省农地抵押贷款平均利率为6.46%,低于一般农户贷款0.99个百分点,为农业经营主体节约融资成本1 390多万元;农房抵押贷款平均利率6.78%,低于一般农户贷款0.67个百分点,为农户节约融资成本近130万元。

四是促进农村改革不断深入发展。农村"两权"抵押贷款试点是深化农村改革的重要方面。江苏省出台了《深化农村改革综合性实施计划》,将"两权"抵押贷款试点列为重要改革任务,与农村承包地确权登记颁证等一批国家级改革试点统筹安排、协同推进。截至2017年末,全省95%的应确权行政村完成登记颁证,进度在全国位居前列;38个县(市、区)被认定为全国农村集体"三资"管理示范县,数量居全国第一;40%的村(居)开展社区股份合作制改革,实现全省地级市全覆盖。

五是支持农业适度规模经营发展壮大。农地的流转集中是发展适度规模经营的前提,也是发展现代农业的必由之路。农村"两权"抵押贷款试点推动农村土地向新型经营主体集中、向适度规模经营集聚,促进了适度规模经营发展。目前,全省新型职业农民培育程度达35.5%,已认定家庭农场3.75万家,合作社总数达8.42万家,农民入社比重达77.9%,县级以上农业龙头企业达6 726家,其中国家级61家,居全国第二;水稻集中育供秧、小麦病虫害统防统治覆盖面分别达47.5%和62.4%,专业化服务水平不断提升。

(二)山东"农地"抵押贷款的河口区实践

2016年3月,山东省东营市河口区被确定为全国232个"农地"抵押贷款试点区。截至2018年末,河口区6家银行机构开办"农地"抵押贷款业务,"农地"抵押贷款余额37 787万元,其中,以"农地"贷款为单一抵押的贷款余额690万元,组合其他担保方式的贷款余额37 097万元。河口区在试点阶段,深刻理解"农地"抵押贷款的制度内涵,扎实开展各项业务,主要的经验做法有以下四方面。

1. 开展农村土地确权登记,明确"农地"权利归属

河口区于2015年率先在全省完成了农村土地承包经营权确权登记颁证工作,全区确权面积23.72万亩,颁证农户24 040户,颁证率100%。加大对

农村承包土地的经营权证申领宣传力度,颁发农村承包土地的经营权证70本,涉及土地8.9万亩,确保"农地"经营权"合法有效、归属清晰、责权明确",为试点工作顺利开展打牢了基础。

2. 健全配套机制,稳步推进试点工作

一是建立农村承包土地的经营权抵押贷款业务贴息制度,区政府设立了200万元的专项贴息资金,对辖区内符合条件的借款人按照基准利率的30%进行财政贴息;二是建立风险缓释及补偿机制,区政府设立了400万元的风险补偿基金,对金融机构发放农村土地承包经营权抵押贷款发生风险的,按实际损失部分的50%对其进行风险补偿;三是建立评估补助机制,区财政设立了抵押贷款评估保障经费50万元,对由第三方评估机构评估产生的评估经费,全部予以补助;四是完善信贷管理制度,优化内部激励机制。参与试点的银行机构均制定了"两权"抵押贷款管理办法,在资源配置、绩效评价、信贷授权等内部激励配套制度方面对试点工作予以倾斜,充分调动银行机构基层办理业务的积极性。

3. 加强农村产权交易市场建设

河口区政府印发了《关于促进农村产权流转交易市场健康发展的实施意见》,建立了区、镇(街道)、村(社区)三级农村产权交易服务体系,提供信息咨询、土地流转交易、经营权抵押登记等一系列服务。同时,设立了河口区农村产权交易监督管理委员会,加大农村产权交易监督管理力度,不断规范农村交易市场建设。目前,全区共登记完成农村产权交易58笔,涉及土地3.03万亩,交易金额5 210万元。

4. 因地制宜选择融资模式

河口区土地没有大棚、果树等经济价值高的地上附着物,土地价值普遍偏低,单一方式的"农地"贷款可行性较低。针对这种情况,东营银行、东营农商行创新开展"农村土地承包经营权抵押+反担保"的融资方式,既满足了农户的融资需求,也降低了出现不良贷款的风险。截至2018年年末,两家金融机构共办理反担保业务1 161万元。此外,东营农商行引入保险公司参与试点业务,与中国人保河口区支公司签订合作协议,办理了50万元"农地"贷款保证保险业务。

河口区通过三年的试点期,不断探索"农地"抵押贷款有效途径,拓宽了农民抵押品范围,提高了贷款可获得性,降低了农民融资成本,缓解了农民融资难题。同时,试点工作的开展加快了土地流转步伐,使全区家庭承包经营的土地流转总面积达到 15 万亩,为经营主体规模经营提供了平台。

(三)福建省"两权"抵押贷款试点实践与成效

1. 主要试点实践

"两权"抵押是一项附着性制度,依附于农村集体产权制度改革,是一项系统性工程。福建省在试点过程中,始终将"两权"抵押与农村产权制度改革协同推进,政府承担推进试点主体责任,加强中国人民银行、农业、国土、住建、财政等试点主要部门联动,在省级 8 个设区市和 13 个试点县(市)层面全部建立政府主导、部门参与的试点指导或领导小组,通过横向沟通协作、纵向督导推动,将"两权"抵押试点与各项配套体系建设合力推进。注重加强省级对试点工作的引领,明确责任部门和时间进度要求。同时,下发试点工作指导意见,明晰试点工作方向,消除试点地区顾虑。尊重试点地区首创精神,试点地区在确权颁证、评估、登记、流转处置等方面出台超过 15 项制度,尤其是首创容错纠错机制,对促进试点发挥了积极作用。

一是压实试点地区政府责任。福建省委改革办连续 3 年将"两权"抵押贷款试点纳入"三农"体制改革重点任务,定期调度工作进展。中国人民银行、农业和国土等部门分别定期通报试点地区"两权"抵押贷款业务和确权等配套体系建设进展情况,并组成联合督导组,对 13 个试点地区政府全面督导,传导工作压力。地方政府对试点认识在督导和推进中逐步深化,组织更加有力,配套体系建设加快推进。截至 2018 年 10 月末,10 个土地经营权抵押贷款试点地区土地承包经营权确权率达到 100%,颁证率平均达 63.6%;试点地区政府全部安排资金建立试点风险补偿或奖励机制,资金达 8825 万元,为试点创造良好条件。

二是加大对试点政策和成效宣传。针对试点初期有些农民对土地"三权分置"改革不了解,担心因抵押失地,对试点心存疑虑的情况,把政策宣传放在重要位置。仅在 2016 年上半年组织的试点宣传月期间,累计参与的农户和新型农业经营主体就达 2.89 万人次,微信公众号宣传信息浏览量达 6.91 万人次,发送手机短信 3.3 万条,为试点推进营造良好环境。

三是加强对金融机构的政策引导。一方面,加大工作督促,按年度下发试点工作安排,明确金融机构授权、审批权下放、信贷资源配置、绩效考核的工作要求和目标,并加大督导考核,传导试点工作压力;另一方面,加大政策激励,配套再贷款额度鼓励金融机构发展"两权"抵押贷款业务。同时,省级财政将"两权"抵押贷款列入对金融机构贡献考核范围,对贷款余额和同比增幅前10名的金融机构定额奖励。金融机构通过配置专项营销费用等积极跟进,兴业银行按"两权"抵押贷款业务规模的倍数对分支机构增配信贷额度,加大激励。截至2018年10月末,全省实现试点地区国有商业银行、涉农金融机构和地方法人金融机构试点业务开办全覆盖,涉农金融机构同时实现试点业务乡镇全覆盖,并配套推出"金土地""农房乐"等专项信贷产品,加大信贷投放。

2. 试点成效

一是有效激活农业农村资源要素。试点有效激活农村土地、房屋等两类资源抵押担保价值,"两权"抵押成为农民和农村企业贷款重要方式,2018年10月末,13个试点县(市)"两权"抵押贷款余额93.18亿元,比试点启动初期的2015年6月末增长7.5倍,其中土地经营权抵押贷款余额63.99亿元,增长53.22倍;农房抵押贷款余额29.19亿元,增长2.1倍。13个试点县(市)试点业务规模均超过4亿元,增速均超过100%。

二是有效改善农民和新型农业经营主体金融服务。抵押物缺失一直是农户和种养大户、专业合作社等新型农业经营主体大额融资的重要瓶颈。"两权"抵押有效助力提高其贷款额度。2018年前10个月,13个试点县(市)土地经营权抵押贷款单笔平均金额25.17万元、农房抵押贷款单笔平均34.91万元。"两权"抵押贷款惠及农户和各类新型经营主体3.31万户次,较试点前增加3.06万户次,有效改善了农业融资环境。

三是有效配合农村"三权分置"重大改革创新的深入推进。"两权"抵押贷款试点是"三权分置"改革的具体落实和重要运用。福建省在试点中,各试点地区始终将稳定和放活土地经营权放在核心位置,建立了确权、登记、颁证、流转、融资、处置全链条工作流程,以金融具体实践检验"三权分置"制度安排成效。试点以来风险总体可控,2018年10月末,土地经营权抵押和农房抵押贷款不良率分别为0.04%和1.94%,未出现因试点导致农民失去生活保障的现象。

3. "两权"抵押试点的关键问题与探索

一是保护农民利益与提高抵押融资效率的平衡问题。试点必须以尊重农民意愿和维护农民权益为前提。体现在"两权"抵押融资办法的具体条款设计上,是对借款人通过出租等方式流转取得的经营权抵押必须获得承包农户和发包方的书面同意,切实保障农民知情权。但由于南方地区耕地分散细碎,规模经营主体大部分是从几十家甚至上百家农户手中集中流转耕地,同时取得农户书面授权难度大,协调成本高。为了实现保护农民利益与提高抵押融资效率的有效平衡,福建省做了一些有益的探索:①全面推开试点县(市)土地流转合同备案,自2017年起,对新流转的土地,将土地流转合同备案作为农业经营主体申请各类补贴和支持政策的优先条件,不仅规范了土地流转行为,也为抵押创造了更好的条件。②组织修订土地流转备案合同,在合同上增加承包方同意承包土地的经营权是否可用于抵押及合法再流转的选项。对合同已经载明的,允许凭流转合同和土地经营权抵押登记申请表直接办理抵押登记,提升抵押融资效率。③整村推进"两权"抵押融资,通过银村共建和发展"一村一福田贷"的模式,整村推进抵押授信,改变村集体作为发包方和宅基地所有权人逐笔同意的做法,有效促进扩大"两权"抵押贷款投放。

二是协同发挥市场和政府两个作用,推进健全农村产权评估体系问题。评估是"两权"抵押流程中的重要环节,既关系金融机构风险防控,也关系农民合法权益保护。目前,资产评估机构多集中于省级、地市级城区或其他经济较发达区域,由于承包经营权抵押单笔金额小、评估成本高,评估机构延伸服务网络积极性不高,试点初期甚至存在由土地估价机构开展土地经营权及其地上附着物价值评估的情况。房地产市场培育较早,基本上各县(市、区)均有土地估价机构,但由于缺乏宅基地地价基准,农村房屋评估基础不扎实。现阶段单靠市场推进健全农村产权评估体系存在难度。福建省在试点过程中,正视现实,大力引导地方政府发挥作用,出台政府评估指导价,为试点提供支撑。截至2018年10月末,有5个试点地区政府发布涵盖土地租金、设施造价和主要农产品产量的评估指导价,1个试点地区建立宅基地基准地价,根据政府指导价确定贷款额度,永春县逾五成的土地经营权抵押贷款以政府指导价评估发放,既提高了效率,又为农户减少超过450万元的评估费用,取得了良好效果。

三是物化在农村土地上的租金权益较低和对规模经营主体的有效支持问题。当前农村土地租赁是流转的主要形式,且租金多为一年一付,物化在土地上的租金权益较低且期限短。土地经营权很大程度上是一类债权,而不是物权,价值有限,一旦贷款违约,金融机构和承包方的利益更易受损,因此金融机构对盘活土地经营权存在一定顾虑。为更好实现试点目标,福建省鼓励金融机构将地上多年生的种养物和附属生产设施一并纳入抵押范围,推广"土地经营权＋地上种养物和设施"组合担保,并率先在古田、沙县等探索农村设施确权颁证,既促进提升担保价值,又增加借款人违约成本,解除金融机构顾虑。截至2018年10月末,试点地区"土地经营权＋地上种养物和设施"组合担保贷款余额12.79亿元,占比19.98%,取得初步成效。

四是农村"两权"处置机制建设和抵押融资模式的创新及选择问题。价值稳定且可评估、易变现是一类资产成为金融机构合格抵押担保品的关键。"两权"流转交易机制建设是试点重点。福建省在试点初期就高度重视,各地探索组建农村产权交易中心,或依托政府资源交易中心设置农村产权交易专窗或专柜,但受法律、农村交易习惯以及现代农业发展仍处于初级阶段等因素影响,农村土地、房屋等通过公开市场流转存在"梗阻"因素。福建省试点尊重农村产权流转实际和交易习惯,积极构建相适应的抵押融资模式。第一,将农村社区信用引入抵押融资,创新"互助担保＋两权反担保"模式,一旦出现风险,"两权"可以在村集体内部协商处置,提高效率。第二,将农村供应链信用引入抵押融资,创新"合作社(龙头企业)担保＋土地经营权反担保"模式,一旦借款人无法还款,由合作社负责处置,有效盘活抵押物,减少农民损失。第三,将政府信用引入抵押融资,创新"土地收储担保机构担保＋两权反担保"模式,一旦出现风险,由收储公司负责收储和处置。截至2018年10月末,三类模式的"两权"抵押融资余额61.24亿元,占试点地区"两权"抵押融资总额的65.7%,在促进发挥"两权"抵押担保价值方面发挥重要作用。

五是"两权"抵押试点促进农村产权制度改革的深化问题。"两权"抵押试点依赖于农村产权制度改革的深化。尤其在农房抵押贷款领域,受制于现有"一户一宅"以及宅基地只能在村集体内部处置的法律规定,较难形成闭环运作。近年来浙江乐清、福建晋江和石狮等地探索扩大农村宅基地和房屋流转处置范围,促进试点业务发展。由于有金融机构风险防控体系作为支撑,因此未出现大面积农村房屋、土地兼并转让情况,为农村产权制度改革深化积累了经验。

(四)陕西省咸阳市杨陵区"两权"抵押贷款试点实践与成效

1. 政府重视,精心谋划试点

杨凌党工委主要领导亲自谋划、亲自调研,指导杨陵区研究制定工作方案,2015年在全省率先完成13 040户61 330亩耕地的承包经营权,46个行政村17 098宗宅基地、249宗集体建设用地确权登记颁证工作;完成了10个村4 147户房地一体地籍调查工作,为农村"两权"抵押贷款奠定了基础。编印《杨陵区"两权"抵押贷款政策问答》5 000本,通过多种途径发放到农村新型经营主体和群众手中,让其充分了解农村"两权"抵押贷款各项政策、程序和所需资料等,提高群众知晓率。建成了杨凌农村产权流转交易中心,明确了交易范围、主体和程序,建立了交易网络平台及微信平台,实现了农村产权规范流转交易。截至目前,挂牌农村产权87项,完成流转交易23项。制定了《农村承包土地经营权和农业生产设施设备鉴证书管理办法》,由区农村产权交易中心对承包土地经营权及农业生产设施设备进行鉴定,办理《农村产权鉴证书》,作为借款人向金融机构贷款抵押的权属证明。目前已为59家经营主体发放产权鉴证书175个。

2. 创新工作机制,破解抵押物变现难题

为破解抵押物评估和处置难题,出台了《抵押物评估及处置暂行办法》,并结合实际对该办法进行了修改完善,建立了产权登记、评估、抵押处置工作机制,确保在产权清晰、有效评估的基础上开展农村"两权"抵押贷款业务。在抵押物处置方面,允许金融机构在保证农户承包权和基本住房权利的前提下,通过委托交易中心挂牌流转交易等多种方式,依法处置抵押物,有效打消了金融机构的后顾之忧。创新工作机制,收集全区新型经营权主体及职业农民名单、产业规模、贷款需求及联系方式并提供给金融机构,使其能更精准地与有贷款需求者对接。加大与区内外各银行金融机构联系对接,陕西秦农商业银行、长安银行、中国邮储银行等金融机构都已经参与到该项工作中来。

3. 防范化解土地金融风险

杨陵区财政筹措1 000万元,设立了农村"两权"抵押风险补偿资金,对借款人遇到不可抗拒自然灾害和突发事件导致意外丧失劳动能力,无法偿还借款的两种情况,按不同比例补偿银行贷款损失。杨凌示范区设立300万元小额贷款保证保险金,财政对保费予以2%的补贴,支持农村"两权"抵押贷款。同时,杨凌示范区中小企业担保公司、杨凌农科担保公司等政策性融资担保公司,也将农村"两权"抵押贷款纳入担保范围。协调中国人保财险公司将设施农业"银保富"保险范围拓展到农产品价格,对西红柿、草莓、猕猴桃等6类农产品实行价格指数保险,有效防范了生产经营风险。

第四章　中国农村土地金融的探索与实践

4. 政策支持,激励引导

出台并完善了《农村"两权"抵押贷款财政贴息暂行办法》,对农户或新型农业经营主体贷款发展的农业产业化项目,区财政按一定比例给予贴息补助。目前已对 14 户经营主体进行了贴息审核,预计向 4 户发放贴息资金 12 万余元。把农村"两权"抵押贷款工作与农业产业化项目有机结合,对科技含量高、发展前景好、带动能力强、示范作用大的农业产业化项目,加大财政项目资金支持力度;对实施项目的新型农业经营主体,通过产权抵押贷款,提供金融资金支持,充分发挥项目资金和金融资金的叠加效应。

5. 杨陵试点取得了显著成效

杨陵区较好地破解了"三农"发展中的融资难题,有力地促进了现代农业发展和农民持续增收。截至 2018 年年底,全区累计发放农村"两权"抵押贷款 35 笔,金额 1.43 亿元,余额 1.14 亿元,走在了全省前列,具体成效表现在以下几个方面:

一是保障了农民权益,促进了职业农民培育。农村土地承包经营权、农民宅基地使用权及农房所有权的确权颁证,切实保障了农民合法权益,促进了土地适度规模经营,加速了职业农民形成。目前,全区累计流转土地 6.3 万亩、流转率达到 80.8%,培育认定职业农民 1 029 名。

二是优化了资源配置,增强了农村发展后劲。农村"两权"抵押贷款工作的开展,使土地经营权、生物资产、农业生产设施等农村资源、资产,成为银行认可的合格抵押物,有效解决了新型农业经营主体融资难题,为现代农业发展提供了资金保障。

三是壮大了经营主体,促进了现代农业发展。新型经营主体通过抵押贷款获得金融支撑,持续发展壮大,全区涉农企业达到 34 家,农民合作社 171 个,现代农庄 30 个,家庭农场 65 家。2017 年全区农业总产值 7.8 亿元,增长 4.4%;农民人均可支配收入 16 344 元,增长 9.3%。

(五)青海省"两权"抵押贷款试点实践经验

1. 建立"省—县"两级工作机制

青海在省级层面建立了"两权"抵押贷款试点工作小组,小组办公室设在中国人民银行西宁中心支行,小组成员单位由中国人民银行西宁中心支行、省国土资源厅、省财政厅、省农牧厅、青海银监局等 14 个部门组成,工作小组负责试点过程中各部门工作的统筹协调、相关政策措施的制定落实等工作。

中国人民银行西宁中心支行牵头各成员单位制定了《青海省"两权"抵押贷款试点工作方案》,经青海省人民政府印发全省执行,方案确定了青海省实施试点工作的主要任务,明确了各部门责任分工,并提出支持试点工作开展的扶持政策。在县级层面,按照省级试点工作方案要求,全省6个试点县分别成立了试点工作小组,并印发了试点工作实施方案,结合当地实际,对试点任务、各部门职责、政策支持等方面的工作进行了安排部署。

2. 完善"两权"抵押基础配套制度

"两权"确权登记、抵押评估、流转处置是开展试点工作的重要前提。试点开始后,各成员单位、各试点地区政府积极推动搭建农村"两权"交易服务平台,完善各项制度措施。在中国人民银行总行批复的青海省普惠金融综合示范区试点工作中,"两权"抵押贷款试点工作被列为普惠金融综合示范区建设的重点工作进行推进。各试点土地承包经营权确权登记工作由各县农经站负责,各试点县(区)依托产权交易流转平台、土地流转服务中心、动产登记中心等为"两权"抵押提供支持。部分试点还设立了专项风险防控基金。在抵押物价值评估方面,各试点结合实际,采取委托第三方评估公司、设立价值评估小组、借贷双方协商等评估方法,对"两权"价值进行评估。一旦借款人不履行到期债务,抵押权人将通过协议转让、依托流转服务中心再流转等方式处置抵押物,保障其合法权益。

3. 制定"两权"抵押贷款管理办法

中国人民银行西宁中心支行牵头会同省农牧厅、省国土资源厅、青海银监局等单位将两个试点暂行办法精神传达至各试点地区所在市(州)、县(区)各相关部门。同时,中国人民银行西宁中心支行印发了《关于建立"两权"抵押贷款管理制度及实施细则的通知》,并组织各试点地区地方法人金融机构结合当地实际,制定"两权"抵押贷款信贷管理制度及实施细则并备案,目前已有33家县域金融机构制定了配套办法或细则。为动态掌握试点工作情况,建立了"两权"抵押贷款试点工作统计监测和工作信息交流制度,以及时发现试点过程中存在的困难和问题,研究解决措施,推动试点工作开展。

4. 多措并举促进试点工作开展

2016年8月,青海省人民政府组织召开了青海省普惠金融综合示范区试点工作推进会,对"两权"抵押贷款试点工作给予了充分肯定,并对试点工作进行了部署。2018年7月,青海省人民政府在互助县召开了全省"两权"

抵押贷款试点工作推进会,对试点开展以来的工作进行了总结和交流,并安排了一下阶段工作。中国人民银行西宁中心支行多次组织召开了试点工作座谈会,督促辖内金融机构开展"两权"信贷产品和服务创新,加速推动试点地区"两权"抵押贷款工作。同时,中国人民银行西宁中心支行和试点地区中国人民银行分支机构多次开展督导调研工作,协调试点地区相关部门建立配套政策措施,组织金融机构和农户、新型农业经营主体进行对接,督促开展"两权"抵押贷款业务。部分试点地区通过举办"两权"抵押贷款试点工作现场会的形式,宣传"两权"抵押贷款政策和产品,并现场为农户发放抵押贷款,形成了示范带动效应。

(六)黑龙江省"两权"抵押贷款试点成效

1. 主要做法

一是发挥协同作用,完善制度体系建设。"两权"抵押贷款试点工作的开展要以农村土地改革、农村集体产权制度改革、农村产权流转交易机制为依托,是一项系统性工作。试点过程中需要发挥各部门的协同工作。黑龙江省"两权"抵押贷款试点工作在黑龙江省委、省政府的领导下,由中国人民银行哈尔滨中心支行作为牵头单位,协同15个试点地区各部门成立了市、县两级工作领导小组,协同银行机构制定了相应的信贷管理制度和贷款实施细则等试点工作实施方案,构建了"两权"抵押贷款试点工作的制度框架。

二是融资模式创新,推进一站式服务。运用"农户+产权交易中心+信贷"模式,开展"两权"抵押贷款业务,积极推进一站式服务。设立农村产权交易中心,将农村土地经营权纳入交易平台进行市场化运作。建立"一个基础、两个平台、三个中心"的基本框架。"一个基础"即确权颁证基础。"两个平台"即银农对接平台和产权交易平台。"三个中心"即在产权交易中心下设三个分中心:资产评估中心、抵押担保服务中心、收储拍卖服务中心。通过这种模式,将农村土地产权信息、融资需求信息,以及确权、抵押、登记、流转和交易等要素纳入平台系统,通过在交易平台建立融资服务模式,实现信息共享和实时撮合,形成土地经营权抵押贷款一站式服务。该模式突破联保、互保等贷款5万元的额度限制,单户农民最大贷款额度可达400万元。通过引入多家银行开办"两权"抵押贷款,形成了合理的价格竞争机制,抵押贷款利率平均下降1.2个百分点。通过一站式服务,农户持"两证"可以随时贷、用时贷、急时贷、循环贷,贷款期限延长到3年,办理时间缩短50天。

2. 主要成效

一是贷款规模扩大,贷款覆盖面增加。试点工作开展以来,15个试点地区农村土地经营权抵押贷款总量不断扩大,贷款覆盖面不断增加。2015年年末,试点地区农地贷款余额为56.8亿元,2018年底农地贷款余额为83.8亿元,增长47.5%。截至2018年年底,农房贷款余额达4.08亿元。全省试点地区有60多家金融机构制定了"两权"抵押贷款实施细则,95.2%的涉农金融机构开办了"两权"抵押贷款业务,贷款覆盖面呈增加态势。

二是贷款风险缓释机制初步建立,补偿机制不断健全,有效降低农村金融机构的贷款风险,是开展"两权"抵押贷款业务的重要保障。试点以来,中国人民银行哈尔滨中心支行协调财政厅及地方政府,积极为15个试点地区建立风险补偿基金。截至2018年年末,农地试点风险补偿基金规模共计1.2亿元,农房试点风险补偿基金规模共计3 500万元。此外,在部分试点地区还建立了政府性担保公司,在保余额达2.16亿元。农业保险风险保障作用也得到了充分发挥,其中农地保险在保余额达7.99亿元,农房保险在保余额达1.82亿元。贷款风险补偿机制在缓解农村金融机构贷款风险方面起了积极作用。

(七)安徽金寨土地金融试点模式

安徽省金寨县自2015年年底被全国人大常委会确定为安徽省唯一的"两权"抵押贷款双试点以来,稳妥有序推进试点工作,制定印发了试点实施方案和实施细则,对县域10家银行分解下达贷款指导计划,加快确权登记颁证进度,进一步完善农村信用体系和县乡农村综合产权交易体系,盘活了农村"沉睡"资源,激活了农村"两权"融资功能,带动了产业发展和农民增收,为加快县域经济发展、助力脱贫攻坚注入了新活力。

1. 主要做法

(1)完善"两权"抵押配套政策,确保"两权"抵押贷款顺利推进。为确保"两权"抵押贷款试点工作顺利推进,县政府成立了"两权"抵押贷款试点工作领导小组,在深入调研的基础上,先后出台了《金寨县农村产权流转交易管理办法》《关于开展农村承包土地的经营权和农民住房财产权抵押贷款试点实施方案》《金寨县农民住房财产权抵押贷款试点暂行办法》等制度性文件,从政策实施、抵押评估、贷款管理、交易处置、风险防控等关键环节进行细化,为农村"两权"抵押贷款试点提供基础支持和制度保障。

(2)畅通"两权"交易渠道,夯实"两权"抵押融资基础。线下建全县、乡、村三级服务平台,开展政策咨询、合同签订指导、土地收益评估、登记备案、交易鉴证等工作;线上完善农村综合产权网上交易服务流程,开展信息收集、登记发布、挂牌交易等工作。线上线下相结合,实现了农村产权的信息传递、价格发布、流转交易、鉴证评估、抵押登记、收储处置六大功能,为"两权"交易办证抵押融资提供了有力保障。

(3)规范"两权"交易程序,扎实开展抵押放贷业务。农村产权流转交易严格执行"村申报、乡审核、县监督"的交易原则,并同步向社会公布交易信息,接受社会监督,保障了交易程序的合法性,增加了贷款主体资信的可靠性。

(4)金寨县支持商业银行开展抵押贷款采取的具体措施。

一是提供货币政策支持,努力降低融资成本。2018年以来,中国人民银行金寨支行向金寨农村商业银行、金寨江淮村镇银行分别发放2亿元和0.3亿元的扶贫再贷款,利率均为1.75%,引导地方法人金融机构利用扶贫再贷款政策导向作用,参与"两权"抵押贷款试点,降低农村新型经营主体"两权"融资成本。

二是创新贷款模式,加大投放力度。围绕乡村振兴战略和农村金融综合改革,该县积极创新信贷模式,鼓励试点银行主动适应"三农"发展资金需求"短、小、频、急"的特点,积极对接小农户多元化融资需求,采取"'两权'抵押+担保+银行"模式、"'两权'抵押+农业专业合作社+贫困户"模式、"信用+'两权'"抵押贷款等贷款模式,帮助农业新型经营主体扩大生产和销售规模,带动扶贫户脱贫致富,促进了发放精准、应贷尽贷。

三是强化"两权"抵押贷款政策支持,加强风险防控机制。建立担保保险保障机制。金寨县利达融资担保公司为县域金融机构开展的"两权"抵押贷款提供一般责任担保,并适当降低担保费率,担保费率由1.5%降为1.2%。金寨县还充分发挥全国农业保险试点地区优势,扩大农业保险和农民住房保险范围,为"两权"融资提供风险保障作用。

四是建立收储补偿机制。建立了政府兜底的"资产收储+风险补偿基金"机制,金寨县财政局整合1 000万元,作为"两权"抵押贷款不良资产的收储资金;金寨县农发委整合1 000万元,作为"两权"抵押贷款风险补偿基金,当收储资金不足时,按30%的比例进行风险补偿,形成"资产收储+风险补偿基金"双补偿模式。

2. 取得成效

一是解决农民专业合作社资金困境。依法确认农民土地权利,为实现土地承包经营权在市场运行中的抵押、担保和流转转让奠定重要法律基础。金寨县油坊店乡成立了元冲村惠民农业合作社,现有社员77人,合作社通过与金寨县徽银村镇银行合作,解决了入社社员生产经营中的资金需求问题。主要做法是农户交纳1 000~10 000元的入社资金成为合作社社员,有贷款需求的社员向合作社提出贷款申请,合作社对其基础条件进行审核并向村镇银行推荐,然后银行对合作社推荐的拟贷款社员的相关情况进行实地核查并上报审批,审批通过后向社员提供不超过其入社资金10倍的信用贷款。现已有50户社员通过惠民农业合作社获得了金寨县徽银村镇银行小额信用贷款100余万元。"银行+合作社"农户小额贷款模式既消除了银行信贷机构的担忧,又帮助农民解决了无抵押小额贷款难的问题,创造了多方共赢的良好局面。

二是激活农村金融服务活力。在利好政策推动下,农户手中的"两权"有了融资功能,有效盘活农村资源、资金、资产,实现金融机构对农业规模化经营的点对点"输血",大大提升了生产规模和质量,才能实现农民增收致富,提速农业现代化的发展。把土地承包经营权作为抵押,创新了农村金融服务方式,缓解了抵押难、融资难的问题,实现了农村土地所有权、承包权、经营权三权分离,强化了土地承包经营权的财权功能,同时用土地承包经营权作抵押缓解农户燃眉之急。8月21日,金寨县首笔农村土地流转经营权证抵押贷款得以发放,台台猕猴桃种植专业合作社以472亩的农村土地流转经营权为抵押,获得了金寨徽银村镇银行200万元的贷款。从8月底以来,全县已经发放了600万元的贷款,3家猕猴桃合作社均获得200万元的贷款。

三是促进现代农业快速发展。针对农业产业投入大、周期长等特点导致的新型农业经营主体资金紧缺、融资困难等问题,金寨县以农户的农村土地承包经营权及农业生产经营主体的农村土地流转经营权确权颁证为切入点,以融资为突破口,积极探索"放活土地经营权"模式,规范土地经营权流转程序,着力扩大农村有效担保抵押物范围,促进农村资本有形化、实物化,实现了家庭承包经营责任制与现代农业的顺利对接,使农村改革各项措施有机衔接、相互促进,力促现代农业规模化经营,有效激发了农业农村发展活力和动力。

三、我国农村"两权"抵押贷款试点遇到的困难

农村土地所有权、承包权、经营权"三权分置"改革的推进使农地抵押贷款前置条件已经具备,农地抵押贷款业务形成了包括确权颁证、交易流转、抵押物价值评估和处置等在内的完整闭环,农地抵押贷款全面推开条件已经成熟。农房抵押贷款在各地发展极不平衡,且宅基地制度改革尚未完成、缺乏司法处置的法律依据,农房流转和处置仍面临较大障碍,农房抵押贷款未形成有效闭环。

(一)试点过程中遇到的困难

1. 颁证进度有待进一步加快

截至2018年9月末,45个农地抵押贷款试点地区农村承包土地已确权但尚未颁发土地承包经营权证,27个农房抵押贷款试点地区农民住房所有权颁证率低于50%。土地承包经营权证和农民住房所有权证未完全发放给农民,个别试点地区仍积压在乡镇或村委会,制约农村承包土地流转和农民住房交易,影响其抵押融资权能的实现。

2. 抵押农房流转和处置难度较大

根据相关规定,允许进城落户农民在本集体经济组织内部自愿有偿退出或转让宅基地。实践中,集体经济组织内部很难找到符合条件的受让人,农民住宅流转受到较大限制。

3. 试点到期后需做好法律衔接

"两权"抵押贷款业务以物权法、担保法、农村土地承包法等法律为支撑。中央关于"三权分置"的意见明确承包农户有权依法依规就承包土地经营权设定抵押,但上述法律相关条款仍在修订。部分试点地区担心,如试点到期法律制度难以有效衔接,基层执行时可能出现争议。

(二)我国现行农村土地金融制度面临的挑战

我国农村土地金融制度在试点地区虽然不断完善管理制度和风险防范体系,但土地承包经营权抵押贷款试点进展仍然较慢,主要表现在以下四个方面。

1. 缺乏成熟的土地银行制度

美国等由政府主导构建的土地银行制度,为农地抵押提供了专门的服务

机构,同时政府资金的注入为农民获得低息抵押贷款提供了基础条件。虽然我国宁夏回族自治区吴忠市等地也在探索土地合作社担保的土地银行制度,但其信贷资金仍来源于传统金融体系,这些金融机构信贷业务并不局限于农村土地承包经营权抵押贷款,往往有许多收益较高的其他项目可选,对业务成本高、风险大的农村土地承包经营权抵押贷款的兴趣不大。

2. 直接抵押的融资能力不强

目前,多数试点地区并未通过成立土地合作社的形式整合分散的土地进行抵押,而是采取借款人直接抵押的分散授信模式,对于一般农户的贷款,金融机构信息收集、贷后管理等难度更大,面临的业务成本、信息不对称及法律风险更高。因此,采取这种模式的地区普遍只对达到一定规模的专业大户、龙头企业等发放贷款,而普通农户的信贷需求则被排斥在外。

3. 间接抵押方式应对市场风险能力有限

部分地区"担保公司直接担保,土地经营权作为反担保"的模式尽管采取了集中授信方式,提高了普通农户获得贷款的可能性,但农户与担保公司之间不存在农业产业链关系,与采取直接抵押融资模式的农户一样会由于农产品销售渠道不稳定而面临较大的市场风险。而土地合作社担保模式中,尽管合作社可以在农资购买、农产品销售等方面为借款社员提供帮助,但与巨大的市场环境相比,其应对能力仍显不足。因此,我国土地承包经营权抵押价值普遍偏低。

4. 受到现行法律法规制约

一是农地抵押贷款与现行法律存在冲突,金融机构开展业务的积极性不高。例如,我国《担保法》和《物权法》均规定耕地、宅基地、自留地、自留山等集体所有的土地使用权不得抵押,《土地承包法》规定农村土地承包经营权的抵押只限于通过招标、拍卖、公开协商等方式承包的四荒地,并未明确通过家庭承包取得的土地经营权可以抵押。因此,在国家层面没有修订相关法律的情况下,即使试点地区通过反担保等方式避免了土地承包经营权直接抵押,但并未从根本上消除法律风险。

二是贷款期限受到限制。与欧美国家土地私有制决定农地抵押贷款期限较长不同(如德国可达60年),我国《土地承包法》规定耕地的承包期限为30年,而土地流转期限通常远远小于30年,贷款期限则不能超过流转期限,金融机构为控制风险,贷款期限多在5年内,远不能满足我国农业现代化发展初级阶段对中长期贷款的巨大需求。

受上述因素影响,我国土地承包经营权抵押贷款试点进展普遍较慢。

四、我国农村土地金融制度的发展与展望

2019年中央一号文件《关于坚持农业农村优先发展做好"三农"工作的若干意见》明确指出,"完善落实集体所有权、稳定农户承包权、放活土地经营权的法律法规和政策体系"。可见,农村土地"三权"分置政策的顺利执行,需要结合不同地区农村土地制度改革的现实需求,不断完善配套的政策体系。当前,建立健全我国农村土地"三权"分置的政策供给体系,是在借鉴不同地区特殊经验的基础上总结出普遍规律的过程。但实际上,农村土地"三权"分置政策供给体系的完善,不仅仅是实践经验的叠加与普遍规律的总结,还需要完善理论层面的系统思考,从局部层面科学考量完善每一政策体系的关键因素,从整体层面考虑这些政策供给体系目标的一致性与协同性。将局部性与整体性相结合,才能保障农村土地"三权"分置政策供给体系的有效运行。

(一)完善产权交易服务体系的政策供给,加强交易平台建设与中介服务

一是进一步推动农村土地流转服务市场中基于产权交易的信息传递、资格鉴定、动态登记、资产评估等服务的组织体系健全和功能完善。

二是利用信息技术建立农村土地经营权流转交易和管理信息网络平台,推动确权登记,并对经营业主的经营状况和资质等进行客观评估,为政府支农财政项目、金融部门贷款等提供现实依据。健全以农村土地价值评估、信用担保、产权交易、纠纷调解、金融服务、法律咨询为一体的农村土地流转交易服务平台,收集、核实、发布土地流转信息,引导落实相关政策,并提供担保、金融、法律咨询等服务。

三是健全产权交易的中介服务。一方面,突出集体资产管理和承包经营权交易中心的市场中介服务职能,逐步剥离其包括监管规范在内的行政职能;另一方面,积极培育市场中介组织,完善关于中介组织的相关规章制度,加强对中介组织工作人员的道德法律教育,充分发挥中介组织在提供土地流转相关信息服务,开展农村土地融资、信托、保险、招商、培训等方面的职能,以及在土地流转工作中的桥梁和纽带作用。

(二)强化农村土地融资保障体系的政策供给,完善抵押融资和风险分担机制

一是依据经营主体和土地经营状况进行细化和分类管理,积极收购农村土地租赁和抵押中无法流转的不良资产,对家庭农场、种粮大户等新型农业经营主体的贷款,可以适当放宽条件和要求,对农业企业应严格审查其资质和经营状况。

二是适当放宽农村金融机构的准入限制,拓展农村土地金融服务主体,鼓励市场上各类金融机构积极推广农村产权抵押贷款、租赁和按揭等金融服务,扩大农村土地贷款融资渠道;探索建立政策性土地金融、商业性土地金融、合作性土地金融等不同类型的金融机构,形成职能互补、层次丰富的农村土地金融体系。

三是健全相关的农村土地贷款融资政策,增加贷款额度、简化贷款程序,并通过税收优惠政策调动金融机构放贷的积极性。在风险分担方面需要做到:①政府设立农村土地抵押融资的风险担保基金,探索建立由不同层级财政按比例出资的专项土地融资风险补偿基金,化解农村产权抵押贷款的交易风险,强化担保的"再担保";②鼓励成立商业性融资担保公司,加强管理与规范,拓宽融资担保渠道,探索由财政出资引导,政府和社会共同参与的农村产权融资担保体系;③优化农业巨灾风险分散机制,扩大保险覆盖范围,提高补偿比率,分散农业灾害风险,尽量减少农户在遭遇巨灾后的损失。

(三)推动农业产业扶植体系的政策供给,培育规模经营主体并提升资源利用效率

一是加快培育新型农业经营主体,引导不同的新型农业经营主体之间形成优势互补、合作共赢的利益联结体。例如,结合当地农业发展特色和农村土地实情,突出家庭农场在生产经营中的基础地位、合作社在生产性服务和销售环节的协同作用、农业企业在加工和物流环节的引领效应。

二是强化政府在人才引进和培训、企业融资、科技指导等方面的政策支持力度,实行市场建设补贴和运营财政补贴等优惠政策,在融资贷款等方面重点倾向具有经营链效果的产业和项目。

三是政府引导农村产业结构调整,推进农村一二三产业融合发展,延长产业链,提高农产品的附加值,根据地域特色,因地制宜地发展现代化特色农业。加快发展都市现代农业,推进农业与旅游休闲、教育文化、健康养生的深度融合,发展观光农业、体验农业、创意农业等,从而激活农村资源要素,增加农民的财产性收入。

四是政府出台相关政策和指导意见,鼓励发展多种形式的适度规模经营,利用现代农业技术提高农业经营的规模化、产业化和专业化水平。

(四)探索承包地有偿退出机制的政策供给,完善资金补偿机制并明确土地退出后的用途

一是选择渐进性改革模式。完全退出土地承包经营权,有利于减少农业人口,实现农村土地经营的规模化和专业化。然而,由于我国社会保障体系还不够健全,完全退出土地承包经营权会导致部分农民失地亦"失业",从而影响到社会稳定,这就需要探索由初步的"退权不退社",即只交还承包的集体土地而不退出村社集体成员资格,向完全退出村社集体成员资格转变的渐进性改革路径。

二是健全退出机制,明确退出的限制条件、程序等,加强对退出农户的资格筛查,只允许有稳定收入和住所的农民完全退出土地承包经营权。

三是完善资金补偿机制,探索中央政府和地方政府、村集体与企业合作支付补偿金的方式,如采取先期向银行筹借垫付、后期偿还的方式,或引入有资金实力的承包企业合作开展分期偿还等,拓宽补偿资金的来源和渠道。

四是明确土地退出后的用途。退出的土地必须归还村集体,由集体统一支配,再按照因地制宜的原则,将退出的土地用于恢复耕地或生态改造。例如,在中部地区,实现土地细碎化地区的规模经营和长期流转;对于西部地区土地产值收益小、抛耕严重的"荒地",应由集体广泛回收退出土地,开展植树种草等,发挥"荒地"长期的生态效益。

(五)完善农村土地流转交易市场监督管理制度,在规范有序的市场环境中进行

一是完善的监督管理政策有利于维护公平稳定的市场秩序、保证交易双方的合法权益,促进农村土地资源的优化配置,从而保证农村土地经营权流转抵押的顺利进行。

二是加强对农村土地流转交易市场的管理,形成程序规范、高效便民的农村土地流转交易体系,如规范农村土地经营权流转的标准、条件、程序和方式等,明确规定农村土地经营权的流转期限、规模、用途等。

三是加强对农村土地流转交易市场的监督,完善风险防范、审核审查、事中事后监督以及违法惩戒等机制,如警惕、及时查处并惩戒运用资本恶意囤积农村土地、"炒地"等不法行为。

(六)创新农村产业扶植模式,推动形成现代农业产业体系

一是政府应立足当地发展现状,遵循因地制宜、实事求是的原则,加大财政支持力度,加强金融信贷扶持,加强农业技术指导,引进培训新型人才,建设特色项目和示范园区,培育新型规模经营主体,完善土地利用政策等方式。

二是鼓励龙头企业发展"互联网+现代农业""旅游+现代农业""生态环保+现代农业""资源节约+现代农业""产业+现代农业""品牌效应+现代农业"等多种新型产业模式。

三是推进农村一、二、三产业融合发展。引导并构建现代农业产业体系,引导农民参与农业产业化的经营管理,从而有效地提高农业发展的效益。

第五章 农村金融创新

2020年中央一号文件《中共中央国务院关于抓好"三农"领域重点工作确保如期实现全面小康的意见》发布。在这一全面建成小康社会的目标实现之年,中央一号文件在强调集中力量完成打赢脱贫攻坚战和补上全面小康"三农"领域突出短板两大重点任务之外,对促进农民持续增收,特别是发展富民乡村产业方面也明确了措施和要求。支持各地立足资源优势打造各具特色的农业全产业链,建立健全农民分享产业链增值收益机制,形成有竞争力的产业集群;培育农业产业化联合体,通过订单农业、入股分红、托管服务等方式,将小农户融入农业产业链;加强绿色食品、有机农产品、地理标志农产品认证和管理,建立健全追溯体系,增加优质绿色农产品供给,确保人民群众"舌尖上的安全"。可以看到,随着各地农业产业化的逐步完善以及农业产业链的初步形成,农业产业整体的价值挖掘已初见成效。在继续强调上述内容的基础上,对于下一阶段将获得重点培养的新型经营主体,中央一号文件根据其金融服务成本高、风险高的特点,提出对符合条件的家庭农场等新型农业经营主体可按规定享受现行小微企业相关贷款税收减免政策,并根据其持有资产特点,提出有目的性地推动温室大棚、养殖圈舍、大型农机、土地经营权依法合规抵押融资等内容。而针对普通农户,中央一号文件则建议继续稳妥扩大农村普惠金融改革试点,并推出更多免抵押、免担保、低利率、可持续的普惠金融产品。面对中央关于"三农"和金融发展的新要求,农村金融机构要主动开展金融创新,全面深化金融领域改革,把金融服务融入乡村振兴建设中,提高资源配置效率、推动经济发展转型,持续驱动农村经济可持续发展。

一、农村金融创新发展的必要性

农村金融机构按照中央要求建立健全农村金融服务体系,聚焦主责主业,坚持市场导向,兼顾发展差异,积极创新"量体裁衣"式的金融产品和服务方式,顺应农村金融市场竞争格局和农村金融服务需求变化,围绕富民惠农目标,全面推进农村金融产品服务创新,积极创新符合农村经济特点、低成本、可复制、易推广的金融产品和服务方式,提升农村金融服务质量和效率,提高风险防控水平,持续满足多元化、多层次的农村金融服务需求,促进农业增产、农民增收和农村经济发展,加快实现富民惠农奔小康。

(一)金融创新可以更好地满足乡村振兴建设资金需要

乡村振兴的建设与农村经济发展都需要在大量的资金支持下进行,农村金融特别是其中的储蓄和信贷为农村经济发展提供了重要基础。农村金融中的储蓄服务与贷款服务通过改变储蓄利率和贷款的满意程度来吸引农村地区的储蓄存款并给予投资回报,农村金融机构也可以在吸纳储蓄资金后为经济生产者提供资金支持。例如以银行为代表的农村金融机构进行的金融活动,可以高效且便捷地汇集农村地区的储蓄资金,能够把农村地区分散的资金充分汇集起来用于农村经济发展,同时,在调控储蓄和贷款政策中不断推进新农村的建设工作。

(二)农村金融创新可以提高农村经济的资金使用率

农村经济的发展质量与农村地区的资金使用情况有重要联系,在农村金融的充分参与下可以提高该地区的资金使用效率。由于农村地区的资金使用需要在良好的信息环境以及一定的交易成本上进行,因此,金融机构的出现为资金的有效使用带来了积极影响。我国的农村金融资源配置总体上呈现出一定的不平衡性,农村经济发展仍存在"融资难、融资贵"的问题,乡村振兴、绿色环保、城镇化、小微企业、"三农"等关键领域和薄弱环节的金融需求尚未得到有效满足。农村金融应当围绕乡村振兴更好支持农村经济结构调整和发展方式转变,在时间和空间上更有效率地配置资金。具体可概括为"四新":一是推广新业务,满足小微企业、乡村振兴、中西部地区等领域不同客户的差异性金融需求;二是开发新产品,拓宽抵质押品范围;三是创新资产证券化业务,盘活存量,用好增量;四是创新金融服务渠道,不断提升金融服务的便利性。由于金融机构拥有良好的信息平台和中介身份,所以能够以更低的交易成本和信息成本推进农村经济建设。同时,农村金融机构还能够以监督者的身份参与到农村经济发展当中,在评价经济项目的优劣与风险时选择经济价值更佳的选项,从而更有效地实现资金有效使用,带动农村经济更加良性的发展。

(三)农村金融创新更好地推动农村经济发展

农村经济发展需要技术人才、土地以及劳动力等多种发展资源,而资金是引导各类资源服务农村经济的重要核心。农村金融机构可以帮助地区将各类发展资源进行整理和配置,充分满足农村地区的发展状况以及未来发展需求,并将其转化为实际的生产力。农村金融机构可以帮助农村地区进行产业升级,充分解决龙头企业融资困难以及民营企业发展困难的问题,不断完善农村地区的产业结构和农产品结构,提高农产品质量以及地区的品牌价值。农村金融机构的产品也与农民群众的实际利益联系在一起,通过小微贷款、创业贷款和利息补贴等方式来推动农民致富和地区经济的整体增长。

二、农村金融创新发展遇到的困难

农村金融是农村经济发展的核心,健康的农村金融生态环境是加快农村经济发展的基础,是实现农村经济发展的根本保障。近年来,为了搞好农村改革,国家围绕金融和财政支农方面出台了一系列重要政策,推动了农村经济的快速发展。但是在乡村振兴背景下,农村金融体系的改革发展还面临着很多困难。

(一)创新主体单一,金融体系不完善

目前,我国农村金融体系还不够健全,农村金融机构主要由农村信用社、农村商业银行、农村合作银行、村镇银行、资金互助社和小额贷款公司等组成。这些农村金融机构规模相对不大、市场竞争力弱,对资金需求提供的服务有限。现阶段农村金融信贷依然以农村信用社为主,各商业银行为了规避风险,投放到农村地区的主要是低风险领域的信贷产品,服务与产品单一、趋同,大量的农村闲置资金被抽走他用。金融机构网点主要分布在城镇区域,而在农村金融竞争主体较少,金融创新主体单一,服务缺少创新,导致乡村企业和农民缺乏充足的信贷支持,降低了金融组织对农村建设的扶持力度,造成当前的金融需求难以满足,最终将妨碍农业经济现代化建设的顺利开展。

(二)供给不足,信息传播不对称

农村金融供给是农村经济快速提升的原动力。据不完全统计,农村金融机构目前提供的金融供给仅能满足约 1/3 的农村金融市场需求,且存在供给成本和风险较高、市场风险较大等问题,这都导致了部分地区涉农金融有效

供给不足。由于农村缺乏必要的金融信息服务平台,农民对正规金融机构缺乏了解,涉农金融信息不能及时、快速地传递给农户。由于信息流通不畅,农民无法及时获取政府支持农村金融创新的政策与措施。同时,金融机构为了保证信贷资金安全,要对农民的经济、诚信和资金使用等情况进行调查,信息传播的不对称,也导致了金融机构的工作量增加和经济损失增大。

(三)产品创新层次低,服务缺乏广度和深度

近年来,我国的农村金融机构也逐渐看到了金融产品创新给企业带来的效益,因此农村金融机构开始向其他金融机构学习、借鉴,开展金融产品创新。但这些创新基本上都是通过对股份制银行金融产品的简单模仿形成的,没有真正结合农村金融实际进行学习吸收和借鉴,缺乏独创性,也没有生命力,这就导致了我国农村金融机构之间的金融产品出现了雷同的现象,不能够真正地成为自己银行的核心产品,无形中降低了农村金融机构金融产品的竞争力,而产品的层次较低,往往不能够服务大型的客户。同时,我国农村金融在金融产品创新的范围上有了一定的突破,但是基本上科技含量不高,目前的金融产品基本上都是通过各种产品进行组合创新,使得我国农村金融的服务没有广度和深度。

(四)复合型人才不足,科技创新受阻

当前我国农村金融和科技的融合主要体现在金融产品和金融服务的数字化改革,最直观的表现就是互联网金融的产生。互联网金融依托科技,将传统的金融服务与网络相结合,用户使用更加便利,也更符合客户需求。在此背景下,多层次的人才以及多元化的知识储备正是当前所急需的。对于科技金融复合型人才,除了要有金融领域的专业知识,还要牢牢掌握计算机科学相关专业知识;在工作中除了可以胜任金融相关研究、管理或一般操作性工作外,还要能依据实际工作需要,通过自身具备的计算机专业知识,维持金融业务的稳定运行。

由于我国处在金融创新不断加速的进程中,传统金融服务也正向新型金融服务转型,对创新型金融人才的需求主要分为以下三种类型:

(1)管理型人才。对科技金融进行规划,通过对市场环境和政策环境的深入分析,结合工作为科技金融制定出总体目标、战略方向,以及科技金融相关机构体系建设等。这类人才主要侧重于科技金融管理机构和金融机构的有效组织和管理。

(2) 研究型人才。金融与科技领域的结合使得金融行业更加复杂化，呈现出工程化的趋势，也更加离不开其他领域的支持。理论作为实践的前提，是进一步发展科技金融的基础，而理论的发展依靠的是科技金融研究型人才的多元知识储备。

(3) 操作型人才。对于这类人才的主要要求，是可以准确把握相关金融政策、机制及创新产品、工具与商业模式，从而提高科技金融工作的效率，实现对资源的高效利用。

与此同时，金融市场中存在着金融人才结构单一、工作较少涉猎其他领域等问题。因此，若要通过科技来推动金融创新，创新培养金融人才是必要的条件。在金融创新中，完善了以上三种人才的培养机制，保证了科技金融人才源源不断地注入金融市场，才能激发金融市场源源不断的创新动力。

(五) 金融环境欠佳，风险防范机制不健全

目前，我国尚未出台一部专门为农村金融制定的法律法规，还有许多金融活动没有进行规范，这不但阻碍了农村各种金融组织机构的稳定、持续发展，而且弱化了对农村金融风险的有效监管，使农民融资风险加大。特别是一些刚刚成立的新型农村金融机构，由于规模小、起点低、人员少，一定程度上会存在管理不善和资金流动性双重风险，极有可能会给农民融资造成风险。由于农民法律意识淡薄，有些为其提供金融服务的农村金融机构会出现一些短期、不规范的经营行为，会持续累积金融风险，更为严重者将危及农村经济发展的稳定。当前金融风险监管机制不健全，对非法融资的监管力度不够，给农民融资造成伤害。同时，农村信用基础较差、信用体系建设较为滞后，涉农保险产品创新不足，不能有效分散风险，导致金融整体抗风险能力较弱，在面临风险时农民利益无法获得及时保障。

(六) 农民融资意愿不强，有效需求不足

在农村金融业务发展中，由于各金融机构把业务集中放在城镇，加上农村缺乏网络，金融知识难以普及到农民，从而导致许多农民金融知识匮乏，对金融工具和金融保险保障等产品缺乏了解，对金融机构的各种信贷政策也缺乏充分的理解，从而使农民难以从正规金融机构获得服务。随着农村经济建设的需要和农民收入的日益增长，农村地区的金融需求呈现出多样化发展新态势，农业规模化、多元化发展带动农户增加了生产信贷资金的需求，国家出台鼓励创业政策，农民积极参加创业行动也增多了对农村金融机构的资金需求。但是目前农村金融对于农业经济发展的支持力度还比较弱,金融服务质量和效率满足不了改善民生和乡村振兴的迫切需求,更不能适应农业产业化和农村经济转型调整的需求。

三、农村金融服务创新的基本原则

农村金融机构要对标实施乡村振兴战略的阶段性目标,明确相应阶段内金融服务乡村振兴的目标,围绕乡村振兴开展金融创新,从市场化运行的角度和履行社会责任的视角,把握好创新的着力点。短期内目标,也就是2020年以前,金融服务创新的重点是服务脱贫攻坚任务。涉农银行业金融机构在贫困地区要优先满足精准扶贫信贷需求。新增金融资源要向深度贫困地区倾斜,力争每年深度贫困地区贷款增速高于所在省、市、县(区)贷款平均增速,力争每年深度贫困地区扶贫再贷款占所在省、市、县(区)的比重高于上年同期水平。涉农银行业金融机构涉农贷款余额高于上年,农户贷款和新型农业经营主体贷款保持较快增速。基本实现乡镇金融机构网点全覆盖,数字普惠金融在农村得到有效普及。中长期目标,到2035年,基本建立多层次、广覆盖、可持续、适度竞争、有序创新、风险可控的现代农村金融体系,金融服务能力和水平显著提升,农业农村发展的金融需求得到有效满足;到2050年,现代农村金融组织体系、政策体系、产品体系全面建立,城乡金融资源配置合理有序,城乡金融服务均等化全面实现。

随着农村金融改革的进一步深化,省联社改革已正式提上日程,县域法人治理结构逐步完善,农村金融机构服务乡村振兴的意识明显增强。农村金融机构要加速推进金融创新,丰富"三农"信贷市场产品结构和种类,优化农村金融服务模式,提高金融服务乡村振兴的精准性和实效性。

(一)围绕服务乡村振兴创新的原则

农村金融发展要坚持服务乡村振兴的目标,这是党中央赋予农村金融的政治任务。对标服务乡村振兴战略的高度,农村金融要按照新坐标、新任务进行改革创新,这样才能使农村金融成为促进农村经济稳定增长的因素。从服务国家战略的高度来看,农村金融应当履行社会责任,创新金融服务支持乡村振兴战略。

1. 要适应农业生产方式的转变

乡村振兴和城乡一体化的深入推进,以及农业人口的持续转移流动,促使我国农业生产经营发生了历史性变化,以小规模分散经营和传统种养为主的经营体制被打破,农业生产规模化、集约化经营比重明显上升。虽然基于人多地少的基本国情,规模化经营与小规模生产、大农与小农并存的格局还将长期存在,但总体趋势已不可逆转,农村金融服务需求从形式到规模都有了本质变化。因此,农村金融机构应加强机制建设,在市场定位、资源配置、激励措施等方面向农业规模化生产和集约化经营倾斜,指导创新组织体系、经营管理体系、产品服务体系、风险分散转移体系,通过有力有效的金融支持,更好地释放农业生产潜力。

2. 要匹配农业生产经营主体变化

农业生产经营组织创新是推进现代农业建设的核心和基础。随着农业机械化的发展,农业科技创新的推进,以及农业社会化服务体系的完善,专业大户、家庭农场、农民合作社、龙头企业等新型主体正在成长壮大为农业生产的主要力量。农村金融机构应因地制宜,认真研究分析新型农业生产经营主体的金融服务需求特点,研发量体裁衣式的金融产品,细化产品条线,有针对性地改进金融服务。要规范开展银(社)团贷款业务,满足农业规模化、集约化经营的大额资金需求。围绕地方支柱产业,农村金融机构应统筹运用订单融资、动产质押、应收账款保理等多种融资工具,搭建综合性的服务平台,提供多元化的金融服务。积极开展与农业机械设备生产企业、供销商合作,探索以厂商、供销商担保的方式,推广农用机械设备按揭贷款业务。指导金融机构贯通产前、产中、产后金融供给,为农业生产、仓储、物流、加工、销售提供全流程服务,确保农业经营融资链条的连贯畅通,更好地支持现代农业发展。

3. 要把握农村土地制度变革带来的机遇

农村土地承包经营权的合理流转,有利于完善土地承包经营权权能、充分实现农民承包土地的各项权益。随着土地流转市场的完善,多种形式的适度规模经营得以发展,一些有条件的地方发展起来的专业大户、家庭农场、农民专业合作社等规模经营主体,可能相对更容易获得贷款支持,因为金融机构为较大规模的客户提供服务的交易成本相对较低。在维持现有土地承包关系稳定、长久不变前提下,可以通过适当的流转方式将土地向专业种养大户集中,通过土地入股参与股份合作组织等方式发展适度规模经营。同时,还可以有多种形式的农户联合和合作,比如农民新型合作经济组织、龙头企业与农户的订单联结机制等。金融机构可以利用这些组织化的联合机制,创新金融产品和服务方式,降低农村金融服务的成本和风险,从而扩大农村金融覆盖面,促进土地进一步流转、农户进一步合作、农业进一步组织化。

4. 要践行普惠金融理念

按照中央乡村振兴和普惠金融的部署,中国人民银行、银保监会等部门先后出台了《关于金融服务乡村振兴的指导意见》《金融机构服务乡村振兴考核评估办法(征求意见稿)》,要求建立完善金融服务乡村振兴的市场体系、组织体系、产品体系,促进农村金融资源回流。发展普惠金融首先要关注弱势群体、弱势地区和弱势产业。而在我国,最主要的弱势产业无疑是农业;最主要的弱势地区,无疑是农村;最主要的弱势群体,无疑是农民和小微企业。全力做好农村金融服务工作,是落实中央乡村振兴和发展普惠金融要求的最好体现。为此,农村金融机构要真正树立普惠金融的价值理念,切实肩负起应尽的社会责任,以最大的热情服务乡村振兴,以最大的限度让利农民,继续大力推动金融服务进村进社区,下沉服务重心,不断向下延伸服务网络,精简现有流程,努力实现金融服务全覆盖和非基础金融服务的均等化。

5. 要响应生态文明建设的要求

近年来,在国家有关政策的倡导下,农村金融机构积极践行绿色金融理念,大力发展绿色信贷,着力支持环境友好型的农业发展,鼓励通过现代科学技术成果和现代管理手段提高农业的生产效益。农村金融机构应加大对农业科技开发的支持力度,促进减少化肥、农药、机械投入,减少环境污染;支持农林牧结合、粮桑鱼结合、种养加结合等复合型生态系统模式和有机废物多级利用模式,建立符合国家产业政策和行业标准的绿色信贷管理机制、适合绿色项目授信特点的高效审批机制、推动绿色信贷持续有效开展的激励约束机制,完善绿色担保体系,建立专业化绿色担保机制,撬动更多社会资本投资绿色产业。此外,鼓励和支持与省再担保公司、政府背景担保公司合作,建立绿色信贷增信机制,实现农业生产资源的可持续发展。

6. 要支持城乡融合发展的需求

随着乡村振兴战略的提出和实施,农村经济发展的外部条件和内在动力发生了深刻变化,未来城镇化将进入以人口城镇化为核心、以综合承载能力为支撑、以体制机制创新为保障,促进产业发展、就业转移和人口集聚相统一的新型城镇化道路。城镇化的发展将对农村金融环境带来深刻的影响。为进一步强化城乡统筹发展中的金融支持,有效提升金融支持农业农村发展综合服务能力,要继续深化农村金融改革,大力发展各类农村金融机构,构建功能健全、结构合理、竞争充分、优势互补、深度覆盖的农村金融机构体系,重点做好以下几个方面工作:农村金融机构要提前介入区域城镇化建设的规划论证,提高金融服务模式创新的前瞻性和针对性;在城镇化建设过程中,要结合产业结构、人居环境、就业方式、消费方式等一系列转变的需求,找准区域切入、产业切入和客户切入,前瞻性开发城镇化建设系列金融产品,提高金融对接的层次性和协调性。

(二)坚持市场化运作原则

金融服务乡村振兴要坚持以市场化运作为导向、以机构改革为动力、以防控风险为底线,尊重市场规律,充分发挥市场机制在农村金融资源配置和定价中的决定性作用。通过运用低成本资金、增加增信措施等引导涉农贷款成本下行,推动金融机构建立收益覆盖成本的市场化服务模式,增强农村金融服务定价能力。

1. 需求导向原则

坚持以客户为中心,以"三农"金融服务需求为导向,积极创新"量体裁衣"式的金融产品和服务方式,持续提升创新工作的针对性。

2. 因地制宜原则

要立足区域经济发展水平,兼顾不同主体服务需求的差异性,不断适应"三农"金融服务需求新变化,积极创新易于百姓理解接受、操作性强的金融产品和服务方式。

3. 成本合理原则

坚持市场化原则,紧扣国家和地方出台的强农、惠农、富农政策有效开展。加强创新产品服务的成本核算,实行保本微利,保证业务开展的商业可持续性。

4. 风险可控原则

妥善处理金融创新与风险防控的关系,严格落实风险防范措施,做到制度先行,强化人员培训,有效防范各类风险。

四、农村金融创新发展的思路和方法

随着乡村振兴战略的逐步推进,"三农"对金融的需求已经发生了深刻的变化,农业发展和农村建设对金融服务的需求量不断增加,农村金融正迎来跨越式发展的新机遇,新的变化和要求对农村金融提出了新课题、新任务,所以要积极地推进农村金融体制、金融制度、产品、服务的创新,更好地服务农村经济发展。

(一)建立完善的新型农村金融组织体系

1. 强化金融机构职责,发挥支农支小作用

稳定大中型商业银行的县域网点,扩展乡镇服务网络,根据自身业务结构和特点,建立适应"三农"需要的专门机构和独立运营机制。强化商业金融对"三农"和县域小微企业的服务能力,扩大县域分支机构业务授权,不断提高存贷比和涉农贷款比例,将涉农信贷投放情况纳入信贷政策导向效果评估和综合考评体系。发挥国有银行"三农"金融事业部的作用,鼓励分支机构积极拓展农村金融业务。支持农业发展银行开展农业开发和农村基础设施建设中长期贷款业务,建立差别监管体制,加快农村信用社改革步伐,进一步增强农村信用社支农服务功能,保持县域法人地位长期稳定;积极发展村镇银行,逐步实现县市全覆盖,符合条件的适当调整主发起行与其他股东的持股比例;支持由社会资本发起设立服务"三农"的县域中小型银行和金融租赁公司,对小额贷款公司,要拓宽融资渠道,完善管理政策,加快接入征信系统,发挥支农支小作用;支持符合条件的农业企业在主板、创业板发行上市,督促上市农业企业改善治理结构,引导暂不具备上市条件的高成长性、创新型农业企业到全国中小企股份转让系统进行股权公开挂牌与转让,推动证券期货经营机构开发适合"三农"的个性化产品。

2. 加快省联社改革步伐,提升服务"三农"能力

农村合作金融机构体量位居全国银行业首位,是服务"三农"的金融主力军。作为行业管理部门,省农村信用合作联合社(以下简称省联社)改革已成为各方关注的焦点。国务院授权中国人民银行和银保监会对推进农村金融改革进行多次调研,对农村金融改革也提出了明确要求,但目前还没有破题。2020年年初,中央关于省联社改革的相关文件已经下发各省政府,这次改革方向很明确,中国人民银行和银保监会对省联社改革不搞"一刀切",各省分别成立农村金融改革领导小组,稳步推进农村金融改革工作。中国东、中、西部地域经济发展水平很不均衡,各地农信社的发展程度不等,省联社具体采取何种模式,没有固定的标准,只有适合的模式。

(1)统一法人模式。从股权关系来看,统一法人模式属于自上而下的模式,通过向社会募集资本,将全省农信机构合并为统一法人,组建省级农村商业银行,原基层农信机构作为该农商行的分支机构。

这一模式能够理顺农信机构与省联社之间"自下而上组建、自上而下管理"的矛盾,有助于实现资源的集中配置,实现规模经济,提高整体农信体系的经营效率。但是这一模式与当前中央提出的"保持农信机构的县域法人地位和数量总体稳定"的目标相冲突,且在统一法人的过程中,需要省联社收购足够多的股份,一方面需要庞大的资金,另一方面需要平衡各方利益,操作起来相对困难。从现实情况来看,目前采取统一法人模式的普遍是层级高、区域小、经济强的直辖市,如北京、上海、重庆、天津等,并且这些地区在改革之初就采取这一模式,因此统一法人模式对于已经采取"省联社—县级联社"这种二级法人结构的地区可行性不高。

(2)金融控股公司模式,即将省联社由合作制改制为股份制性质的国有金融控股公司,再由控股公司投资控股辖内农村商业银行,实现控股公司与辖内农村商业银行的资本联结;国有金融控股公司设立党委,对辖内农村商业银行党的关系进行垂直管理。

这一模式有利于解决省联社履职的法理依据和"淡出""淡化"行政管理等问题。改制后的金融控股公司,不再靠政府授权行使行业管理职能,而是依靠公司法等规定,以控股股东身份全面履行出资人职能,全面强化公司法人治理,全力强化内部管理,全程强化风险监控。改制后的金融控股公司可以继续整合发挥全系统的人、财、物优势,加强辖内法人机构的制度建设,强化信贷检查、资金、财务、风险等业务管控和审计监督,继续满足员工培训、产品研发、清算结算和信息科技等服务需求,现有机构数量并没有减少,信贷资金仍然要遵循不出县的制度规定,不会削弱对县域经济社会发展的支持力度。

(3)省级国有金融控股公司模式,即改制后的金融控股公司由省级财政出资控股,投入资金可经国家批准通过发行专项债券等形式加以解决;吸收国有、国有控股和民营企业法人、社会自然人及本系统职工投资入股,以优化公司法人治理,调动系统内职工的积极性、主动性和创造性。原有农信机构自下而上的入股资金及其增值部分,可以通过清产核资予以清退。省级财政部门根据政府授权,集中统一履行国有金融资本出资人职责,统一归口管理控股公司的党建工作。

这一模式有利于全面落实国有金融资本管理的具体要求。通过省联社改制和控股辖内法人机构,有效实现中央提出的"推进凭借国家权力和信用支持的金融机构稳步实施公司制改革"的具体要求,将省联社及辖内农村商业银行改制成为国有控股金融机构;有效落实中央提出的"加强党对金融工作的领导",实现"推动管资本与管党建相结合,保证党的路线方针政策和重大决策部署不折不扣贯彻落实"的具体规定;推动实现中央提出的"各级财政部门依法依规履行国有金融资本管理职责,负责组织实施基础管理、经营预算、绩效考核、负责人薪酬管理等工作"的政策要求,进一步提高两级法人机构的社会公信力,便于有效监督落实支农支小、发展普惠金融和绿色金融、服务乡村振兴战略、推进金融精准扶贫和农业供给侧结构性改革等社会责任;由于改制后的省级金融控股公司直接控股农村商业银行,对其党的关系实行垂直管理,有利于把党的金融政策落实到位,更有利于其健康持续发展。

(4)银行省级国有金融控股公司模式,即改制后的省级国有金融控股公司应当持有银行牌照,从事规定范围内的银行业务。

这一模式有利于继续开展资金业务。由于辖内农村商业银行所处区域经济社会发展现状差异较大,各机构经营管理现状差异较大,有的存贷比高,有的存贷比低,按照"资金业务不出省"的规定,改制后的控股公司持有银行牌照,可以继续从事资金业务,调剂辖内农合机构资金余缺,保证现有清算结算交割体系的完整性,减少单一机构清算结算交割环节,降低业务成本,提高业务效率;改制后的控股公司只有持有银行牌照,才能更好接受中国人民银行和银保监会等宏观和微观两个层面的审慎管理,并通过控股对辖内农村商业银行进行更加直接全面的监督管控,更好落实国家货币政策和监管规定,更好防范化解金融风险,维护区域性、系统性金融稳定。

上述改革思路的实质是构建起省级范围内的以党建为统领、以资本为纽带、以行业管理为基础、以"大平台、小法人"统一服务体系为保障的新型农合机构经营管理体系。

3. 推进农信社改制,组建农村商业银行

按照市场化原则,积极引进各类合格投资者;引导、鼓励资本规模大的农村商业银行向资本规模小的县级农村信用联社参股,参与其股份制改造或作为农村商业银行发起人;推进市(地)所在地的市区农村信用联社加快组建农村商业银行;各级政府应加大政策扶持力度,加快推进农村信用社产权制度改革进程。利用两到三年时间实现辖区高风险社全面处置,股份制改革全面完成,现代商业银行制度基本建立,农村金融服务功能与核心竞争力显著提升。

4. 建立农村合作金融公司,面向"三农"提供服务

农村合作金融公司是重点为县域"三农"发展提供金融服务的企业法人,是由企业、新型农业经营主体、其他合格投资者依法设立的公司制企业。农村合作金融公司主要面向"三农"提供金融服务,主营业务范围包括贷款类业务、投资类业务、资本管理类业务。农村合作金融公司不吸收公众存款,资金来源主要为股东缴纳的资本金和捐赠资金,也可以利用从银行业金融机构融入的资金、拆借的资金以及通过私募形式筹集的资金开展业务。

5. 成立农业租赁金融公司,助力农业农村发展

农业租赁金融公司是为县域涉农经营主体提供设备租赁、土地信托、信贷服务的企业法人,是由租赁、担保、农机、保险等相关行业背景的法人机构、农业产业化龙头企业、政府出资企业等有实力的机构和自然人依法设立的公司制企业。农业租赁金融公司不吸收公众存款,资金来源主要为股东缴纳的资本金和捐赠资金,注册资本由货币资本和实物资本组成。主营业务包括为农业生产、农产品储运、农产品加工以及农村基础设施建设提供设备租赁;为农村土地提供信用托管服务,搭建农村土地市场化流转平台,促进农村土地流转和规模化经营;为新型农业经营主体提供信贷服务。

6. 加大农业保险支持力度,探索涉农领域保险业务

适当提高中央、省级财政对主要粮食作物保险的保费补贴比例,逐步减少或取消产粮大县县级保费补贴,县级人民政府要不断提高稻谷、小麦、玉米三大粮食品种保险的覆盖面和风险保障水平。鼓励保险机构开展特色优势农产品保险,有条件的地方提供保费补贴,中央财政通过以奖代补等方式予以支持。扩大畜产品及森林保险范围和覆盖区域。鼓励开展多种形式的互助合作保险。规范农业保险大灾风险准备金管理,加快建立财政支持的农业保险大灾风险分散机制。探索开办涉农金融领域的贷款保证保险和信用保险等业务。

(二)加快农村金融服务创新

1. 创新农村金融产品

(1)平台策略。建设新一代电子银行平台系统,以系统平台支撑服务创新,优化制度与流程,探索如何利用信息技术加强业务创新。农村金融机构要把握农村金融信息化发展的契机,利用互联网大数据和云计算等技术手段,打造数字化农村金融平台,巩固经营服务渠道,延伸服务客户的空间。

(2)客户策略。以"三农"、县域经济、中小企业为中心,构建客户分析体系和锤炼洞察客户的能力,构建线上线下多渠道协同的营销体系,在风险可控、期限匹配、合规经营的前提下,积极拓展业务范围,增加业务品种,开辟新的营利渠道。大力推广农户小额信用贷款和农户联保贷款。农村金融机构要加强与信用协会或信用合作社等信用共同体的合作,运用联保、担保基金和风险保证金等联合增信方式,通过规范信用共同体内部的资信公开、信用评估、贷款催收等程序,完善内在激励约束机制,调动成员自我管理的积极性,促进金融机构有效降低信息采集、贷前调查、资信评估和贷后管理等成本,在有效控制和防范信贷风险的基础上扩大信用贷款发放。

(3)产品策略。以客户需求为中心,从社区银行、零售银行、区域银行出发,跨界组合和创新产品。探索发展基于订单与保单的金融工具,提高农村信贷资源的配置效率,分散农业信贷风险。鼓励金融机构根据农业资金需求的季节性特点,形成围绕订单农业的合理定价机制、信用履约机制和有效执行机制,建立和完善农业订单贷款管理制度。积极推动和发展"公司+农户""公司+中介组织+农户""公司+专业市场+农户"等促进农业产业化经营的信贷模式,充分发挥农业产业化经营的辐射拉动作用,推进优质高效特色农业加快发展。鼓励涉农银行业金融机构、农村信贷担保机构及相关中介机构加强与保险公司的合作,以订单和保单等为标的资产,探索开发"信贷+保险"金融服务新产品。鼓励和支持有条件的农村种养大户和有资质的农业生产企业投资"信贷+保险"和信托理财产品,有效防范和分散涉农信贷风险。

(4)渠道策略。以客户体验为中心,构建全渠道交互与交付体系,锤炼全渠道运营能力。通过系统架构优化,改变各个电子渠道相互关联性差的问题,增强银行内部跨渠道协同能力。同时,加强银行内部渠道与外部各类合作伙伴渠道的互联互通,形成"金融+IT+场景+云平台"多层次服务体系,通过把分散在各个系统中的应用信息整合在一起,统一规划、统一设计、统一管理,在减少不同渠道之间重复开发、降低银行成本的同时,为客户提供详细、清晰的产品服务,给予客户良好的体验,提高用户忠诚度。

(5)品牌策略。以客户认同为中心,构建多渠道、立体化平台运营和信任管理体系,提升品牌推广与管理能力。一是要在消费理念上强调金融产品的必需性和实惠性,而不是强调"提高生活品质"和"时尚"等;二是以让利或赠送实用物品的促销方式吸引客户;三是培养消费领袖,促进良好人际传播的发生,带动其熟悉的居民选择新型金融产品;四是不以城市为参照物,而要研究适合农民需要的产品结构。此外,还要关注城市社区居民和农民生产、生活的多样性,跟踪捕捉其消费心理变化情况,及时提供带有邮政金融文化特色的产品和服务。

2. 探索开展信贷新模式,降低企业融资门槛

一是要探索发展农业产业化信贷模式,积极推动和发展促进农业产业化经营的信贷模式,充分发挥农业产业化经营的辐射拉动作用。二是开展政府、牧场、担保公司、龙头企业、保险公司和农户多方参与的奶牛养殖产业信贷模式产品,通过提供多种担保合作,提高养殖户和企业的贷款额度。三是开展以银行、龙头企业、农村新型经济合作组织和农户多方参与的粮食生产融资模式,通过企业担保、订单质押、存货质押等方式,为粮食供产销全过程提供信贷支持。

3. 建立科学合理、灵活高效的授信管理流程

在服务流程上要根据新型农业经营主体的资产特征、资金需求、农业生产的周期特点合理调整贷款期限、合理设置授信额度、合理确定贷款利率,充分满足新型农业生产经营主体大额和中长期贷款需求。简化贷款审批程序,探索在有效控制风险的前提下,实施一次申请、集中授信、循环使用、余额控制,切实提高服务效率和灵活性。

(三)建立健全多功能的融资担保体系

地方政府和有关部门要加大农村金融服务乡村振兴的支持力度,建立健全适合农村经济发展的融资担保体系,为农村经济发展注入金融活水。

一是探索扩大担保物范围试点,将农民的土地承包经营权、草原承包经营权、林地承包经营权、拟购置农机具、专利权、商标权、股权、债权、应收账款、汇单、订单、保单、仓单等纳入抵(质)押担保范围。

二是研究出台土地承包经营权抵押贷款试点办法,推动金融机构办理土地承包经营权抵押贷款,通过财政贴息等方式鼓励对农业经营者提供长期低息贷款。鼓励金融机构针对现代农业和新型农业经营主体的融资需求,在有效防范风险的基础上,创新承包土地经营权抵押贷款产品和相关服务,合理调配信贷资源,积极稳妥开展农村土地承包经营权抵押贷款业务。搭建土地

承包经营权抵押登记、评估、流转等中介服务平台,努力实现土地承包经营权抵押贷款业务在"两大平原"地区全覆盖。

三是对农机专业合作组织占有和使用的大型农机的所有权和处置权进行明确,对以大型农机具办理抵押贷款相关的抵押登记、评估、抵押物处置及风险防控等环节加强管理,建立相关制度,完善大型农机具抵押贷款管理规程。农村金融机构对资本密集高、机械设备多的新型农业经营主体,积极开展大型农机具抵押,可采取"销售商或生产商保证担保+农机具抵押"的模式。

四是建立农产品订单登记备案或公证制度,规范农产品购销合同,积极推广大宗农副产品存货质押等方式,丰富合作组织融资手段。深化农村产权改革,完成对各类产权的确权登记工作,建立农村产权评估、交易、流转平台,为农村各类动产、不动产进行融资担保创造条件。

五是建立银行、担保公司、企业合作长效机制,推进建立融资性担保机构信用评级机制。各地财政出资的担保公司业务要加快覆盖农村地区,不断提高农村地区业务比重。

(四)完善农村金融监管机制

1. 加强对新型农村金融组织的监管

对创新农民专业合作社资金互助业务、农村合作金融公司、农业租赁金融公司,要在试点的基础上制定管理办法,对农民专业合作社资金互助业务、农村合作金融公司、农业租赁金融公司涉及的注册资本、资金来源、经营范围、股东条件、股权结构、信贷投放、利率水平等做出明确规定。地方金融工作部门对创新农民专业合作社资金互助业务、农村合作金融公司、农业租赁金融公司试点要加强指导,县(区)政府负责日常监管和风险处置,落实监管责任人制度,建立健全风险预警、识别、处置方案,通过采取现场检查和非现场检查等方式,重点防范非法集资风险。

2. 开展内部控制和外部监管相结合的金融监管方式

创新农民专业合作社资金互助业务、农村合作金融公司以及农业租赁金融公司试点,要建立健全内部控制制度,建立完善的治理结构,制定有效的议事规则、业务流程和内部审计监督制度,有效防范内部产生的道德风险、操作风险和制度风险。同时,要加强外部审计和外部监管,制定有针对性的监管办法和市场退出机制,及时发现和处置可能产生的金融风险,维护区域金融稳定。

3.探索建立中央监管和地方监管双层监管机制

进一步完善地方金融管理体制,强化地方政府金融监管的意识和责任,培育地方政府金融监管能力,明确地方政府对农村资金互助社、融资性担保公司、小额贷款公司、农民专业合作社资金互助业务、农村合作金融公司、农业租赁金融公司的监管职责,建立有效的风险防范和化解机制,强化对农村信用社及其他准金融组织风险处置责任。要坚持依法行政,维护金融债权,加强金融消费权益保护,创造金融市场公平竞争环境。加强地方金融监管能力建设,加强各级金融工作部门建设,增强对农村金融监管的履职能力。

五、我国农村金融创新的实践与经验

随着农业产业结构调整,农村对金融的需求不断增加,为了促进农村金融产品和服务创新的发展。地方政府、中国人民银行、监管当局和农村金融机构要对农村经济发展的规律继续探索,总结适合农村经济发展的金融创新案例,破解金融发展中的瓶颈和难题,补齐农村金融发展的短板,贡献农村金融支持"乡村振兴"战略的金融方案,为实现农村经济可持续发展贡献力量。

(一)"政银担"模式

"政银担"是指政府、银行、担保机构充分发挥各自优势,密切分工协作,政府扶持或直接出资设立担保公司,对符合条件的农业信贷项目予以担保,银行再发放贷款。

该模式的创新点主要体现在以下几方面:一是促进金融资本落地。将量大面广、额度小的农业信贷需求汇集起来,将银行与农户"一对多"的关系变成与担保公司的"一对一",拉近供求双方距离的同时,降低了交易成本。二是充分发挥财政资金的杠杆作用。通过政府资本金注入,担保公司能够放大实现其净资产最高15倍的杠杆效应。三是农业信贷风险可控。将信贷风险从银行部分转移到担保公司,分散了农业信贷风险,调动了金融机构的积极性。同时,政府对政策性农业担保公司给予持续的担保费用补助和风险代偿补助,确保了其可持续运营。

实施案例:国家农业信贷担保联盟有限责任公司已挂牌成立,33个省(自治区、直辖市、计划单列市)农业信贷担保公司已组建并开始向县市延伸,27个省级农业信贷担保公司已开展实质性业务,一个多层次、广覆盖的全国农业信贷担保体系初见雏形。安徽省农业信贷担保公司创新开发的"4321"模式,由省级农担公司、省信用担保集团、银行、地方政府,按照4∶3∶2∶1的比例承担风险责任,实现了风险共担,调动了各方积极性,推动了业务快速拓展。

(二)"银行贷款+风险补偿金"模式

"银行贷款+风险补偿金"是指由财政资金建立风险补偿金,合作银行向新型农业经营主体提供无担保、无抵押、低成本、简便快捷的贷款,当出现不良贷款时,按约定程序和比例从财政风险补偿金中予以补偿。

该模式的创新点主要体现在以下几方面:一是弱化了对农民财产抵押物的要求,调动了银行的积极性,有效提升了贷款的可得性。二是发挥了财政资金"小钱撬大钱"的作用,可按照政府风险补偿金最高10倍的杠杆撬动银行贷款。

实施案例:江西省的"财政惠农信贷通"是此类模式的典型代表。2014年,江西省、市、县三级财政筹集引导资金15亿元存入合作银行作为风险补偿金,合作银行按不低于财政风险补偿金的8倍发放贷款。在风险补偿上,按照银行实际放贷规模核定财政风险补偿比例,放贷规模越大补偿比例越高,起了很好的激励约束作用。近年来江西省通过"财政惠农信贷通"支持农村经济发展取得了一定成效。江苏、河北、浙江等不少省份都对"银行贷款+风险补偿金"模式进行了推广应用。

(三)"政银保"模式

"政银保"是指保险公司为贷款主体提供保证保险,银行提供贷款,政府提供保费补贴、贴息补贴和风险补偿支持,通过财政、信贷、保险三轮驱动,共同扶持新型农业经营主体发展。

该模式的创新点主要体现在以下几方面:一是发挥了保证保险的增信作用;二是弱化了对抵质押物的要求,农民可以获得快捷优惠的贷款;三是实现了政府、银行、保险机构风险共担。

实施案例:广东省佛山市三水区于2008年最先提出"政银保"模式。广东省从2013年起,以四年为一个周期,实施农民合作社"政银保"项目。2013年省财政投入5 000万元,其中1 400万元用于保费全额补贴,2 100万元用于贷款利息的50%补贴,1 500万元用于设立超赔资金。当贷款逾期,发生风险时,损失额的20%由银行承担,其余80%由保险公司在最高赔付限额内向银行赔付;超出最高赔付限额部分由"政银保"超赔资金赔付80%,其余由银行承担。目前,上海、山东、河北、福建等多个省份都出台了相关政策文件,推广"政银保"模式。

(四)"两权抵押贷款"模式

"两权抵押贷款"是指农村承包土地经营权抵押贷款和农民住房财产权抵押贷款。其中,农村承包土地的经营权抵押贷款,是以承包土地的经营权作抵押、由银行向农户或农业经营主体发放贷款。农民住房财产权抵押贷款,是在不改变宅基地所有权性质的前提下,以农民住房所有权及所占宅基地使用权作为抵押、由银行向住房所有人发放贷款。

该模式的创新点主要体现在以下几方面:一是赋予了"两权"抵押融资功能,创新了"两权"抵押贷款产品和服务,有利于盘活农村存量资产、提高农村土地资源利用效率、促进农村经济和农村金融发展;二是试点地区政府承担主体责任,有效推进农村承包土地经营权的确权登记颁证、农村产权流转交易平台搭建、集体建设用地基准地价制定、抵押物价值评估、抵押物处置等工作;三是注重保障农民合法权益,坚持不改变公有制性质、不突破耕地红线、不层层下达规模指标,用于抵押的承包土地没有权属争议,且不能超过农民承包土地的剩余年限。

实施案例:2016年,经全国人大常委会授权,中国人民银行会同相关部委确定了232个农地抵押贷款试点县(市、区)和59个农房抵押贷款试点县(市、区)。中国农业银行、中国邮储银行等金融机构创新推出了"两权+第三方担保"、农村多产权组合抵押、农房小额保证保险贷款等多种信贷产品,900余家地方金融机构建立了专项信贷管理制度。同时,配合"两权"抵押贷款试点,农村产权流转体系逐步健全,抵押物处置机制不断完善。一些试点地区成立了由龙头企业或政府参股的土地收储公司;有的采取"预抵押"方式,在放贷前找好"下家";也有的试点地区将产权反抵押给有处置能力的第三方,并由第三方担保,解决处置问题。

(五)"农村信用社小额信贷"模式

"农村信用社小额信贷"是指农村信用社以农户的信誉为基础,在核定的额度和期限内向农户发放的无须抵押、担保的贷款。

该模式的创新点主要体现在以下几方面:一是贷款受益者多为量大面广、贷款金额较小的普通农户;二是贷款主要靠信用,不需要抵押物;三是实行一次核定、余额控制、随用随贷、周转使用,期限灵活,手续简便。

实施案例:海南省农信社联推出的"一小通"小额信贷是此类模式的典型代表,其创立了包括信贷理念、行为准则、工作精神、工作方法在内的一整套小额信贷企业文化,成立专设机构,组建专业队伍,制定专项流程,开发专利产品,设立专项基金,实现了责权明晰、赏罚分明、激励有效、约束到位,较好消除了借款农户与贷款人员双方信息不对称,降低经营费率,提高了农民的信贷可得性。该模式经验也被其他小额贷款公司、村镇银行等微型金融机构广泛借鉴应用。

(六)"农产品价格指数保险"模式

"农产品价格指数保险"是对农业生产经营者因市场价格大幅波动、农产品价格低于目标价格造成的损失给予经济赔偿的一种产品模式创新。

该模式的创新点主要体现在以下几方面:一是将农产品生产的市场风险纳入农业保险保障范畴,拓宽了保险服务领域,促进了农业生产和农产品市场价格基本稳定,保障了农民利益,对当前农业生产自然风险保障形成了有益补充;二是通过探索推广农产品价格指数保险,可以逐步向收入保险过渡,有助于实现农业保险从保成本向保收入的转变。

实施案例:2011年上海市农委和安信农业保险公司在全国率先推出了蔬菜价格指数保险。2012年北京市农委和安华农业保险公司开展了生猪价格指数保险试点。2016年以来,农产品价格保险试点地区已扩展至31个省份,试点品种包括生猪、蔬菜、粮食作物和地方特色农产品共4大类50种,保费收入突破10亿元,提供风险保障154.81亿元。部分地区在农产品价格指数保险的基础上创新推出"保险+期货"模式,利用期货市场分散价格波动的系统性风险。2017年大商所新批准立项"保险+期货"试点项目32个,试点模式由价格保险向收入保险延伸,覆盖范围拓展至黑龙江、吉林、辽宁、内蒙古、河北、安徽和重庆等7个省(自治区、直辖市)。

(七)"农机融资租赁"模式

"农机融资租赁"是指融资(金融)租赁公司以租赁综合服务商的角色将承租人、银行、经销商以及政府的各种资源进行链接和整合,承租人(农机大户、农机合作社)交纳一定的首付金(一般为总金额的30%)就可独立使用机械设备,剩余租金与利息分期偿付,全款付清后农机具所有权再转移到承租人。

该模式的创新点主要体现在让农民由"直接购买"变为"先租后买",大幅度减轻一次性投入压力,缓解大型农机具购机难问题。

实施案例:融资租赁是发达国家的农场主购置农机设备的首选方式,在我国其他大型设备购置领域也已普遍应用。2015年8月,国务院办公厅印发了《关于加快融资租赁业发展的指导意见》和《关于促进金融租赁行业健康发展的指导意见》,鼓励融资租赁公司支持现代农业发展,积极开展面向种粮大户、家庭农场、农业合作社等新型农业经营主体的融资租赁业务,解决农业大型机械、生产设备、加工设备购置更新资金不足问题。农业部于2015年在新疆棉花主产区开展了融资租赁试点,有力促进了大型采棉机的推广,提升了新疆棉花机采率。实践中,各地正积极探索将融资(金融)租赁模式推广应用到中小型农机具采购和设施大棚建设中。

(八)"双基联动合作贷款"模式

"双基联动合作贷款"是指基层银行业机构与农牧社区基层党组织发挥各自优势,加强合作,共同完成对农牧户和城镇居民的信用评级、贷款发放及贷款管理。

该模式的创新点主要体现在以下几方面:一是搭建了一个平台,即依托基层党组织,搭建为农牧户提供基础金融服务的新平台;二是发挥了双重优势,即发挥基层党组织的信息、组织、行政资源优势与基层银行乡镇机构的资金、技术和风险管理优势,促进优势对接和整合;三是实现了多方共赢,即通过"双基联动",使基层党组织服务农牧民有了新抓手,银行开展基层金融服务有了新平台,农村基础金融服务有了新突破,实现了加强基层党组织建设、发展普惠金融、振兴农村经济、增加农民收入多方共赢。

实施案例:2015年4月,青海省出台《青海银行业"双基联动"合作贷款试点方案》,选取农村牧区网点最多、深入基层程度较高的中国农业银行、中国邮储银行、农村合作金融机构和青海银行等基层机构,启动了"双基联动"合作贷款试点工作。截至2016年12月末,青海开展"双基联动"合作贷款业务的网点达到390个,建立信贷工作室2 952个,贷款余额47亿元,惠及61万农牧民群众。"双基联动"已被青海省深化改革领导小组纳入重点改革创新项目和《青海省落实普惠金融发展规划(2016—2020年)的实施意见》,也在陕西省农村金融机构推广应用,成为落实国家精准扶贫政策、强化基层党组织建设、创新普惠金融发展模式的一个有力抓手。

(九)"互联网＋农村金融"模式

"互联网＋农村金融"是指金融机构、产业资本等以互联网为载体,利用大数据、云计算、物联网等新技术,打破传统金融模式的时间、空间与成本约束,提升农户信贷可得性。

该模式的创新点主要体现在以下几方面:一是覆盖面广。互联网金融克服了传统金融机构展业成本高昂的弊端,投入成本少;二是门槛较低。互联网金融不需要农民的抵押物,农民省去了烦琐的贷款程序;三是快捷灵活。互联网金融可以使农民足不出户,只需要智能手机就可以选择办理相关金融业务,节省了大量时间。

实施案例:目前,以蚂蚁金服和京东金融为代表的电商背景的互联网企业,以新希望、大北农为代表的农业供应链服务商,以海尔产业金融为代表的产业资本,纷纷进入农村金融领域,新的金融生态、金融服务模式、金融产品不断创新涌现。"互联网＋农村金融"开辟了解决农村金融"老大难"问题的新视角、新路径,对传统农村金融形成了有益补充,具有广泛的适应性和广阔的发展空间。根据社科院发布的《中国"三农"互联网金融发展报告(2016)》统计,2015年我国"三农"互联网金融的规模为125亿元,"十三五"时期我国"三农"互联网金融将保持高速增长态势,预计到2020年总体规模将达到3 200亿元。

(十)"农业领域PPP"模式

"农业领域PPP"是指通过政府与社会资本合作,发挥财政杠杆作用,引导社会资本积极参与农业农村公共服务项目的投资、建设、运营。

该模式的创新点主要体现在以下几方面:一是开辟了农业投融资新渠道,政府通过投入小部分资金起到方向性、指导性作用,并提供制度、法律等配套政策保障,提升了社会资本投资农业的积极性和主动性;二是提升了政府投资效率,既发挥了财政资金"四两拨千斤"的作用,也发挥了市场机制的决定性作用,探索了农业领域投资项目长效利用的机制;三是实现了引资和引智相结合,将先进的管理理念、高效的市场机制引入农业领域,打破了农业传统思维限制,为我国农业产业发展注入新活力。

实施案例:目前,"农业领域PPP"已经有了一定项目储备和实践探索。全国PPP综合信息平台入库项目中,共有140个农业项目,总投资961亿元,其中9个项目已经签约落地。下一步,农业农村部将以农业废弃物资源化利用和国家现代农业产业园等重点领域为切入点,打造一批农业领域应用PPP模式的示范典型,引导和带动更多社会资本投资农业。

(十一)农业产业链模式:大型农业企业＋农村金融

该模式以"三农"服务商大北农为范例。大北农依托平台交易数据,进行大数据分析,具备对养殖户和经销商的信用了解,搭建农村信用网作为大北农的资信管理平台,建立以信用为核心的普惠制农村互联网金融服务体系。

模式的特点:无须抵押,围绕农业产业链即可开展业务。利用多年积累大数据资源,能够减少信用评估成本,降低风险。

(十二)电商模式:电商平台＋农村金融

该模式与涉农机构合作,基于合作伙伴、电商平台等沉淀的大数据信息,根据农户、中小型农企的信用水平给予相应的授信额度,满足其在农资购买环节和农产品销售环节的信贷需求。以蚂蚁金服和京东金融为例,首先依托电商平台优势累积农村数据,随后利用累积数据建立信用风控模型,进一步提供农村金融服务。

该模式的主要特点:贷款金额受信用限制、放贷快,使用不灵活,专款专用,仅限农资的购买,无须抵押物,能快速解决生产环节中的农资购买问题。

(十三)山东省农村信用联社创新推出"助养贷"模式

为加大畜牧业融资保障需求,助力打造乡村振兴齐鲁样板,山东省农信联社联合省畜牧兽医局创新推出"助养贷"金融服务,重点支持全省畜牧业新型经营主体,主要包括养殖户、规模化养殖场、专业合作社等适度规模经营主体和从事饲料兽药生产流通、屠宰加工、物资运输等畜牧相关产业的企业及上下游客户。

该模式的特点:一是贷款采用"统一授信、随用随贷、循环使用"方式办理,客户根据经营项目资金用款规律自助灵活用款(还款),降低客户贷款成本;二是贷款额度较小的,采取"信e贷""家庭亲情贷"模式办理,贷款额度较大的,鼓励采用省农担公司担保模式。

(十四)山东寿光"三驾马车"模式

2000年中国人民银行寿光支行指导寿光农村商业银行(时为农村信用社寿光市联社)开展农户信用创评,开始了以农村社会信用体系、农村信贷服务体系与农村支付体系"三驾马车"为主要内容的农村金融制度创新。

1. "三驾马车"之一：建立农村社会信用体系

寿光在农村信用体系建设过程中主要采取了三项措施。一是信用评定。对农户进行信用评定全覆盖，所有户主年龄在18至65周岁之间的农户全部纳入信用评定范围。借鉴农户信用评定经验，开展"文明信用个体工商户""文明信用村"及"文明信用小微企业"评定。对涉农中小企业开展"建设一个档案，进行两个评级，组建两类信用联盟"活动，即建设涉农中小企业信用档案，开展贷后外部评级和中小企业商业承兑汇票评级，组建中小企业信用联盟和商户信用联盟。二是信用示范。为充分发挥信用户在诚信建设中的示范作用，寿光开展了一系列示范工程，包括：①"千村万户"农村青年创业信用示范户工程，由寿光团市委、中国人民银行寿光支行及金融机构联合组织，在全市每个村选择10名、全市共选择1万名信用良好的青年创业者给予支持；②"春雨助农工程"，向信用户中收入低、信誉高、人品好、勤劳肯干的农户发放不超过2万元的信用贷款。三是信息共享。中国人民银行寿光支行在取得当地政府支持后，主导开发了寿光市社会信用信息平台系统，采集法院、公安、税务等全市40个部门中与个人、法人或其他组织的信用状况相关的信息，并向金融机构等相关主体提供查询服务。

2. "三驾马车"之二：建立农村信贷服务体系

随着农村信用体系建设的推进，金融机构不断增加，竞争不断加剧，推动了农村信贷服务的创新。一是创新担保方式。依托信用创评成果，先后推出了五户联保贷款、乡村"2＋1"（村委、农户＋农行）联保贷款和"诚信通"农户免担保贷款、商户及小微企业联保贷款；指导商户（中小企业）建立信用联盟；推出"农业龙头企业、专业合作社、农户、担保公司＋农村商业银行"的"4＋1"产业链贷款。二是创新抵押方式。2008年，中国人民银行寿光支行根据国家鼓励农村土地流转的政策导向，向当地政府提出开展土地使用权抵押贷款的倡议，得到了政府的支持，确定经管局作为大棚所有权证的颁发机构和抵押登记机构，并给予大棚抵押贷款风险补偿金。农商行、潍坊银行等金融机构相继推出了以蔬菜大棚为抵押品的大棚抵押贷款。目前寿光市已形成了包括蔬菜大棚、养殖大棚、海域使用权等9种土地流转权抵押贷款产品。三是业务流程再造。首先是充分发挥村两委、商户及企业信用联盟的作用，完成对客户的信用评级，降低贷前考察成本。其次是将村或市场作为一个大客户对待，集中对客户开展信用评价，锁定支持范围，解决"逐笔受理、逐笔考察"造成的效率低问题。

3."三驾马车"之三：建立农村支付体系

2005年，中国人民银行寿光支行会同寿光市委农工办等11个部门联合成立了农村支付服务环境建设工作领导小组，发布《关于推进辖内农村地区支付结算服务环境建设的意见》，根据农村地区经济特点及支付结算需求，打造了四种农村支付结算模式。一是"联名卡＋农产品物流园"模式。由中国农业银行寿光支行与农产品物流园联合推出全国第一张应用于蔬菜市场的联名卡，集场内结算和银行卡功能于一体，一侧用磁条记录客户的银行存款，另一侧IC芯片记录客户的场内交易情况，彻底转变现金交易的传统模式，根本解决了现金结算中的操作和管理风险。二是"自助终端＋农民"模式。寿光农商行在无银行网点的村庄布放自助终端，提供小额现金存取款、转账、自助缴费等业务，为农民提供"家门口式"服务，是"有人值守的24小时自助银行"。三是"惠农一卡通＋三农金融服务站"模式。中国农业银行山东省分行与寿光市人民政府合作推行"惠农一卡通"，提速了农村金融发展与制度创新速度。

寿光"三驾马车"模式成效。一是坚持普惠金融制度。农村金融机构提供存取现金、转账、消费、小额自助贷款、养老保险金发放以及看病就医服务，具备了21项财政惠农补贴的收支结算等"一揽子"金融服务功能。二是实现了支付结算村村通工程。针对农村网点少的状况，农村金融机构与乡镇政府合作，村村设立"三农金融服务站"，站站安装转账电话，户户发放"惠农一卡通"，实现对农民服务的全覆盖。三是结算方式更加便利。由农村金融机构为个体户安装转账电话，提供转账服务。在各部门的共同推动下，辖区乡（镇）、街道安装了ATM机、POS机、自助银行终端、转账电话，农村地区的支付环境大大改善。

六、农村金融创新实践的几点启示

在实施乡村振兴战略的大背景下，农村金融机构服务乡村振兴的组织形式、信贷产品和服务方式都将发生很大变化。特别是我国地域辽阔，东、中、西部地区经济发展的差异比较大，需要积极探索与当地经济发展相适应的农村金融改革、供应链金融、金融科技的创新，满足乡村振兴各类主体多元化的融资需求。在推动农村金融产品创新发展时，需重点以客户为中心，从产品创新方向、服务对象和服务模式上大胆尝试，不能大水漫灌，需要精准施策。

启示一:转变思想观念,充分认识金融创新的重要性

在全面深化农村金融体制改革,创新农村金融服务方式支持乡村振兴战略的大背景下,很多人十分担心创新会引发金融风险,存在很多的顾虑。这就需要我们解放思想,认清金融创新的本质,大胆推进具有中国特色的金融创新。创新是农村金融生存与发展的根本,不仅是提升金融业也是提升国家竞争力的根本,是我国农村经济建设创新型国家的重要内容,建设创新型国家需要进一步发挥金融对资源配置的优化功能,没有农村金融创新在我国是不可能实施美丽乡村建设的。因此,我国未来的农村金融创新不仅需要满足自身发展的需要,还要在农村金融改革发展领域积累中国经验、做出中国特色,改变西方发达国家长期主导世界金融创新的历史,使中国成为真正的世界经济大国和金融创新强国。

启示二:立足农村实际,形成有地方特色的金融创新模式

农村金融创新要充分考虑我国农村地区的实际情况和经济发展环境,在创新过程中结合我国市场经济体制的建设进展和农村金融发展的基本特点,走循序渐进的稳健路径,不能因国外的压力而进行超前创新,也不能因国内的阻力出现创新滞后,要结合经济社会发展需要有计划、有步骤地适时推进。在创新来源上要实现多元化,走自主创新和学习借鉴之路,增加农村金融创新来源的供给,充分认识我国农村金融创新的复合性特征,既要通过"引进来"学习发达地区农村金融机构的成功经验和做法,又要推动本土农村金融机构"走出去",到农村金融业发达地区开展具体业务的实地考察,学习发达地区的先进做法和模式,形成外源型金融创新。要结合本地区经济自身的特点进行内源型的金融创新,形成有本地特色的金融创新模式。在学习其他地区农村金融创新经验过程中,要采取辩证态度,既不能全盘照抄他人金融创新的模式,也不能因他人金融创新出现风险而全盘否认金融创新的必要性,关键是结合自身的需要采取科学扬弃的精神提高创新水平。在金融创新的途径上,既要注重农村金融产品的创新,更要注重金融思想的创新,特别是要结合我国农村金融创新的实践,及时进行归纳和总结,形成具有中国特色的农村金融创新理念,形成中国农村金融创新经验。

启示三:发挥中国人民银行窗口指导作用,推动农村金融创新发展

一是通过下发指导性意见、约见谈话等形式,引导农村金融机构适应新形势的需要,改进和提高金融服务水平,满足"三农"金融需求。二是深入开展调查研究,及时了解掌握农村金融产品创新中的新问题,与农村金融机构共同研究和解决,引导业务向规范化、科学化方向运作。三是组织开展林权

第五章 农村金融创新

抵押贷款、土地使用权抵押贷款等经验交流会,介绍交流农村金融产品创新工作经验,增强地方中小金融机构农村金融产品创新意识,降低金融创新成本。四是积极争取地方政府对信贷产品创新工作的理解和支持,加强与有关部门的沟通和联系,努力推动地方政府部门通过财政贴息、费用减免等措施,为金融机构的农村金融产品创新创造良好的外部环境。

启示四:积极争取政府部门的支持与配合,为农村金融产品创新提供法制保障

农村金融创新牵涉部门广,涉及环节多,地方政府的指导和相关部门的配合十分重要。在林权抵押贷款、浅海滩涂经营权抵押贷款、"龙头企业＋农户"、"农户贷款金卡(星级诚信户)"、"农业保险＋信贷"等农村金融产品创新业务开办过程中,各地政府通过召开联席会、动员会,组织财政、土地资源、农业农村等相关部门出台和完善确权、资产评估、风险控制、风险补偿等配套措施,成为农村金融产品创新的制度支持和政策保障,为农村金融产品创新工作的开展创造了良好条件,是农村金融服务业务平稳健康发展的重要保障。

启示五:围绕农业产业化需求,创新农村金融服务方式

农业产业化经营要获得规模经济效益,就必须抓住农村金融创新融合农业产业化发展的主要矛盾,不仅要通过产品创新扩大农民和农业企业的融资额度和期限,还要以农业龙头企业的技术升级作为金融创新的出发点,积极寻求金融支持农业企业技术升级的契合点,以"订单农业"作为农村金融创新的纽带,以"农业公司＋农民＋农村金融机构"的方式创新农业产业整个链条资金实现封闭的运行方式。最后以"金穗卡"等支付创新有效地解决"种植生产—收购加工—成品销售"的全过程的产业化发展过程中的矛盾。农村金融服务创新服务于整个产业链条的方式为农业产业的发展奠定了良好基础。

启示六:坚持试点先行,逐步推广,根据地区特点和实际进行尝试

由于缺乏参照对象,在具体操作过程中,难免会遇到一些新问题,需要逐步予以研究解决。各地实践充分表明,"试点先行"是保证业务平稳发展的有效模式。在试点地区创新和发展一些符合农村需求特点的金融产品和服务方式,探索满足"三农"金融服务需求和有效补偿金融机构风险相结合的农村金融发展道路;通过试点模式的复制和推广,为全面提高农村金融服务水平提供有益的参照与借鉴。各地在工作初期,多在深入调查研究、科学审慎评估的基础上,选择条件较好、外部环境较为有利的地区开展试点;试点工作开始后,应注意对业务进展情况进行跟踪监测,及时发现新情况、新问题,逐步总结积累工作经验,为其他农村金融机构开办同类业务提供参考依据。

第六章 农村金融改革的制度保障

中国特色社会主义进入新时代,以习近平同志为核心的党中央高度重视制度在乡村振兴中所具有的固根本、稳预期和利长远的作用。党的十九大报告明确提出实施乡村振兴战略,强调要"建立健全城乡融合发展体制机制和政策体系,加快推进农业农村现代化"。2018年中央一号文件《中共中央国务院关于实施乡村振兴战略的意见》指出:实施乡村振兴战略,必须把制度建设贯穿其中;《乡村振兴战略规划(2018—2022年)》进一步规定:到2020年,乡村振兴的制度框架和政策体系基本形成,到2022年,乡村振兴的制度框架和政策体系初步健全。因此,在积极实践和科学探索金融支持乡村振兴的过程中,必须强化农村金融制度供给,将农村金融改革制度建设贯穿其中,充分发挥法律制度的引领与保障作用,推动农村金融与乡村振兴融合发展。

一、建立健全农村金融法律法规的必要性

2020年,是我国全面建成小康社会和"十三五"规划收官之年,是"三大攻坚战"的最后攻关之年,是"决胜之年"。能否兑现承诺、交出合格历史答卷,三大攻坚战是必须跨越的关口。金融支持"精准扶贫"和"乡村振兴"必须要有法律制度保障,做好农村金融法治工作至关重要。要不断强化法治意识,完善农村金融立法,严格执法,运用法治思维和法治方式深化农村金融改革、推动农村经济发展,不断化解农村经济发展中的矛盾,维护农村金融市场稳定,提高应对金融风险的能力。

(一)适应农村普惠金融发展的需要

金融法治是现代金融发展的基本条件和重要内容。农村普惠金融发展必然内生出对法律保障的需求。法律保障体系建设是农村普惠金融发展战略的重要内容,直接关系乡村振兴、农村普惠金融持续发展和农村金融创新战略的成功与否,成为调整金融与实体经济关系、城乡统筹发展、农业现代化

建设等相关制度建设的关键。农村普惠金融发展法律保障体系构建，正是为了以规范的方式协调和解决金融发展中的权贵化、虚拟化等问题，为农村金融法制创新和农业现代化发展、城乡一体化发展奠定相关制度基础。如果普惠金融的发展有健全的法律法规保障，那么无论是金融行业还是农村经济都会迎来深远的发展。

(二)满足农村金融创新发展的需要

农村普惠金融体系构建是农村金融创新的重要内容，也是农村金融发展模式的必然选择，而农村金融创新发展离不开法律的规制、调整和推进。以主要保障三农发展的金融需求为目标的传统金融发展模式，已不能满足新形势下农村经济发展的需要。因此，我国需要建立一种包容、可持续的农村金融发展模式。这一涵盖农村金融各个要素的全方位、系统性的变革，需要法律规范来统筹、协调和推进。

(三)实现农村社会公平、正义的需要

社会公平是社会和谐稳定的基石，全面小康社会必然以社会公平为核心价值目标。农村普惠金融发展能有效提高农村贫困者、小微企业的自我发展能力，增加其收入，有效消除贫困，促进农村分配公平。农村普惠金融发展也有利于消除金融歧视，增进农村社会包容。农村普惠金融改变了传统金融重点支持强势领域的发展理念和模式，以保障社会公众特别是弱势群体获得有效、公平的金融服务为宗旨，以协调金融服务可获得性与商业可持续性冲突为重点，从而保障金融发展成果能有效惠及"三农"，实现农村经济增长、民生利益保护与社会和谐稳定的多赢。农村金融发展经济效益和社会效益的协调，金融排斥和社会歧视的消解，金融利益公平分享和金融机构社会责任的实现都离不开法律规制。农村普惠金融社会公平目标的实现必然要求构建完善的法律保障体系。

(四)推进农村经济与金融协调发展的需要

普惠金融理论近年才引入我国，目前农村金融法律在一定程度上还未起到促进农村普惠金融发展的作用。目前大部分相关法律不是在明确的普惠金融理念指导下制定的，存在较为突出的理念滞后、条块分割、相互矛盾、立法不全以及执法不严、监督不力等问题，从而难以保护农村弱势者金融权利，有效规制政府和金融机构。要扭转这种困境，就必须根据农村普惠金融理念

和农村经济社会发展的需要,创新农村金融发展法律保障理念、原则、制度和措施。农村普惠金融法律保障体系建设必然会促使农村金融法律指导理念和价值观念的根本转变。这种价值观的转变必然导致对现有立法目的、原则、制度的全面反思和变革,从而必然要求农村金融法律体系的转型和再造,而推进农村金融法制转型必然要求加快农村普惠金融发展法律保障体系的构建。

二、农村金融法律法规制度建设的现状与问题

随着社会主义新农村建设、城乡统筹发展和农业现代化建设等战略的推进,我国农村金融的重要地位日渐凸显,农村弱势者金融权利保护逐步得到重视,农村金融法律制度接连制定,为农村普惠金融发展提供了初步保障。

(一)农村金融法律、法规建设的现状

1. 中央宏观政策为金融改革提供了法律依据

自2004年以来,我国连续16年中央一号文件对农村金融发展进行了规划,均提出要加强农村金融改革和创新,改善农村金融服务,促进农村金融发展。2013年11月,党的十八届三中全会《中共中央关于全面深化改革若干重大问题的决定》提出了"发展普惠金融,鼓励金融创新"的深化改革目标。2015年12月,国务院印发《推进普惠金融发展规划(2016—2020年)》,就国家推进普惠金融发展目标、总体思路和主要措施等进行系统规范,特别强调普惠金融主要目标是"要让小微企业、农民、城镇低收入人群、贫困人群和残疾人、老年人等及时获取价格合理、便捷安全的金融服务"。2016年3月,《国民经济和社会发展第十三个五年规划纲要》更是明确提出了"发挥各类金融机构支农作用,发展农村普惠金融"的战略规划。2018年9月,中共中央、国务院印发《乡村振兴战略规划(2018—2022年)》,要求各地区各部门支持乡村振兴战略。

2. 健全农村金融改革发展保障制度

国家各部委制定了一系列促进农村新型金融机构改革发展的法规和规范性文件,促进了农商行、农信社和村镇银行等农村金融机构的快速发展,推动了我国农村金融改革和普惠金融体系建设的制度创新。中国人民银行和中国银保监会制定的一系列促进农村新型金融机构发展的文件为农村普惠金融建设提供了基本规范和遵循。

第六章　农村金融改革的制度保障

2006年12月,中国银监会出台了《关于调整放宽农村地区银行业金融机构准入政策更好支持社会主义新农村建设的若干意见》,以增加农村金融服务供给,促进农村金融服务体系建设。2007年1月,中国银监会又接连制定了《村镇银行管理暂行规定》《贷款公司管理暂行规定》《农村资金互助社管理暂行规定》等引导和规制新型农村金融机构发展的规章。2008年5月,中国银监会、中国人民银行发布了《关于小额贷款公司试点的指导意见》。2010年4月,中国银监会发布了《关于加快发展新型农村金融机构有关事宜的通知》,进一步明确了加快新型农村金融机构发展的目标和措施。2016年2月,中国银监会印发《关于做好2016年农村金融服务工作的通知》,要求银行业金融机构认真贯彻落实中央扶贫开发工作会议、中央农村工作会议和中央一号文件精神,持续改进农村金融服务,大力推进农业现代化。2018年5月,农业农村部办公厅《关于开展2018年度金融支农服务创新试点的通知》进一步推动财政支农体制机制创新,引导和激励地方农业农村部门与金融机构主动开展农村金融产品和服务模式创新,继续支持各地开展金融支农服务创新试点。2019年1月,中国人民银行、中国银保监会、证监会、财政部、农业农村部联合发文《关于金融服务乡村振兴的指导意见》,要求各金融机构做好乡村振兴服务,明确了金融机构的目标和任务。

3. 制定了促进农业保险发展的专项法规

农业保险对化解农业风险、稳定农民收入、防控因灾致贫与返贫、保障农业安全等具有重要作用。促进农业保险发展是农村普惠金融体系建设的重要内容,2012年10月,国务院制定了《农业保险条例》,就农业保险概念、农业保险合同、农业保险机构等进行了规定,为保障农业保险健康发展,发挥农业保险扶农功能,促进中国特色农业保险制度建设提供了基本规范。

4. 农村金融支持相关法律逐步完善

2003年9月,中国银监会制定了《农村商业银行管理暂行规定》和《农村合作银行管理暂行规定》,对农村商业银行和农村合作银行的设立、运营、监管等进行规范,为新时期农村合作金融转型发展提供了法制保障。2007年9月,中国银监会发布了《关于银行业金融机构大力开展农村小额贷款业务的指导意见》,鼓励金融机构服务"三农"发展。2012年修订的《中华人民共和国农业法》第45条规定,"国家建立健全农村金融体系,加强农村信用制度建设,加强农村金融监管;有关金融机构应当采取措施增加信贷投入,改善农村金融服务,对农民和农业生产经营组织的农业生产经营活动提供信贷支持"。第46条规定,"国家建立和完善农业保险制度"。这些都使现代农村金融法律体系建设日趋完善。

(二)农村金融法律法规建设中存在的问题

1.我国农村普惠金融法规建设缺乏普惠性保障

随着农村金融现代化和农村全面小康社会建设战略的推进,我国农村金融法治建设的重点应在于满足农村弱势者基本金融服务需求,保障农民、农村小微企业获得便利、必要的金融服务,促进农村经济社会可持续发展。因此,促进农村普惠金融发展应是我国农村金融法治建设的基本目标。普惠金融的包容、公平、协调、扶弱、创新理念应成为现代农村金融法治建设的基本理念。然而,当前我国农村金融法治建设强调促进经济效益与经济稳定较多,包容、公平、扶弱、协调的普惠金融基本理念则明显不够,难以为农村普惠金融法律保障体系构建提供有效法律保障。

2.农村普惠金融的激励约束机制不健全

当前,我国农村金融法规大体遵循传统金融法的金融安全与金融效益,兼顾和保护投资者和债权人利益、维护金融市场稳定、有效监管和防控金融风险等基本原则。各级政府对农村金融的支持政策、激励政策和金融监管当局对农村金融实行差别化的监管政策落地执行不到位,致使农村金融法律理念和制度构建滞后,难以适应农村金融创新和农村经济发展需要。

3.农村普惠金融发展法律体系尚不健全

农村普惠金融发展是一项系统工程,首要是建立协调统一、规范齐备的法律体系。我国虽然制定了一系列促进普惠金融发展法律,但未能从农村金融法治整体性出发构建法律体系。首先,我国没有制定促进农村普惠金融发展的基本法,导致农村金融立法体系散乱,相关法律冲突与重复问题突出。其次,目前主要依靠中国人民银行、中国银保监会制定的部门规章调整农村普惠金融法律关系。这些部门规章的效力层级低,我国农村普惠金融发展法律保障体系的构建有些只是指导性、临时性的政策文件,零乱复杂,缺乏纲领,权威性和约束力也很有限,难以有效适用。再次,农村金融专门立法不完善。目前,我国调整农村政策性金融、农村合作金融、小额信贷、民间金融等的法律法规残缺不齐,无法适应现代农村金融发展需要。同时,我国尚未制定农村信用体系建设、金融消费者权益保护、农民财产性权利抵押等方面的立法。

4. 乡村振兴中金融创新发展基本制度有待完善

我国已在农村金融法律中初步建立了促进新型农村金融机构发展、农村金融差异化监管、金融机构服务"三农"责任等方面的制度,但以上制度并未从农村普惠金融发展和金融法治整体性角度构建,且一些基本制度尚未建立。首先,农村普惠金融发展规划制度、标准与测度制度、信息公开制度等农村普惠金融发展管控基本制度缺失。其次,我国农村弱势者金融权利保护制度不健全,农村金融权利内容范围小,实施性差,缺乏对政府、金融机构等促进农村普惠金融发展的义务和责任方面的规定。最后,我国也未构建完善农村普惠金融发展法律实施保障制度,相关法律规范难以落实。

三、建立健全农村金融法律法规,规范农村金融市场运行秩序

农村法治金融建设是一项系统工程,包括农村金融法律法规建立健全、贯彻实施等完整过程,需要地方各级政府、监管部门、金融机构、各类金融交易主体以及社会公众的共同参与,必须从法律、制度上建立起金融安全的保障体系,把一切金融活动纳入规范化、法治化的轨道,实现依法治理金融,保障金融安全。

(一)建立农村基层组织经营制度,为农村经济发展提供保障

2016年,习近平同志在安徽省凤阳县小岗村主持召开农村改革座谈会时强调:"以家庭承包经营为基础、统分结合的双层经营体制,是我们党农村政策的重要基石。"中国特色社会主义进入新时代,要更好地引领与推进农业农村改革,更好地适应当前农业和农村发展面临的一系列重大挑战,更好地发挥法律制度在整合协调各种关系、调节各种矛盾冲突中的功能,必须以习近平新时代中国特色社会主义思想为指导,加强和改进农村基层党组织建设,不断增强其创造力、凝聚力、战斗力,既是党的建设新的伟大工程的重要内容,也是推动乡村振兴的重大举措。要以问题为导向,进一步加强和改进农村基层党组织建设,坚持农村土地集体所有、不搞私有化,坚持农地农用、防止非农化,坚持保障农民土地权益、不得以退出承包地和宅基地作为农民进城落户条件,进一步深化农村土地制度改革。

1. 进一步完善乡村治理体系

(1)选准配强乡村两级领导班子。一是建强乡镇党委、政府领导班子。

要以建设"五个好"乡镇党委为目标,按照干部队伍"四化"方针、德才兼备原则和"五重五不简单"的用人要求,坚持科学发展观,树立正确的用人导向,扩大民主,严格程序,改进方法,把政治上靠得住、工作上有本事、作风上过得硬、人民群众信得过的干部选拔或通过法定程序选举到乡镇党委和政府领导班子中来,选好配强乡镇领导班子。二是选好选准村"两委"班子。要进一步健全民主选举制度,在换届选举中全面推行村党支部兼任村主任制度,切实做好"两推一选"和村委会"直接选举",抓好民主选举环节,把握好选人标准,扩大候选人提名中的民主。坚持四个标准:要有改变面貌、共同富裕的使命意识;要有带好班子、团结奋斗的凝聚作用;要有发扬民主、依靠群众的决策能力;要有敢于担当、开拓创新的无畏精神。一个村党组织书记,只有吃苦在前、享受在后,公而忘私、先人后己,乐于助人、不怕吃亏,才能受到村民的真心拥护和爱戴,才能带领农民致富奔小康。

(2)加强农村基层组织建设。一是加强青年、妇女、民兵等群团组织建设,充分发挥主力军作用。要按照"党建带群团组织建设"的思路,加强群团组织的班子建设、能力建设、作风建设、制度建设、阵地建设和载体建设,为他们搭建作为的平台,教育引导和团结带领农村广大团员青年、妇女、民兵积极投身新农村建设伟大实践中。二是加强"六大员"等农村实用人才队伍建设,充分发挥服务带动作用。要通过加强培养开发、强化管理、服务带动等措施,逐步建立农村实用人才服务中心,发挥集聚和带动效应,促进农村实用人才、乡土人才总量的扩充和素质的提高,不断培育现代农业经营主体。

(3)培育新型农民专业合作组织。一是完善发展农业技术服务组织。要进一步完善农业市场推广、农业科技服务体系,积极发展各种农业技术服务组织,鼓励发展农村经纪人队伍,切实发挥专业技术服务组织、民营公司、科技示范户、经纪人的作用,积极开展农业技术试验、示范和推广,不断提高农业科技水平和农产品科技含量。二是引领发展农产品行业协会。要加快推动农产品行业协会发展,引导农业生产者和农产品加工、出口企业加强行业自律,搞好信息服务,维护成员权益。要把发展农产品行业协会作为进一步转变政府职能、改革农业行政管理体制的重要举措,逐步建立起"政府宏观管理—行业协会中观管理—企业与农户微观经营"的农业行政管理新机制。三是引导发展农业产业化经营。要进一步拓宽"公司+农户"这一产业化经营基本模式,推广"公司+基地+农户""公司+中介组织+农户""专业市场+农户"等不同类型的产业化组织模式,努力形成规模扩大、领域延伸的新格局和政府扶持、龙头带动、农民参与、中介组织服务的新机制,推进现代农业建设。

(二)坚持和完善农村土地集体所有制度

1. 坚持农村土地农民集体所有,这是坚持农村基本经营制度的根本

农村土地集体所有制是为解放、发展和保护我国农业生产力的根本性制度安排,不仅克服了部分土地私有制国家在农业现代化进程中陷入的发展困境,而且助推了我国农业生产力水平的整体跃升,彰显了中国特色社会主义道路的优势。

2. 坚持家庭经营的基础性地位,同时赋予双层经营体制新的内涵

农民家庭是承包集体土地的法定主体,其他任何主体都不能取代农民家庭的土地承包地位;农民家庭承包的土地,可以由农民家庭自己经营,也可以通过流转经营权由其他经营主体经营。但不管如何流转,集体土地的承包权均属于农民家庭。如何"赋予双层经营体制新的内涵",2018年,习近平同志在中央政治局第八次集体学习时指出:"要突出抓好农民合作社和家庭农场两类农业经营主体发展,赋予双层经营体制新的内涵,不断提高农业经营效率。"2019年中央一号文件《中共中央国务院关于坚持农业农村优先发展做好"三农"工作的若干意见》(以下称《意见》)则进一步规定:"建立健全支持家庭农场、农民合作社发展的政策体系和管理制度。落实扶持小农户和现代农业发展有机衔接的政策,完善'农户+合作社''农户+公司'利益联结机制。"

3. 坚持稳定土地承包关系,这是维护农民土地承包经营权的关键

为呼应乡村振兴的时代需求,党的十九大报告中提出,要保持土地承包关系稳定并长久不变,第二轮土地承包到期后再延长30年;2018年修订的《农村土地承包法》已明确规定耕地的承包期为30年,耕地承包期届满后再延长30年。保持农村土地承包关系稳定并长久不变,有助于维护农村土地承包经营当事人的合法权益,更好地促进农业、农村经济发展和农村社会和谐稳定。

4. 推动土地经营权的市场化流转

在坚持土地集体所有性质不改变、耕地红线不突破和农民利益不受损这三个底线的前提下,有序推动土地经营权的流转,进一步"改革完善农村承包地制度""稳慎改革农村宅基地制度""建立集体经营性建设用地入市制度",

通过完善农村承包地"三权分置"制度,允许土地经营权入股从事农业产业化经营,规范土地流转、提高土地增值收益;通过探索对增量宅基地实行集约有奖、对存量宅基地实行退出有偿,有效盘活闲置宅基地资源;通过允许农村集体经营性建设用地就地入市或异地调整入市,以及依法把有偿收回的闲置宅基地、废弃的集体公益性建设用地转变为集体经营性建设用地入市,推动集体经营性建设用地与国有土地同等入市、同权同价。探索多种形式适度规模经营,允许承包土地的经营权融资担保,以推动现代农业高质量发展。农民承包土地的经营权是否流转、怎样流转、流转给谁,只要依法合规,都要让农民自己做主,任何个人和组织都无权干涉。概括起来说,应进一步形成多元化经营主体参与的"集体所有、家庭承包、分工经营"的制度构架。

(三)建立完善农村集体经济管理制度

村级党组织是党在农村的执政基础,是贯彻执行党的路线方针支持的前哨。如果村级集体经济薄弱,没有实力,势必会削弱以党支部为核心的村级组织的整体战斗力。发展壮大村级集体经济是加强党的领导,稳固农村基层政权的重要基础;发展壮大村级集体经济是实现党的领导,提高农村基层党组织凝聚力和战斗力的有力保障;发展壮大村级集体经济是推进农村全面建设小康社会的基本要求。

1. 强化村级党组织领导机制

强化村党组织领导核心地位,加强对本村集体经济组织的领导。推行村党组织书记、班子成员兼任集体经济组织负责人,村党组织提名推荐集体经济组织管理层负责人,选配合适的经营管理人员和发展带头人。村级集体经济的重要事项,需经村党组织研究讨论。村党组织要组织动员党员、村民发展壮大集体经济,使发展集体经济过程成为发挥、检验党组织战斗堡垒作用和党员先锋模范作用的过程,成为党组织提升影响、整体加强的过程,成为教育引导村民增强集体意识的过程。

2. 建立法人治理机制

深化农村集体产权制度改革,在完成清产核资、成员身份确认、股权量化的基础上,进一步建立健全内部治理结构,通过登记赋码确立村集体经济组织的特殊法人地位,明确其代表集体行使所有权和作为村集体资产的管理主体,实行股份合作经营。明晰集体所有产权关系,探索农村集体所有制有效实现形式。严格保护集体资产所有权,防止被虚置。

3. 建立健全经营运行机制

坚持以市场为导向,完善经营灵活、管理有效和运行稳健的集体经济发展新机制,发挥好农村集体经济组织在管理资产、开发资源、发展经济、服务成员等方面的功能。鼓励以自主开发、合资合作、投资入股、就业参与、服务创收和物业租赁等方式,盘活农村集体资产、资源要素和激发集体成员劳动力活力,因地制宜发展农村新产业、新业态,拓展集体经济发展途径。特别是各地在利用中央和省级扶持资金发展集体经济项目时,要尽量避免"另起炉灶",主要通过拓展已有成熟项目,为农业产业园区建设、主导产业发展等提供配套服务方式,获得稳定的集体经济收益。村集体经济组织在开展市场经营活动时,要量力而行,加强风险研判评估,特别是对合资、合作、投资入股等,要选择潜力大、信誉好、靠得住的合作对象,防范控制经营风险。

4. 完善收益分配机制

建立基于农村集体资产所有权的收益分配机制,处理好国家、集体和成员个人的利益关系。通过土地租赁、参与劳务、订单收购、收益分红等方式,探索建立互惠互利的集体经济组织与成员、农户的利益联结机制。规范集体经济收益分配,村集体经济组织根据有关法律制度和集体经济组织章程规定,提取一定比例的集体经济收益作为公积金、公益金、村级组织管理费、经营管理人员激励报酬后,集体成员按股权分红。坚持公平、公正、公开,由村集体经济组织提出分配方案,经村党组织研究讨论,集体成员大会形成同意决议后实施。

5. 加强监督管理机制

农村集体资产受法律保护,任何单位和个人不得侵占、私分、平调和破坏。建立集体经济组织内部经营管理与监督分离的制约机制,可依照章程规定设立监事会或监督小组,由集体成员代表担任。建立健全集体经济组织财务管理和会计核算办法,健全完善村财乡代管、会计委托代理等制度,实行集体经济组织财务公开制度,定期将财务活动情况及有关账目以便于群众理解和接受的形式如实向全体成员公开,并接受集体经济组织成员、村民代表、村务监督委员会的民主监督。集体经济组织依法依规接受监察、审计等监督,实行集体经济组织负责人离任审计。坚决防止少数人控制和外部资本侵占集体资产、资产流失,相关各方利益被侵占等情况,坚决防止集体经济成为村干部的"小金库"。

(四)建立健全城乡融合发展体制机制和政策体系

中国特色社会主义进入新时代,针对当前我国经济社会发展存在的城乡发展不平衡不协调这一突出矛盾,习近平同志强调:"要坚持农业农村优先发展,按照产业兴旺、生态宜居、乡风文明、治理有效、生活富裕的总要求,建立健全城乡融合发展体制机制和政策体系,加快推进农业农村现代化。"要把乡村振兴战略这篇大文章做好,必须走城乡融合发展之路。

1. 要破除体制机制弊端,明确建立健全城乡融合发展体制机制

必须充分发挥市场在资源配置中的决定性作用,更要发挥政府作用,推动城乡人才、土地、资本等要素自由流动、平等交换,推动新型工业化、信息化、城镇化、农业现代化同步发展,加快形成工农互促、城乡互补、全面融合、共同繁荣的新型工农城乡关系,推进农业农村现代化。

2. 建立健全有利于城乡要素合理配置的体制机制,破解城乡要素流动不顺畅问题

一是建立人才流动机制。针对"三农"工作队伍较为薄弱,人员紧缺、能力不足、待遇不高、上升空间有限等突出问题,要建立科技特派员、大学生村官等尚未有效服务于"三农"的长效机制,进一步明确提出"建立城市人才入乡激励机制",通过制定财政、金融、社会保障等激励政策,吸引各类人才返乡下乡;通过推动职称评定、工资待遇等向乡村教师、医生倾斜,以及建立城乡人才合作交流机制,引导规划、建筑、园林等设计人员入乡,充实乡村振兴专业人才队伍;通过建立选派第一书记工作长效机制、推进大学生村官与选调生工作衔接、允许农村集体经济组织探索人才加入机制,壮大乡村振兴"领头人"队伍。

二是实现财政资金和金融资源配置有机结合。随着国家对"三农"问题的重视,地方政府要合理调整城乡公共资源配置,加快形成财政优先保障、金融重点支持、社会积极参与乡村振兴的多元投入格局。健全财政投入保障机制,完善乡村金融服务体系。通过支持城乡融合发展及相关平台和载体建设、建立涉农资金统筹整合长效机制、调整土地出让收入使用范围、支持地方政府在债务风险可控前提下发行政府债券,提高财政支农使用效率;通过创新中小银行和地方银行金融产品提供机制、加大开发性和政策性金融支持力度、建立健全农业信贷担保体系、加快完善农业保险制度、设立城乡融合发展

第六章　农村金融改革的制度保障

基金等,吸引更多金融和社会资本投向农业农村。尽管多地出台了关于支持市民下乡、能人回乡、企业兴乡的政策,但仍然存在一些制度性阻碍。要尽快解决"三乡"主体创业创新积极性不高的问题,进一步提高财政对农业农村的支出,建立县域银行业金融机构服务"三农"的激励约束机制,引导工商资本等社会资金助力乡村振兴;扎实开展新增耕地指标和城乡建设用地增减挂钩节余指标跨省域调剂使用,调剂收益全部用于巩固脱贫攻坚成果和支持乡村振兴。

3. 建立健全有利于城乡基本公共服务普惠共享的体制机制,破解公共资源配置不合理问题

一是在乡村教育事业方面。城乡教育资源配置不均衡、教育质量差距较大,乡村教师存在工资待遇偏低、职业吸引力不强、晋升渠道不畅、压力过大、整体素质不高等问题。乡村教师流失严重,乡村学校规模小、教师少,跨年级、跨学科教学较为普遍,陷入留不住老师进而留不住孩子的恶性循环。《意见》明确提出"建立城乡教育资源均衡配置机制",鼓励省级政府建立统筹规划、统一选拔的乡村教师补充机制,通过稳步提高待遇等措施增强乡村教师岗位吸引力,推行县域内校长、教师交流轮岗和城乡教育联合体模式,有效推动乡村教师待遇有保障、发展有空间、职业有荣誉,实现学有所教、学有所成、学有所用。

二是在乡村医疗事业和社会保障方面。大部分农村地区医疗卫生设施设备与城市差别并不大,但基层医疗服务能力薄弱;大量中青年劳动力进城使得家庭养老功能弱化,农村养老服务问题突出;农村低保、新农保、新农合保障标准低于城镇居民和城镇职工。《意见》提出"健全乡村医疗卫生服务体系、完善城乡统一的社会保险制度",鼓励城市大医院与县医院建立对口帮扶、巡回医疗和远程医疗机制,全面建立分级诊疗制度,实行差别化医保支付政策,有效提高基层医疗服务能力,解决农村看病难、看病贵问题;完善统一的城乡居民基本医疗保险、大病保险和基本养老保险制度,建立完善城乡居民基本养老保险待遇确定和基础养老金正常调整机制,构建多层次农村养老保障体系,有效提升农村社会保障水平。

三是在乡村文化事业方面。公共文化场所和设施缺乏,文化产品供给不足、文化服务体系缺失,乡村传统文化保护与传承不足,文化资源的开发利用不够,不能很好地满足农民日益增长的精神文化需求。《意见》明确提出"健

全城乡公共文化服务体系",引导居民参与公共文化服务项目规划、建设、管理和监督,推动服务项目与居民需求有效对接,支持乡村民间文化团体开展符合乡村特点的文化活动,划定乡村建设的历史文化保护线,为推动乡村文化振兴奠定基础。

4. 建立健全有利于城乡基础设施一体化发展的体制机制,破解乡村基础设施短板问题

一是在基础设施建设方面,对基础设施建设投入的统筹不够,公益性项目政府投入不足(如西部农村地区由于地下水位高、路基差,农村公路每千米建设费达 70 万元,按照每千米 20 万元补助标准,今明两年农村公路建设资金缺口超 10 亿元),经营性项目社会参与的积极性不高,道路、绿化、亮化、供水、排水、电力、通信等生产生活配套设施不够完善、建设标准低,城乡基础设施建设存在较大差距。《意见》明确提出"健全城乡基础设施一体化建设机制",健全分级分类投入机制,对乡村道路、水利、渡口、公交和邮政等公益性强、经济性差的设施,建设投入以政府为主;对乡村供水、垃圾污水处理和农贸市场等有一定经济收益的设施,政府加大投入力度,积极引入社会资本,并引导农民投入;对乡村供电、电信和物流等经营性为主的设施,建设投入以企业为主。将乡村基础设施建设划分为公益性、准公益性、经营性三大类,明确了项目的投入机制和投入主体,为加快补齐乡村基础设施短板指明了方向。

二是在农村基础设施建设方面。长期以来,乡村公共基础设施"重建设、轻管护"现象普遍存在,管护意识不强,管理机制缺失,后续管护经费保障缺乏和管护成本高并存,建管分离带来责任主体不明确、人员不稳定,社会资本和农民参与度不高,无人管理、无钱管理、粗放管理等问题突出。《意见》明确提出"建立城乡基础设施一体化管护机制",合理确定城乡基础设施统一管护运行模式,将城乡道路等公益性设施的管护和运行投入纳入一般公共财政预算;明确由乡村基础设施产权所有者建立管护制度,落实管护责任,推动农村公共基础设施管护制度化、规范化、常态化。通过政府购买服务、推进建设运营事业单位改革等,加快乡村基础设施管护市场化、专业化进程,不断提升管护效率。

四、坚持农村金融改革方向,健全金融服务体系

农村金融要紧紧围绕党的十九大关于实施乡村振兴战略的总体部署,坚

持以市场化运作为导向、以机构改革为动力、以政策扶持为引导、以防控风险为底线,聚焦重点领域,深化改革创新,建立完善金融服务乡村振兴的市场体系、组织体系、产品体系,促进农村金融资源回流。

(一)对标实施乡村振兴战略的三个阶段性目标,明确相应阶段内金融服务乡村振兴的目标

农村金融机构要认真贯彻执行国家宏观金融政策,积极践行农村金融改革发展实践,坚持服务"三农"的定位不动摇,聚焦乡村振兴目标,围绕产业兴旺,推动农村一二三产业融合发展,加快金融改革,加大对农村经济发展的投入力度,结合粮食收储制度及价格形成机制的市场化改革,支持中国农业发展银行做好政策性粮食收储工作,探索支持多元市场主体进行市场化粮食收购的有效模式;推动建立多层次、广覆盖、可持续、适度竞争、有序创新、风险可控的现代农村金融体系,最终实现城乡金融资源配置合理有序和城乡金融服务均等化。

(二)明确开发性、政策性金融机构服务"三农"的职责,为乡村振兴提供中长期信贷支持

1. 建立开发金融合作机制

省级人民政府要建立乡村振兴发展的规划,稳步推进乡村振兴战略的实施,建立国家开发银行支持乡村振兴发展的协调机制。

各级人民政府要科学规划、稳步推进,提高乡村振兴发展进程的透明度,引导国家开发银行对乡村振兴项目的支持,协调好国家开发银行省级分行与县域农村金融机构在乡村振兴项目的合作,做好乡村振兴项目的考察、立项、投资和项目后续管理的工作,提高政策性金融机构资金的利用质效。

2. 国家开发银行要履行乡村振兴的责任担当

国家开发银行要按照开发性金融机构的定位,积极投入到乡村振兴建设中去,充分利用服务国家战略、市场运作、保本微利的优势,明确项目支持的范围和要求,可选择一家县域农村金融机构作为战略合作单位,加强对项目的实施和管理,加大对乡村振兴的支持力度,培育农村经济增长动力。

3. 中国农业发展银行要主动融入乡村振兴建设

中国农业发展银行作为政策性银行,应坚持农业政策性银行职能定位,提高政治站位,坚持农业农村优先发展总方针,全力推进服务乡村振兴战略,在粮食安全、脱贫攻坚等重点领域和关键薄弱环节发挥主力和骨干作用。

(1)做好涉农项目的对接工作。面对日益激烈的竞争,尤其是在其他商业银行已占据市场主要份额的不利情况下,中国农业发展银行的县支行应从营销一些小项目开始,将融资与融智结合,充分利用省分行与省政府、省内央企、大型省属企业的契机,上下联动、及时跟进,做到"高层营销,基层服务"。根据客户的特点,因地制宜,因人而异地开展营销评估工作。以央属企业为例,他们融资的特点是流程长、耗时久、环节多,融资担保等各类大小事宜都要报总部审批,这个时候效率就变得尤为关键,此时,要做到多项同步:同步开展信用评级评定、同步推动项目资料收集初审、同步关注资本金到位、签字材料等取得,有效压缩办贷耗时,提高整体办贷效率。

(2)加强业务推广宣传。宣传是让客户了解中国农业发展银行的最有效途径之一。在前期的营销过程中,我们发现部分企业对中国农业发展银行还存在一定的认识误区,有的认为中国农业发展银行只做粮棉油购销储备业务,只需要和粮食部门对接等。因此,集中走访、递送宣传册、在区域开展中国农业发展银行项目对接推介会、举办联席会议等显得尤为重要。扩大宣传不仅针对客户,对政府也可以达到较好的效果。例如,政府了解中国农业发展银行政策优势、产品特征、融资模式后,能够化被动为主动,将政府目前实施的重点项目与中国农业发展银行的业务品种对应起来。

(3)探索农村金融服务创新。基层行是总行的触角,要时刻秉承"在现实中找问题、在实践中寻答案、在创新中求突破"的工作思路。面对稍纵即逝的营销机遇,面对紧张激烈的市场竞争,必须紧紧抓住创新这把金钥匙,增强创新意识和能力,在创新中求生存,在创新中求发展。民营经济是社会主义市场经济发展的重要成果,是推动我国发展不可或缺的力量,中央多次号召支持民营企业发展并走向更加广阔的舞台,一方面要发展国民经济,缓解就业难题,另一方面要活跃市场经济,增强市场活力。在这种新机遇、新挑战及新趋势下,中国农业发展银行积极响应国家号召,在信贷服务对象上积极创新,在探索的道路上攻坚前行。

(三)规范商业金融机构支持"三农"要求

国有商业银行要强化面向"三农"、服务城乡的战略定位,进一步改革完善"三农"金融事业部体制机制,确保县域贷款增速持续高于全行平均水平,积极实施互联网金融服务"三农"工程,着力提高农村金融服务覆盖面和信贷渗透率。中国邮政储蓄银行要注重发挥好网点网络优势、资金优势和丰富的小额贷款专营经验,坚持零售商业银行的战略定位,以小额贷款、零售金融服务为抓手,突出做好乡村振兴领域中农户、新型经营主体、中小企业、建档立卡贫困户等小微普惠领域的金融服务,完善"三农"金融事业部运行机制,加大对县域地区的信贷投放,逐步提高县域存贷比并保持在合理范围内。股份制商业银行和城市商业银行要结合自身职能定位和业务优势,突出重点支持领域,围绕提升基础金融服务覆盖面、推动城乡资金融通等乡村振兴的重要环节,积极创新金融产品和服务方式,打造综合化、特色化乡村振兴金融服务体系。

(四)完善农村中小金融机构支农激励措施

中国人民银行、银保监会、财政部要加大对农村中小金融机构支农的激励措施,灵活运用货币政策、财政政策和金融监管方式,引导农村信用社、农村商业银行、村镇银行等金融机构坚持服务县域、支农支小的市场定位,保持县域农村金融机构法人地位和数量总体稳定。积极探索农村信用社省联社改革路径,理顺农村信用社管理体制,明确并强化农村信用社的独立法人地位,完善公司治理机制,保障股东权利,提高县域农村金融机构经营的独立性和规范化水平,淡化农村信用社省联社在人事、财务、业务等方面的行政管理职能,突出专业化服务功能。村镇银行要强化支农支小战略定力,向乡镇延伸服务触角。县域法人金融机构资金投放使用应以涉农业务为主,不得片面追求高收益。要把防控涉农贷款风险放在更加重要的位置,提高风险管控能力。积极发挥小额贷款公司等其他机构服务乡村振兴的有益补充作用。

(五)建立健全金融支持乡村振兴考核激励机制

为落实好中央2020年农村工作会议和中央一号文件工作部署,进一步改进和完善农村金融服务,全面提升金融服务乡村振兴能力和水平,中国人民银行在开展涉农信贷政策导向效果评估的基础上,结合乡村振兴战略的新要求,会同银保监会研究制定了《金融机构服务乡村振兴考核评估办法》,依据金融服务乡村振兴有关政策规定对银行业金融机构服务乡村振兴工作成效进行综合评估,并依据评估结果对金融机构实行激励约束。

1.建立金融机构服务乡村振兴考核评估

根据乡村振兴战略目标,加强乡村振兴领域贷款监测,在完善新型农业经营主体认定标准的基础上,探索建立家庭农场、农民合作社等新型农业经营主体贷款统计,及时动态跟踪金融机构服务乡村振兴的工作进展。建立金融机构服务乡村振兴考核评估制度,从定性指标和定量指标两大方面对金融机构进行评估。

2. 建立考核评价机制

中国人民银行、银保监会要尽快出台服务乡村振兴的考核办法,将金融机构服务乡村振兴考核评估指标设定分为定量和定性两类,其中,定量指标权重70%,定性指标权重30%。而评估定量指标包括贷款总量、贷款结构、贷款比重、金融服务和资产质量五类;定性指标包括政策实施、制度建设、金融创新、金融环境、外部评价五类,也可根据实际情况另设加分项、扣分项。地方各级人民政府应会同人民银行和银保监会的分支机构根据当地经济发展的实际情况制定实施细则,进一步明确考核方法和实施意见以及考核结果的运用。

3. 强化金融机构服务乡村振兴考核结果的运用

中国人民银行县支行要会同地方金融监管局、财政局、农村农业局等部门,加强对农村金融服务乡村振兴工作的评估。定期通报评估结果的综合运用,农村金融机构的考核评估结果应作为中国人民银行和银保监会开展以下工作时的重要参考依据:包括相关货币政策工具运用、银行间市场业务准入管理、在银行间债券市场开展金融产品创新试点、对金融机构的综合评价和监管评级工作、对金融机构开展现场评估和现场检查工作、审批金融机构设立分支机构、调整业务范围和增加业务品种、建议对金融机构涉农贷款实施风险补偿和差别化监管等。

4. 推进落实和经验宣传

地方各级人民政府、中国人民银行分支机构、银保监会分支机构要会同地方金融办、财政、农业农村等部门,按照考核办法细化辖区服务乡村振兴的目标任务和部门分工,扎实推进各项工作举措落地见效。鼓励具备条件的地区,加大农村金融改革力度,依照程序建设金融服务乡村振兴试验区,开展先行先试,加强典型经验宣传推广,确保政策惠及乡村振兴重点领域。

五、建立健全金融服务乡村振兴的制度保障体系

地方政府要认真落实乡村振兴的目标任务,结合地方农村经济发展的实际制定政策措施、保障机制以及发挥财政、金融支持实施乡村振兴战略的指导思想、基本原则、主要目标、政策措施和保障机制等内容,推动乡村振兴战略工程不断深入。

(一)完善农村金融财政奖补政策

主要是综合运用县域金融机构涉农贷款增量奖励和新型农村金融机构定向费用补贴,对符合条件的农村基础金融、物权增信、信用信息和产权交易市场"三支柱一市场"建设、新设农村金融机构,在乡(镇)及以下设立营业网点的银行保险金融机构和在资本市场上市、挂牌融资的涉农企业等给予经费补助等政策;建立健全涉农贷款风险财政补偿机制,主要是稳步扩大"小额农贷"政策实施范围和探索涉农贷款财政风险补偿机制,支持省农业信贷担保公司加强农业信贷担保产品和业务模式创新,包括在单户业务担保额加大突破力度;扩大在保贷款余额和在保项目数量,对新型农业经营主体执行优惠费率标准和贴息等;落实农村金融机构向农户、小微企业及个体工商户发放小额贷款取得的利息收入免征增值税政策,更好地发挥县域金融机构涉农贷款增量奖励等政策的激励作用。

(二)发挥货币政策的激励作用

中国人民银行分支机构要发挥好差别化存款准备金工具的正向激励作用,引导金融机构加强对乡村振兴的金融支持,加大再贷款、再贴现支持力度。根据乡村振兴金融需求合理确定再贷款的期限、额度和发放时间,提高资金使用效率。加强再贷款台账管理和效果评估,确保支农再贷款资金全部用于发放涉农贷款,再贷款优惠利率政策有效传导至涉农经济实体。

(三)实现差异化监管指标体系

中国银保监会的分支机构适当放宽"三农"专项金融债券的发行条件,取消"最近两年涉农贷款年度增速高于全部贷款平均增速或增量高于上年同期水平"的要求。适度提高涉农贷款不良容忍度,涉农贷款不良率高出自身各项贷款不良率年度目标 2 个百分点(含)以内的,可不作为银行业金融机构内部考核评价的扣分因素。

(四)推动完善农村金融改革试点相关法律和规章制度

配合乡村振兴相关法律法规的研究制定,研究推动农村金融立法工作,强化农村金融法律保障。结合农村承包土地的经营权和农民住房财产权抵押贷款试点经验,推动修改完善农村土地承包法等法律法规,使农村承包土地的经营权和农民住房财产权抵押贷款业务有法可依。

(五)加强财政对农业保险的支持力度

通过财政保费补贴政策持续推动农业保险业务"扩面、提标、增品",引导和鼓励农业保险经办机构加大农业保险开发力度,推动实施农业大灾保险试点,逐步扩大特色农产品保险试点。

(六)强化政府产业投资引导基金作用

对投入到乡村振兴领域项目的子基金,省产业投资引导基金加大现有奖励幅度,鼓励和支持各类股权投资基金公司拓展本省涉农领域项目。

(七)规范推动涉农PPP和政府购买服务

主要是支持推进农业农村领域中垃圾、污水、供水等有一定收益的项目开展PPP和政府购买服务,更有效地利用社会资本。

六、加强农村金融生态治理,为金融创新提供发展环境

农村金融生态环境是农村金融业生存发展的外部环境,主要包括宏观经济环境、法治环境、信用环境和市场环境等。良好的农村金融生态环境会促进农村金融体系功能充分发挥,从而促进农村经济的发展。

(一)加强社会信用体系建设

社会信用体系是一个庞大的系统工程,在政府牵头下,需要多方配合,联动协作,方可完成。

一是要建立健全农村信用征信体系,进一步完善中国人民银行关于企业、个人信贷征信系统,推动部门沟通协作、机构联动,努力扩大企业和个人非信贷信用信息入库面,并积极抓好行政部门、司法部门、金融部门的社会公共信用信息系统建设,实现互联互通,提高信息的开放共享程度,使社会信息数据真正成为行政管理和各经济社会主体进行经营活动的重要参考依据。

二是要建立完备会计信息披露制度,按照《中华人民共和国会计法》和会计准则,规范企业会计行为,打击数字造假、账务造假等造假行为,确保企业财务核算、会计报表的真实性;同时,要着力提升会计师事务所、审计师事务所等中介机构审计报告和评估结果的公信力和可信度。

三是构建诚信激励和失信惩戒机制。政府要建立有效的联动协调机制,形成一个整体协调的信用监管平台,加强对诚信行为激励和失信行为的法律

约束,坚决打击信用缺失、赖账不还、破坏市场经济规律的不良行为,并借助媒体公开信息,对失信行为特别是恶意逃废债行为进行道德和法律惩戒,对守信企业进行褒奖。

四是要加快农村信用工程建设步伐,整村推进信用户、信用村建设,不遗余力地扩大信用覆盖面,在扶贫政策、信贷政策、普惠政策等方面予以倾斜,促进整体农村金融生态环境的建设。

(二)加强信用文化建设

文化是一个社会的灵魂,信用文化是社会主义市场经济体系建设的灵魂。创造一个良好的金融信用环境,必须靠优秀的信用文化来引领,有商品交易就存在信用关系,信用关系表现为以偿还为条件的商品或货币让渡形式,社会信用是金融业得以健康发展的基石,社会信用环境的好坏,直接关系到经济发展的质量和老百姓的获得感。

一是加强金融信用知识宣传。金融信用知识的普及和强化是改善金融环境的基础,充分利用广播、电视、报刊、网络和讲座等形式,深入广泛地宣传金融信用知识,培养全社会的金融意识和信用意识。集中开展"宣传周""宣传月"活动,制作户外标语广告,发放宣传资料,集中设点咨询,促使社会各界关心金融、重视金融、理解金融,更加遵循金融运行规律。

二是开展"信用工程"创建活动。地方政府和中国人民银行加快农村信用工程建设步伐,整村推进信用户、信用村建设,不遗余力地扩大信用覆盖面,在扶贫政策、信贷政策、普惠政策等方面予以倾斜,促进整体农村金融生态环境的建设。

三是树立"诚信"典范。既要从正面深入报道"诚信企业""诚信地县"典型事例,宣传金融生态建设所取得的成效,也要对信用缺失的"黑名单"予以曝光,向社会公开惩戒结果,通过宣传舆论压力,增强社会各界对金融生态环境建设的责任感和自觉性。

(三)加大金融诉讼案件的执法力度

加强针对农村经济金融建设特殊需要的立法工作和司法、执法力度,加大对失信行为的打击力度。司法部门应从维护法律威严、改善地区投资环境、保障经济发展大局出发,进一步强化司法公正,提高执法效率,加大对失信行为的打击力度,特别是要提高案件执结率,切实增强法律的威慑力,夯实农村金融生态环境建设的制度基础。

一是人民法院要加强金融案件审判工作,充分发挥司法审判作用,提高审判、执行工作的质量和效率,维护正常的社会信用秩序。在受理金融诉讼案件时,要积极推广简易诉讼程序,提高诉讼效率,要加大执法力度,切实提高金融债权的执行回收率。

二是建立对逃废金融债务的惩戒制度。由银监部门牵头制定逃废债务"黑名单"的认定办法和惩戒程序,建立金融机构"黑名单"同业共享信息库和逃废债同业联合制裁制度;工商部门要充分运用登记、年检等手段积极支持金融机构维护金融债权,整顿规范金融市场秩序;政法部门要牵头制定对恶意逃废债企业的限制措施,并对逃废债企业及其法人代表在媒体上公开曝光,依法打击财产转移行为,有效维护金融债权。

三是依法打击各类非法金融机构和非法金融活动。由中国人民银行牵头,各金融机构参与,公、检、法等部门密切配合,建立打击非法金融活动工作机制,有关部门要积极配合公安机关对非法金融机构的调查取证工作,及时发现并截断违法犯罪活动赖以生存的资金链条,防止其扩大和蔓延,维护正常的社会经济金融秩序。

第七章　农村金融风险的防范与化解

党的十八大以来,习近平同志高度重视金融工作,就防范化解金融风险提出了一系列新观点、新论断、新要求,把金融安全上升到国家安全的高度,明确防控金融风险是打赢三大攻坚战的重中之重。这一系列重要思想和观点是习近平新时代中国特色社会主义思想在金融领域的具体体现和根本要求,是做好新时代农村金融工作的根本遵循和行动指南。农村金融机构要提高政治站位,积极贯彻落实党中央、国务院关于金融改革发展的决策部署,深化农村金融体制改革,规范农村金融市场,建立和完善适应农村经济发展的现代农村金融体系,在乡村振兴建设中践行初心使命,在服务农村经济发展中防范和化解农村金融风险。

一、农村金融风险的表现形式

我国经济进入了高质量发展阶段,在经济发展换挡调整期间,农村金融机构不良贷款的增幅明显上升,农村法人机构的历史包袱较重、经营管理落后、风险控制能力薄弱的问题尤为突出,化解农村金融风险,提高农村金融法人机构的经营水平是农村金融机构亟待研究解决的课题。

(一)农村金融经营风险的表现形式

银行风险是指银行在经营过程中,由于各种不确定因素的影响,其资产和预期收益蒙受损失的可能性。银行风险的特点突出表现在三个方面:①属于高负债经营;②银行的经营对象是货币,且具有特殊的信用创造功能;③银行是市场经济的中枢,其风险的外部负效应巨大。银行风险主要包括信用风险、市场风险、操作风险、流动性风险、汇率风险、声誉风险、法律风险、战略风险八大类。而农村金融经营对象、经营方式与其他金融机构有所不同,它所面临的风险主要表现在以下八方面。

1. 信用风险

信用风险又称违约风险,是指债务人或交易对象未能履行合同所规定的义务或信用质量发生变化,从而给银行带来损失的可能性。对大多数银行来说,信用风险几乎存在于银行的所有业务中。信用风险是银行最为复杂的风险种类,也是银行面临的最主要风险。

2. 市场风险

市场风险是指因市场价格(包括利率、汇率、股票价格和商品价格)的不利变动而使银行表内和表外业务发生损失的风险。市场风险包括利率风险、汇率风险、股票价格风险和商品价格风险四大类。

3. 操作风险

操作风险是指由不完善或有问题的内部程序、人员及系统或外部事件所造成损失的风险。操作风险可以分为人员素质、操作流程、系统缺陷和外部事件所引发的四类风险,主要有七种表现形式:内部欺诈,外部欺诈,聘用员工做法和工作场所安全性有问题,客户、产品及业务做法有问题,实物资产损坏,业务中断和系统失灵,执行、交割及流程管理不完善。操作风险存在于银行业务和管理的各个方面,并且具有可转化性,即可以转化为市场风险、信用风险等其他风险。

4. 流动性风险

流动性风险是指无法在不增加成本或资产价值不发生损失的条件下及时满足客户的流动性需求,从而使银行遭受损失的可能性。流动性风险包括资产流动性风险和负债流动性风险。资产流动性风险是指资产到期不能如期足额收回,不能满足到期负债的偿还和新的合理贷款及其他融资需要,从而给银行带来损失的可能性。负债流动性风险是指银行过去筹集的资金特别是存款资金由于内外因素的变化而发生不规则波动,受到冲击并引发相关损失的可能性。

5. 汇率风险

汇率风险又称外汇风险或外汇暴露,是指一定时期的国际经济交易当中,以外币计价的资产(或债权)与负债(或债务),由于汇率的波动而引起其价值涨跌的可能性。对外币资产或负债所有者来说,外汇风险可能产生两个不确定的结果:遭受损失和获得收益。风险的承担者包括政府、企业、银行、个人及其他部门,他们面临的是汇率波动的风险。根据外汇风险的作用对象和表现形式,目前学术界一般把外汇风险分为交易风险、折算风险和经济风险三种。

6. 声誉风险

声誉风险是指由于意外事件、银行的政策调整、市场表现或日常经营活动所产生的负面结果,可能对银行的无形资产造成损失的风险。

7. 法律风险

法律风险是指银行在日常经营活动中,因为无法满足或违反相关的商业准则和法律要求,导致不能履行合同、发生争议(诉讼)或其他法律纠纷,而可能给银行造成经济损失的风险。

8. 战略风险

战略风险是指银行在追求短期商业目的和长期发展目标的系统化管理过程中,不适当的未来发展规划和战略决策可能威胁银行未来发展的潜在风险。主要来自四个方面:银行战略目标的整体兼容性;为实现这些目标而制定的经营战略;为这些目标而动用的资源;战略实施过程的质量。

(二)农村金融风险的新特点

农村金融机构为了达到监管指标的要求,在经营的过程中掩盖不良行为的做法,违规办理信贷业务,也为农村金融的健康发展埋下了隐患,因此,农村金融机构要高度关注以下几方面的风险。

1. 贷款垒大户,潜伏巨大的资产风险

市场经济发展到新阶段,许多金融机构特别是地方区域性银行都以大企业、大项目为主要信贷服务对象,贷款投向过于集中,单户贷款比例、最大十户贷款比例都严重超过规定标准。

2. 续贷风险

对企业来说,在还贷期限已到而生产经营等资金尚未回笼的情况下,有的从其他银行贷款,有的从融资公司高利息借款,东拼西凑把资金以"旅行"的方式汇总,然后再贷,可以暂时缓解企业的资金难题。对银行来说,可以借此掩饰不良贷款上升。这种资金"旅行"埋下了银行信贷资金的风险:一是利用续贷掩饰不良贷款上升,造成不良贷款数据失真、失实;二是拖延续贷时间,制造"操作"空间,部分银行机构工作人员在续贷中有意制造"续贷间隙",以信贷额度偏紧、上级行审批慢为借口,延缓上报续贷申请,加大了企业续贷成本支出。

3. 倒贷风险

受经济下行影响,部分小微企业经营出现困难,出现了"倒贷"现象。"倒贷"是续贷的延伸,在一些地方,由于地方政府的介入,使倒贷问题变得更加复杂。对银行来说,倒贷风险无处不在,如倒贷过程容易出现企业诈贷行为,由于政府倒贷池资金的风险管控经验有限,虽对企业准入进行了限制,但防范和识别风险的手段远不及商业银行。一些企业因为经营不善很容易铤而走险,再通过种种渠道获取倒贷池资金归还欠款,但在商业银行贷出资金后,不用于归还资金池,而是改变资金用途,或者干脆将资金转移,或者选择跑路。还有就是通过倒贷办理贷款的企业突然宣布倒闭,按照企业破产债务追偿顺序,贷出资金很难全额偿还。这两种现象都将给倒贷资金带来巨大的风险。

4. 关联企业担保风险

在经济下行期,企业资金普遍趋紧,容易导致资金链的断裂,企业间的互保或联保风险传递可能性增大,若处理不善甚至会引发区域性金融风险。目前一些担保圈内企业多为关联企业互保,由于担保圈内经营行业高度相似,或者是行业内上下游企业,群内互保的担保方式在抵御系统性风险时较为脆弱,一旦发生行业性危机,作为第二还款来源的担保效能大幅降低,整个链条的偿付能力都将大大削弱,可能会出现大面积不良贷款。

5. 高利贷风险

高利贷风险是当前小微企业面对的主要风险,一些地方涉足高利贷的小微企业达六成以上,如中西部地区六成小微企业生存多靠高利贷。小微企业涉足高利贷,不仅对自身造成巨大的风险,也把风险传递到商业银行身上,主要体现在两个方面:一是企业把获得的银行贷款用于放高利贷。央行鼓励金融机构提高配置到"三农"和小微企业等需要支持领域的贷款比例,但部分小微企业管理松散,存在企业高管把企业获得的银行贷款用于其他用途的现象。比如,企业在拿到银行贷款后与房地产商协议借贷,企业将银行贷款转手贷给房地产开发商,获取高额利息。二是企业参与民间借贷。由于企业与银行之间存在信息不对称,以及民间借贷具有较强的隐蔽性,导致商业银行识别信贷客户是否参与民间借贷一直难度较大。小微企业涉足高利贷,直接推高信贷风险,一旦资金链出现断裂,就会蔓延到银行,贷出去的资金很难收回,造成极大的资金风险。

6. 产品创新风险

农村金融机构受互联网金融的冲击,出于市场竞争的需要,一些农村商业银行热衷于信贷产品创新,各种产品花样百出,但由于产品推出后的事中监测、分析、评价很少受到关注,更多的是自生自灭。一些商业银行,本身存在高端人才缺乏,技术能力薄弱,研发产品缺乏可行性分析等问题,基本上是"拿来主义",不结合自身实际。还有一些金融产品,设计上存在很大风险漏洞,流程上风险管控能力不足,直接给信贷资金造成很大风险。

二、农村金融风险产生的原因分析

随着我国农业产业升级和产业结构调整步伐加快,农村区域内产业资产质量、营利能力等略有变化,金融稳定状况受到影响,行业性、地区性的风险时有发生,不良贷款新增势头猛烈,风险防范任务依旧严峻,给农村金融机构的发展带来前所未有的挑战和压力。

(一)风险管理意识淡薄

1. 受农村金融机构产权、管理归属问题影响,风险管理架构不够完善

农村金融机构始终没有建成一套行之有效的信贷风险管理体系,虽然多数农村中小金融机构已成立了风险管理委员会,但因工作机制不完善,委员的专业素质和参与意识不强,导致风险管理委员会履职能力有限,难以形成对风险的全貌认识,对风险的全面、全程控制严重缺失。

2. 信贷风险管理制度落后,缺乏有效的科学论证和调查研究

风险管理部门在市场风险、利率风险、战略风险等关口把控严重不足,仅停留在信贷资产分类、资产保全处置、授信审查审批层面,受自身风险管理能力影响,对信贷投放不能实现全面风险评估,尤其在贷前调查中缺乏科学有效的风险评估手段,致使风险把控不准确,为后续信贷管理带来负面影响。

3. 资本充足率偏低

在银行实际运营过程中,资本充足率不仅可以有效化解和吸收一定程度上的运营风险,提升其风险抵御能力,同时对有效促进银行等金融机构长期运营和建设发展都具有十分积极的促进作用。部分农村商业银行由于具有资本充足率偏低的缺陷,在实际运营过程中,在正常的规模扩张与资本限制

之间出现了一些矛盾,从而使得农村商业银行的营利职能依靠银行信贷规模的不断扩张进行展开,而信贷规模的持续扩张又会导致银行融资需求的持续增加。如此循环往复,从而最终造成了农村商业银行经营发展过程中"高扩张、高消耗"的不良经营模式和业务结构,对农村商业银行的长期稳定发展将造成一定程度上的不良影响和安全隐患,也会造成一定的社会资源浪费。

4. 缺乏有效的内控制度,潜伏着案件风险

一是监督机构不健全。特别是对高管人员的权力缺乏有效监督,金融机构稽核审计人员都是在领导班子成员甚至一把手的直接领导下开展工作,未能很好地行使监督权,使行、社领导的管理行为难以得到约束和规范。城乡农村信用社虽然都设立了"社员代表大会""理事会""监事会",但均没有发挥应有作用,再加上裙带关系的原因,对一些违纪违章行为往往查而不处,甚至视而不见,长此下去,留下严重的案件隐患。二是目标任务分配考核不合理。在有存款业务的金融机构中,存款任务都是作为硬指标分配,而且在考核中占有很大的分值,部分金融机构为了完成任务指标,默许辖内机构进行违规经营,留下后遗症。三是日常管理制度不健全。在日常工作中对重要工作环节、重要工作岗位缺乏有效的制度约束和监控,如信息备份,电脑操作人员的密码更换,临柜人员的交接,以及出入库、查库等经常出现漏洞,给犯罪分子可乘之机,员工内部作案也轻而易举,潜伏着随时发案的危险。

(二)市场风险监测机制缺失

农村金融机构缺乏市场风险监测机制和专业监测队伍,市场信息不畅,对于市场的预判仅仅通过官方媒体、企业调研获悉,但政府和企业披露信息往往是滞后的。近年来,市场环境巨变,农村金融机构受制于县域经济发展和自身市场预判水平,对市场环境不敏感,缺乏专业的市场环境监测调研人员,无法在市场发生变化前对风险做出准确的预判,提前有序撤出风险市场或做好风险应对准备,市场风险监测始终停留在事后风险监测层面。对市场环境变化掌控不准确导致信贷决策偏颇,受市场环境影响贷款大面积发生不良,信贷风险持续高涨。

(三)客户经理队伍综合素质不高

(1)农村金融机构客户经理队伍年龄普遍偏大,大部分客户经理业务知识、风险意识的培养主要通过老一辈身传口授,很少有接受系统的理论学习的机会,业务能力参差不齐,防范风险意识普遍较弱,观念落后,对日新月异

的金融市场适应能力不强。

（2）农村金融机构近年通过社会公开招聘，补充了大量新鲜血液，加之科技水平不断提升，柜台业务大量被替代，部分青年员工走上了客户经理岗位，从事信贷业务，由于其经验不足，缺乏与农户、个体工商户打交道的经验，对信贷风险掌控不准确，在信贷源头上没有实现对风险的有效把控。

（3）农村商业银行的经营管理是一项具有专业性技术特点的金融管理工作，对相关从业人员的职业素质和专业技能都有一定层次的要求，但由于农村商业银行的发展现状及所在乡镇环境大都不具备吸引综合性高素质人才的特点，因此对农村商业银行在运营风险的认识及规避防范工作展开方面都造成了一定困难。

（4）潜藏着道德风险。当前，金融系统中个别干部职工思想中的拜金主义、享乐主义抬头，极端个人主义膨胀；责任心、全局观念、法律纪律观念淡薄，有的以权谋私甚至贪污挪用公款、受贿行贿，走上犯罪道路，其根本原因在于素质问题，金融业是一个政策性、廉洁性、信用性、纪律性很强的行业，员工如果没有职业道德，缺乏自律或法治纪律观念，没有高度的责任心，道德风险容易因而产生。

（5）违规经营，潜藏着法律风险。少部分金融机构的高级管理人员，不是在如何强化经营管理上做文章，而是在经营决策时过多考虑眼前利益，为完成各项经营指标，不惜以违反国家法律法规为代价，进行违法违规经营活动，严重影响了金融秩序的稳定，其中尤以高息揽存和违规放贷最为突出，不仅损害了国家利益，引起经营成本增高和不正当竞争，还会因为经营行为得不到法律保障而引起法律风险。

（四）信贷风险管理手段落后

（1）农村金融机构起步于农村，资金实力较弱，加之主要为县域法人单位，缺乏强大的科技支撑，信贷管理始终处于经验管理阶段，与现代商业银行对风险的精细化管理要求差距较大，其人力和技术水平不足以运用数理统计工具、数学模型等计算客户违约率、违约损失等，对客户信贷风险无法做出准确的评估。

（2）信用评级技术不成熟，对于信贷政策的制定、信贷决策、经济资本配置、利率定价、绩效考核等方面的作用不明显，大多数农村金融机构科技建设主要依靠省联社，信息系统建设滞后，没有形成一套成熟、适合自身业务发展的信息管理系统,风险管理模式落后。

(五)风险识别能力有限

(1)大多数农村金融机构的风险管理部门业务重点是大额贷款贷前投放审查、不良清收、资产保全和信贷系统风险预警,对潜在的深层次风险识别能力有限,如对资产质量、资金营运、财务指标以及危及金融机构生存的金融风险关注不够。

(2)多数农村金融机构在决策上虽然实行"审贷分离"制度,但仅限于下一级的纸质资料,未能深入客户了解其经营情况,信贷风险度和交易风险管理监控手段严重缺失,不能做到有效的风险预警管理。

(3)对已识别和发现的风险不能准确评估和有效控制,即使识别后进入补救和制止阶段,也只是资料和手续上的完善,潜在的风险在短时间内无法消除。

(4)多数农村金融机构风险监控手段单一,措施运用不适当,效果不明显,作用发挥不充分。如对集团客户风险和关联企业风险监控手段简单,因关联关系复杂、多头授信,使农村金融机构因无法获得全面准确的信息,无法准确评估风险程度,一旦风险暴露,将面临巨额损失。

(六)缺乏有效的风险管理机制

风险管理机制是农村商业银行在正常运营过程中,在对其可能遇到的各类风险进行有效识别、评估的基础上,通过各类风险管理规避优化技术,对农村商业银行在正常运营过程中可能遇到的各类风险问题进行妥善的安排和处理,从而最终达到增强农村商业银行安全运营保障,降低运营成本的综合目的,因而具有预防风险、规避风险、转移风险、自留风险等多个方面的特点。

然而,就目前普遍情况来看,在农村商业银行的建设和发展过程中,长期缺乏有效风险管理机制的现象仍较为严重,这样的现状不仅对农村商业银行的长期稳定发展造成一定程度上的阻碍影响,也对农村商业银行在正常运行过程中的安全性和稳定性产生了一定的隐患,对新时期背景下农村商业银行业务的多元化、国际化、法治化发展,具有十分不利的负面影响。

三、农村金融风险管理的目标和要求

农村金融机构务必要认识到风险管理机制建设的重要性和战略意义,切实依照《农村中小金融机构风险管理机制建设指引》的要求,把思想和行动统一到防范系统性金融风险的总体部署和要求上来,进一步增强建立风险管理长效机制的责任感和紧迫感,提高贯彻实施全面风险管理的自觉性和主动性,精心组织,周密安排,确保实现经营机制的转换,从根本上提高经营管理水平。

(一)风险管理的目标

1. 风险管理全面化

风险管理的范围要囊括农村金融机构体系内部各个层次的业务单位、各个风险类别,要对农村金融机构经营面临的所有风险进行系统化管理,消灭风险管理领域的死角。具体来说,要将公司客户、零售客户、结算产品、资金交易产品等不同产品承接的信用风险、市场风险、操作风险等全部风险都纳入管理的范围。将承担这些风险的各个业务单位纳入统一管理的体系中,对各类风险根据统一化的标准进行度量和汇总,依据高级管理层对风险的容忍程度进行控制和管理。

2. 风险管理全程化

农村金融机构业务的特点决定了任何业务在每个环节都可能存在风险点,以传统的授信业务为例,包括客户准入、贷前调查、贷中审查、贷后管理和保全清收等环节。如果在客户准入和贷前调查阶段,对客户信用审查不严,将会导致误将信用较差的客户作为授信对象授信,放大客户违约风险;如果在贷后管理阶段缺乏对客户的紧密跟踪,就可能错过清退客户的最佳时机,放大农村金融机构的损失。因此,农村金融机构的风险管理必须贯穿于业务发展的全过程,哪一个环节缺少风险管理都有可能造成损失,甚至导致整个业务活动的失败。

3. 风险管理全员化

风险管理不仅仅是风险管理部门的事,上到机构的高层,下到每一个岗位上的每个员工,在做每一笔业务的时候都会遇到各种类别的风险,如果不能形成全员的风险管理文化,不能形成防范风险的多道关卡,只依赖风险管理部门人员防范风险,风险管理的及时性和有效性就难以落到实处,因此,所有农村金融机构的工作人员都应该具有风险管理的意识和自觉性。

4. 风险管理全兴化

风险管理既是科学也是艺术,风险管理的科学性体现在风险管理的技术手段上,传统的风险管理方法越来越受到银行复杂金融环境的制约。随着IT技术的日新月异,企业股权结构和财务运作手段的多样化,不同国家和地区法律环境的差异等因素都对传统的风险管理方法提出了挑战。银行管理的风险从单一化走向多元化,从管理单一客户风险走向管理组合风险,从粗放式的资本管理走向精细化管理的趋势,而这些风险管理内容的转变无不借助于风险管理信息基础上的风险量化工具。

(二)风险管理的基本要求

1. 适应业务发展

按照农村金融改革发展的目标,农村金融机构将逐步从过去的经营目标多元化转向乡村振兴和股东价值最大化。而这一目标的实现必须依赖业务持续健康和稳定的发展,任何风险管理领域的改革都要围绕确保业务持续健康和稳定发展的目标展开,坚决防止不顾风险的盲目发展和不顾发展的零风险错误倾向。

2. 适应外部监管要求

外部监管是农村金融机构合规经营的外在力量,也是加强风险控制的内在要求,农村金融机构风险管理改革只有与外部监管要求相适应,通过不断提高内控水平,才能避免合规性风险,从而有机会在市场竞争中占领市场。

3. 适应业务流程再造

风险管理的流程必须适应业务发展流程的需要,这是由风险管理为实现经营目标的性质决定的,随着农村金融机构向股份合作制的转变,业务流程必须实现以客户为中心的管理模式的变革,未来农村金融机构要按照不断变化的客户要求组织业务品种,围绕营利中心进行业务流程的再造,相应的风险管理组织模式也要适应这一变化的要求,只有这样的风险管理服务才能与业务发展的形成有机互动,不至于成为阻碍业务发展的绊脚石。

4. 适应农村风险管理发展的趋势

从某种意义上说,一些发达国家银行今天的风险监管实践就是发展中国家银行明天努力的方向。多年来,西方发达国家银行的风险管理经历了从初步风险管理开始逐步到成熟全面风险管理的发展阶段,与国内股份制商业银行相比,农村金融机构的风险管理水平有不小的差距。因此,积极把握风险管理的发展趋势,发挥后发优势,创造性地建设具有农村金融机构特色的长效风险管理机制是改革发展必然坚持的方向。

四、全面风险管理框架设计

实施全面风险管理的意义在于其能够培育全员的风险管理文化、建立起完善的组织架构和严密的风险控制体系,及时识别、管理和有效化解风险。更为完善的全面风险管理体系不是一种可有可无的奢侈品,而是银行赖以生存和发展的必需品。全面风险管理框架的主要内容从国际先进商业银行的实践来看,是要建立和有效实施全面风险管理体系,应站在全系统的高度,以全局视点审视体系建设,不能仅就风险管理而单一论之,重在贯彻落实全面风险管理的内涵。

(一)建立全面风险管理平台

依据风险管理的要求,整合农村金融机构增强风险管理的标准,梳理业务及流程,建立系统透明的管理体系。通过风险的识别、计量、评价、监测、处置和控制,积累全面风险管理数据,实现对机构各类风险系统、连续、有效的控制。

1. 建立信用风险管理平台

以信用风险和操作风险管理为重点,通过机制创新,信息整合和业务流程改造,建立完善的风险管理平台,要使全体员工都具备风险管理意识,自觉进行风险识别防范和控制,营造全面风险管理文化和氛围。

(1)建立信用风险环境。一是制定信用风险战略和政策;二是高级管理层必须执行信用风险管理战略,制定识别、计量、监测、处置控制信用风险的政策和程序;三是建立新业务风险管理控制程序。

(2)在健全的授信程序下运营。一是在健全的授信下要了解借款人或交易对象的授信用途、还款来源、还款保证;二是要了解借款人交易对象,表内业务的各类风险;三是给关联公司的授信要特别监测,进行控制和化解风险。

(3)建立授信管理计量和监测程序。一是建立对包含各种信用风险的投资组合进行持续管理的体系;二是建立监测单个授信情况的体系,包括决定所提取的准备金;三是要使用内部风险评价系统来管理系统风险测试,再评估单个授信和授信组合时,应考虑经济形势可能发生的变化。

(4)充分控制系统风险。一是建立独立持续运行的信用风险管理评估系统;二是确定授信业务被控制在符合审慎监管原则和内部控制限额的范围内;三是强化内部控制措施,确保将不符合政策程序及限额的问题及时报告给适当级别的管理层;四是对质量恶化和有问题的授信建立及时补救的系统。

2. 建立市场风险管理平台

(1)市场风险管理的基本原则、流程及结构,主要包括管理层负责审批并定期(每年至少一次)审查市场风险战略、政策,并确保高级管理层采取必要的措施和有足够的资源监督和控制这些风险。

(2)市场风险的剂量。以敏感性指标衡量市场利率、汇率等市场价格的变化,以波动性指标衡量利率波动的大小。

(3)建立衡量和评价市场风险的信息系统。

3. 建立操作风险管理平台

(1)要制定操作风险战略。建立管理操作风险的基本框架结构,并确保高级管理层履行风险管理的职责。

(2)建立识别、衡量、监督与控制操作风险的管理系统。

(3)运用操作风险的监测控制系统,对与操作风险相关的战略政策程序和做法,直接或间接地进行定期独立评价。

4. 建立流动性风险管理平台

(1)要制定流动性风险战略。建立管理流动性风险的基本框架结构,并确定职能部门履行风险管理的职责。

(2)建立识别、计量、监测与控制流动性风险的管理系统。

(3)建立应急情况下的流动性风险管理应急处理系统。

(二)建立风险管理指标体系

根据中国银保监会《商业银行风险监管核心指标》,对信用风险、市场风险、操作风险和流动性风险建立指标体系,将商业银行风险监管指标分为三部分,即风险管理水平类指标、风险迁移类指标和风险抵补类指标。

1. 风险水平类指标

主要包括信用风险指标、市场风险指标、操作风险指标和流动性风险指标。

(1)信用风险监管指标包括不良贷款率不得高于5%;不良资产率不得高于5%;单一客户授信集中度不得高于10%;单一集团客户授信集中度不

得高于15%；全部关联度不得高于50%。

(2)市场风险类指标包括累计外汇敞口头寸比例和利率风险敏感度。累计外汇敞口头寸比例不得高于20%。

(3)操作风险主要指标包括交易量、员工水平、技能水平、客户满意度、市场变动、产品成熟度、地区数量、变动水平、产品复杂程度和自动化水平等。

(4)流动性风险监管指标包括流动性比例不得低于25%；流动性覆盖率不得低于100%；净稳定资金比例不得低于100%；优质流动性资产充足率不得低于100%；流动性匹配率不得低于100%。(根据银保监会2018年7月1日施行的《商业银行流动性风险管理办法》)

2．风险迁徙类指标

主要包括正常类贷款迁徙率不得高于0.5%；关注类贷款迁徙率不得高于1.5%；次级类贷款迁移率不得高于15%；可疑类贷款迁徙率不得高于40%。(为监测类指标，未明确规定监管标准)

3．风险抵补类指标

(1)营利能力指标包括成本收入比、资产收益率(资产利润率)和资本收益率(资本利润率)。成本收入比不得高于45%，资产收益率不得低于0.6%，资本收益率不得低于11%；成本收入比为营业费用加折旧与营业收入之比，不应高于45%；资产利润率为税后净利润与平均资产总额之比，不应低于0.6%；资本利润率为税后净利润与平均净资产之比，不应低于11%。

(2)准备金率程度指标包括信贷资产准备充足率和非信贷资产准备充足率。信贷资产准备充足率不得低于100%，非信贷资产资本充足率不得低于100%。

(3)资本充足程度指标包括核心资本充足率和资本充足率，核心资本充足率为核心资本与风险加权资产之比，不应低于7.5%；资本充足率为核心资本加附属资本与风险加权资产之比，不应低于10.5%。

(三)建立全面风险管理预警系统

根据农村金融机构公司治理结构的要求，按照决策系统、管理系统、执行系统、监督反馈系统相互制衡的原则，建立健全全面风险管理预警体系。通过识别、量化和分析分支机构所在不同地区和业务的风险，全面衡量分支机构风险承受能力。通过目前信贷管理台账系统数据移植及手工补录，建立全面风险管理信息数据库，按照风险指标考核系统，设置监测指标。

1. 信用风险管理预警系统

(1) 对宏观经济变量和走势的监测预警：一是国家宏观经济金融政策对信贷机构的影响；二是重大自然灾害或意外事件对贷款行业的影响。

(2) 对贷款投入地区的预警：一是地区资源、经济、信用环境情况；二是地区核销剥离贷款情况，不良贷款余额和占比；三是对一般企业的单一客户授信集中度最大10户，客户授信集中度及关联授信比例状况；四是不良贷款率在5%~10%之间的为轻度风险区，贷款不良率为10%~15%为中度风险区，15%以上的为高度风险区。

(3) 对贷款投入行业的监测预警：一是要考察各行业之间的相对不良贷款率；二是要考察行业不良贷款信贷增长率。

(4) 对融资品种的预警：一是流动资金贷款是否真正用于生产经营，不得用于项目建设和对外投资，注意贷款后的市场效益及偿债能力，注意贷款期内异常的重大经营决策和经营活动，新增贷款不良率不得高于2%。二是项目贷款。项目资金来源落实情况项目进展是否顺利，项目建成后的市场效益及偿债能力情况。三是住房开发贷款。资本金是否按照比例到位，售房款是否存入专户，贷款是否用于滚动开发，贷款是否被挪用。四是银行承兑汇票。是否按申请用途使用银行承兑汇票，是否按承兑协议要求存租兑付款项，承兑期内是否有异常的重大经营决策和经营活动，客户资金流向和销货款回行率，保证能力和质押物价值变化。五是承兑汇票贴现。承兑人支付能力下降是否有违约情况，是否有越权违规行为，票面要素是否齐全、有效，背书是否连续，签章是否规范。六是保函业务。有关交易进展情况：保函申请人是否按照合同协议约定供货，保函申请人担保期内经营活动、信用情况和财务状况的变化，担保期内是否发生贷款逾期、欠息和其他不良记录，反担保抵押物价值变化等。七是个人贷款。个人贷款中关注类贷款占比较年初的变化，个人贷款不良贷款占比较年初是否明显上升，借款人的信用情况、收入情况是否恶化，抵（质）押物管理情况、价值变化情况，保证人信用情况、收入情况是否恶化。

(5) 对借款人的预警监测。

1) 财务信号：资产负债率超过行业平均水平或较年初大幅度上升，应收账款占流动资产比例过高；对外股本权益性投资占净资本比重过高等。

2) 经营效益信号：销售收入较上年同期降幅较大，利润较上年同期减少多；经营活动，净现金流量减少；存货较年初较大增加；本行贷款归行率低等。

3)内部核算信号:一年以上账龄应收款占比高或大幅度上升,待摊费用占流动资产比重较大或大幅上升,无形资产占总资产比重较大或大幅上升,存货账实不符等。

4)担保信号:保证人没有保证资格、没有代偿贷款本息能力、信用等级下降或发生经营状况恶化的,抵(质)押物未依法办理抵押登记、被有关机关依法查收、抵质押物所有权发生争议,抵质押物变现能力下降等。

5)非财务信号:主要包括管理层矛盾大,内部组织机构不合理,财务制度不健全或发生重大变化,报表不真实或对外提供多套报表,对外扩张超过自身能力,受到税务工商或环保部门处罚,关联企业或主要股东发生重大变化等。

6)金融监管及同业部门的信号:被中国人民银行或其他金融机构列为不良客户,拖欠或逃废银行债务的不良行为,企业在本机构存款余额或占比下降等。

2. 市场风险管理预警系统

依据利率敏感性资产和利率敏感性缺口大小与方向等制定利率风险预警系统。

3. 操作风险管理预警系统

操作风险具有较强的突发性,应从人员制度、流程和系统四个方面进行预警。一是坚持以人为本,定期或不定期地对员工的职业道德、工作能力、业务素质、消费状况和人际关系等信号进行综合评价,判断发生操作风险的概率;二是监测违规操作、业务差错等行为发生的频率,判断发生操作风险的概率;三是按照风险点设计内部控制程序和岗位,完善各部门业务的操作流程;四是建立全覆盖的全系统业务的信息管理系统。

4. 流动性风险管理预警系统

建立权衡流动性需求、供给和储备的监测系统及应急处理机制,包括紧急情况下的判断标准依据和紧急融资渠道。

(四)建立风险管理组织体系

要坚持科学的风险管理理念,应在风险管理上使得管理模式既能有序运行又能灵活多变,既能横向和纵向联系又能使分权化与集群化有机结合,便于农村金融机构分支机构之间、各业务部门之间和各委员会之间相互协调和相互监督。

1. 全面风险管理委员会

全面风险管理委员会分为董事会（理事会）风险管理委员会和经营层风险管理委员会。董事会（理事会）风险管理委员会由董事会（理事会）按照公司章程规定设立的专门工作机构，对董事会（理事会）负责。经营层风险管理委员会是农村金融机构风险管理的决策机构，由行长（主任）、行（社）级领导，资产风险管理部、计划财务部、信贷管理部、公司业务部、国际业务部、资金营运部、内控合规部、人事部管理、信息部、会计财务部、个人金融业务部、消费信贷部、投资银行部和监察室负责人组成。由行长（主任）担任委员会的主任委员，主管风险管理的副行长（副主任）担任副主任委员，委员会下设办公室，办公室设在资产风险管理部，由风险管理部负责人兼任。

主要职责：负责贯彻落实董事会（理事会）对经营层的各项风险管理战略和政策，领导经营层风险管理工作，制定风险管理策略与目标；审议制定风险管理的工作规划与方案；审议制定全行（社）风险管理组织体系的架构与职能分工；审定全面风险管理准则流程、审议权衡风险限额及各专业部门的风险限额；审议所属专业机构委员会及部门提交的风险管理报告；研究制定风险管理激励约束机制和考评体系，评价所属专业委员会和各分支机构风险管理的状况，确定风险管理的阶段性工作、重点协调解决指导，检查和督促各分支机构风险管理工作。

2. 专业委员会

（1）信用风险管理委员会。信用风险管理委员会由主管信用风险的副行长（副主任）任主任委员，其他相关副行长（副主任）任副主任委员，信贷管理部、计划财务部、公司业务部、个人金融部、资产风险管理部、国际业务部、法律事务部、信贷部、投资银行部等部门负责人为组成人员，具体的工作由信贷管理部牵头，信贷部负责人为办公室主任。

主要职责：审议制定信用风险管理制度和策略、年度或季度工作目标与计划，定期向委员会提交信任风险报告；分析全行（社）信用业务的总体风险、策略风险、行业风险、区域风险、新增贷款风险、存量贷款风险、不良贷款风险状况及原因，提出包括调整授权、业务结构等在内的信用风险管理策略与政策措施，及时通报行业、地区或业务中出现的全局性、突发性重大问题和集团客户关联交易、大客户风险变动情况，分析风险成因，审议、制定控制和防范风险的政策措施；审批应由信任风险管理委员会审批的信任风险业务。

第七章　农村金融风险的防范与化解

(2)市场风险管理委员会。市场风险管理委员会由主管市场风险的副行长(副主任)任主任委员,其他相关副行长(副主任)任副主任委员,计划财务部、资金运营部、信贷管理部、公司业务部、资产风险管理部、会计结算部、国际业务部等部门负责人组成委员,具体工作由计划财务部负责人牵头,办公室设在计划财务部,由财务部负责人任办公室主任。

主要职责:审议制定市场风险管理的策略和制度,审议制定市场风险管理的年度或季度工作目标与计划;审议市场风险管理架构;审议市场风险的主要度量方法并确定各主要部门市场风险限额,定期向委员会提交市场风险报告,定期报告全行业务市场总体风险、市场策略风险、利率风险、汇率风险状况及成因,提出包括调整业务授权、业务结构等在内的策略与政策措施,研究预测利率风险、汇率风险变动的情况,制定风险防范的措施。

(3)操作风险管理委员会。操作风险管理委员会由主管操作风险的副行长(副主任)任主任委员,其他相关副行长(副主任)任副主任委员,内控合规部、计划财务部、个人金融部、资产风险管理部、会计结算部、国际业务部、法律事务部、信息科技部、监察室和人事部负责人组成委员会,具体工作由合规负责人牵头,办公室设在合规管理部。

主要职责:审议操作风险管理的策略与制度,审议制定操作风险管理的年度或季度工作目标与计划,定期向委员会提交操作风险报告;分析全行(社)操作风险总体状况、制度风险、道德风险、内部案件、信息科技风险、外部案件风险、管理程序风险、意外事件风险、集中风险状况及形成原因;重点分析操作风险管理成本,提出操作风险管理策略与政策措施,及时通报重大事件与风险管理情况,分析风险成因,制定风险防范措施。

(4)流动性风险管理委员会。流动性风险管理委员会由主管流动性风险管理的副行长(副主任)任主任委员,其他相关副行长任(副主任)副主任委员,资金运营部、管理信息部、计划财务部信、信贷管理部、资产风险管理部、国际业务部、负责人为组成人员,具体工作由资金运营部牵头,办公室主任由资金运营部负责。

主要职责:审议制定流动性风险管理的策略和制度,审议制定流动性风险管理的年度或季度工作目标与计划,定期向委员会提交流动性风险报告,分析全行流动性风险总体情况、分项情况及原因,制定相应措施,及时通报流动性风险的重大变动情况,分析成因,制定防范措施。

五、农村金融风险治理与防范

坚持底线思维、坚守风险底线,坚持标本兼治,强化源头治理,做好前瞻性调控和应急性管理,农村金融机构要增强防范化解金融风险责任感;强化源头治理,夯实防范化解金融风险根基;坚持问题导向,找准风险防控的关键点与着力点,守住不发生系统性、区域性金融风险的底线。

(一)农村金融机构信用风险防控

新常态下,我国经济增速换挡,结构调整加快,部分企业生产经营困难,导致银行业资产质量不断下滑,风险防控形势严峻复杂。如何在新常态下防范和化解好信用风险,是农村金融机构面临的共同挑战和考验。新形势下必须坚持标本兼治、严实结合,既要从源头上防控好风险,又要化解好存量风险,还要处理好商业化运作与履行社会责任之间的关系,才能在适应和服务经济新常态的过程中取得可持续竞争优势。

1. 坚持治本要实,强化全流程信用风险管理

新常态下,农村金融机构信用风险管理必须回归本源,在做实全流程信用风险管理上下足功夫。

一是做实贷款"三查"。贷前调查、贷时审查、贷后检查是信用风险管理的基础工作,如果"三查"不实,风险管理也就无从谈起。国内大多数农村金融机构的贷时审查做得比较规范和扎实,当务之急是要进一步做实贷前和贷后两个环节,提高有效性。贷前调查是把好客户准入关的核心,决定了能否从源头上控制住风险。当前最重要的是要扭转"重形式合规、轻实质风险"倾向,在承贷主体、资金用途、抵押担保上做到真实可信。切实摸清企业经营、投融资、关联担保的实情和全貌,严防通过虚假交易、虚假用途、虚假报表、虚假贸易背景等套取信贷资金。在经济下行期,客户经营状况、资金状况随时可能发生突变,加强客户风险动态监测和贷后管理尤为重要。日常贷后管理不扎实的银行往往面对风险猝不及防,甚至发生"倒前接盘"现象,错失化解风险、减少损失的良机。当前,要特别关注贷款用途、资金流向、押品有效性和稳定性,防止出现贷款挪用、违规套现、押品贬损等情况。特别关注隐蔽性逃废债企业,高度警惕转移资产、刻意脱保、假破产等隐蔽逃废债行为。

二是做实风险早期干预。只有坚持早发现、早报告、早处理,银行才能在面对风险时占据先机、掌握主动,把风险消除在萌芽状态。在宏观经济运行的大方向既定的情况下,关键是要做好两个研判:①要做好产(行)业发展形势研判。做深产(行)业系统性研究,对技术突破轨迹、行业发展趋势、产能过剩周期和市场结构形成自己的独立判断,动态把握介入和退出某个行业或企业的时机。②要顺应新常态下经济结构调整的方向,加强对"夕阳产业"和潜在风险客户群的跟踪研究,提前做好信贷预案。

三是要做好客户情况的监测预警和风险研判。"朝阳行业"也有资质差的客户,"夕阳行业"也有好客户,不能单凭行业走势对客户一概而论。要密切监测客户风险分类、资金流向、经营状况、关键财务数据等指标,准确识别、评估风险,及时揭示苗头性风险,提前制定风险应对预案,对"亚健康"客户要及时采取风险缓释措施。

四是做实重点领域风险治理。对风险高发的重点区域、企业,农村金融机构应采取针对性专项治理行动,力争把风险隐患消除在萌芽状态。比如,对担保圈链,要理清企业担保关系图谱,运用科学方法拆圈解链,隔离风险传染源。对隐性集团客户,要积极查找企业间隐蔽性关联关系,摸清集团客户风险全貌,加强分支机构之间和同业之间的沟通协作。对多头融资、过度授信客户,要及时压缩授信额度,严控盲目"垒大户"。

2. 坚持治标要严,妥善处置不良资产

面对不良资产持续反弹的压力,农村金融机构要加快存量不良资产处置步伐,这虽然是治标之举,但对于化解存量风险、净化资产负债表具有积极意义。不良资产处置必须严字当头,多策并举,努力提高处置效率和效益,切实维护好银行债权。

(1)严防道德风险。各家银行都集中处置不良资产,容易诱发劣质客户的逃废债冲动,也不排除银行自身管理松懈。因此,对处置不良资产的重点环节,必须从严要求。一是严格程序标准。在处置预案制定、资产定价、审查审批、事后评价等关键环节上,形成一套完善的制度标准,强化权限约束、程序约束和岗位制约,切实规范操作行为。二是严格责任追究。责任不能随着不良资产处置而一风吹。在"销账、案存、权在"的基础上,还要加上对外严格保密和对内严肃追责这两条。对责任人的处理要依法合规,发挥警示教育,体现强化管理责任的导向。三是严格财务约束。要围绕提升不良资产回收价值,选择合理的处置方式、时机,并根据财务承受能力安排合理的处置节奏。

(2)灵活确定策略。不良清收处置不能简单地抽贷、压贷,要视客户还款能力、还款意愿和经营前景采取灵活的处置策略。有的客户只是"皮外伤",经营暂时困难,但发展前景看好,还款意愿比较强,这种状况下可考虑运用再融资、调整期限和利率等措施,或者采取第三方重组等方式,实现资产重组盘活,减少贷款损失。而对于完全丧失造血能力,或存在逃废债倾向的客户,要采取法律手段实施资产保全和诉讼清收,避免损失扩大。

(3)创新处置方式。在综合运用清收、重组、核销等传统手段的同时,要积极创新资产证券化、债务重组、债转股等新型处置方式,提高不良资产处置效率。农村金融机构也可积极探索通过挂牌转让、邀请竞价、公开拍卖等市场化方式进行清收处置,并综合运用债务重组、单户转让、债务减免等方式盘活资产,创新处置手段,有效提升处置效率和资产价值。

3. 坚持义利并举,实现市场化运作与履行社会责任的有机结合

农村金融机构在信用风险防控的实践中,常常面临商业化运作与履行社会责任的两难抉择。解决这一问题,必须坚守两个底线:一个是坚守党和国家要求的社会责任底线,做到认真贯彻落实宏观调控政策,切实服务实体经济,大力支持乡村振兴、小微等薄弱环节;另一个是坚守商业化经营要求的风险防控底线,维护好出资人和存款人的合法权益。围绕守住两个底线,农村金融在处置风险的时候要把握好以下三点。

一是在贯彻国家宏观调控政策中有效防范信用风险。国家宏观调控会对经济运行、产业发展和企业经营产生重大影响,进而影响银行的资产质量,这就要求政府有关部门在产业政策制定、项目准入审批、实施企业重组过程中,既要考虑稳增长、调结构、惠民生的要求,也要注意保护银行的利益,加强银行信贷资源优化配置的引导,为银行防范和化解信用风险提供前瞻性指引,为银行处置不良资产搭建政策和市场平台。金融机构也要把贯彻落实国家宏观调控要求和信用风险防范有机结合起来。尽管在实践中,有时可能需要商业银行舍弃短期利益,甚至"壮士断腕",放弃一些仍在产生效益的客户,但是从长期来看,贯彻落实宏观调告政策的过程,也是商业银行规避系统性风险的过程,有利于保持金融体系总体稳定,避免出现大的金融资产损失。

二是在服务经济转型升级的过程中实现可持续发展。中国经济的转型升级离不开金融服务的转型升级,这是一个充满机遇和挑战的复杂过程。银行必须主动作为,切实担负起金融资源优化配置的重任,做好服务的加减法。一方面是做加法,以创新的产品和服务对接新的增长点、新的客户和新的需求;另一方面是做减法,压缩"两高一剩"等行业的信贷资源低效占用,在促进

产研结构调整的同时,实现对信用风险的有效把控。

三是在服务"三农"、小微企业的过程中不断增强责任担当意识。农村金融机构在服务"三农"、小微企业等客户群体方面,确实面临着商业化运作与履行社会责任同时进行的考验。这就要求农村金融机构进一步增强责任感、使命感,真正践行义利并举、义在利先的普惠金融理念,勇于让利于民、让利于企业。多年来,农村金融持续加大服务"三农"力度,在中西部地区和新疆、西藏等老少边穷地区坚持提供金融服务。

(二)流动性风险的管理与防控

随着农村金融系统各项业务的快速发展和外部经营环境的不断变化,加强全行业流动性风险管理的必要性和紧迫性显得更加突出。2019年5月24日,中国银保监会发布公告称,鉴于包商银行出现严重信用风险,为保护存款人和其他客户合法权益,对包商银行实行接管。此次接管是2000年以来监管再度出手整治问题银行。在金融供给侧结构性改革的大背景下,包商银行事件有其特殊性,但也反映了部分中小银行共同存在的问题,在银行业金融机构中引起较大的震动,给农村金融系统敲响了警钟。当前,农村金融系统应积极应对市场竞争,有效防控流动性风险,维护农村金融系统的稳健经营大局,切实履行好行业管理和服务职能。

1. 构建合理的流动性风险监管体系

应设立专门的流动性管理部门,并聘请流动性经理,对流动性进行系统深入的管理。一是必须随时与银行的高层管理者联系,确保流动性管理的优先性和明确的目标;二是必须跟踪银行内所有资金使用部门和筹集部门的活动,并协调这些部门与流动性管理部门的活动;三是必须连续分析银行的流动性需要和流动性供给,以避免流动性头寸过量或不足。

2. 建立有效的风险预警机制

一是要搞好对资产流动性的预测和分析,在流动性预测和分析的基础上建立流动性风险的预警系统。借鉴西方商业银行成熟的经验,采取科学的预测和度量方法。建立一套科学实用的流动性预警界定监测指标体系,以便在日常业务管理中准确地监测流动性风险,一旦发现风险达到警戒线就及时发出预警,从而把流动性风险管理纳入科学化、规范化和程序化的轨道,逐步形成新型流动性风险管理运行机制和流动性安全保障机制;二是建立流动性风险处置预案,提高避险能力,对可能发生的全局或局部流动性风险应在限定时间内采取有效的措施进行补救,尽量把风险控制在最小范围内。

3. 综合施策管控流动性风险

(1)及时处置流动性风险事件。农村金融机构一旦出现流动性风险,要及时向地方人民政府和当地中国人民银行、银保监局的分支机构报告,采取综合措施做好危机处理。同时,迅速启动应急管理预案,及时部署全行业防控集中取款,防止事态蔓延成行业问题。此外,还要加强与媒体部门联系,道明事实真相,及时打消潜在集中取款客户的取款意向。

(2)建立行业流动性风险互助机制。为有效防范辖内农村金融机构出现流动性风险,当地中国人民银行要建立辖区内流动性风险互助机制。应急互助资金应根据实际需要由当地中国人民银行按照辖内金融机构运行情况,采取中央银行再贷款的方式及时解决农村金融机构流动性不足的问题,维护本地金融的稳定。

(3)筹集建立行业风险救助基金。为增强地方农商行、农信社抵御风险的能力,由省联社、省财政厅和农村商业银行、农村信用社共同出资,建立行业风险救助资金,风险救助基金管理实行联席会议制,省政府金融办为召集人,财政厅、审计厅、省信用联社为成员单位,互相配合、各司其职。省信用联社负责救助基金的筹集、使用和日常管理。风险救助基金主要以入股、置换等方式注资被救助单位。实行入股方式救助,不参与救助单位分红,被救助单位经营好转后,入股资金按照市场化原则退出。

(4)强化流动性风险管控机制。一是加强存贷款流动性监测。省联社每日和每五日对各法人单位存贷款的流动性进行日常监测,重点监测大额存款的余额、结构及流向等关键性指标的变化情况,发现异常及时报告。二是加强舆情监测和宣传引导。省联社要求各法人单位每日上报舆情监测情况。发现网络上有涉及自身的负面言论时,应及时正确应对并报告省联社;若发现有其他金融机构存在不正当宣传和不正当竞争等行为,应在第一时间向中国人民银行当地分支机构报告同时上报省联社。三是建立流动性风险报告制度。要求各农商行、农信社成立流动性风险管理领导小组、工作小组,对大额资金异动、存贷款异常和流动性状况等方面的监测和预警情况建立及时报和日报制度。四是健全流动性风险问责机制。省联社要求农商行、农信社明确流动性风险管理各条线与部门职能和责任,对流动性风险监测预警不到位、发生流动性风险未按规定及时报告以及出现流动性风险处置不力的,省联社将追究主要领导及有关人员责任。

第七章　农村金融风险的防范与化解

4. 以新思维引领流动性风险管理

(1) 调整信贷结构,改善资产储备质量。信贷资产是当前资产储备的最主要形式,要改善资产流动性,首先必须从调整信贷结构着手,改善信贷资产质量,提高贷款周转速度。一是调整客户结构,新增贷款必须保证投向优良客户,严禁向限制和淘汰类客户新增贷款;二是建立信贷退出机制,大力提升一般客户,坚决实行限制、淘汰类客户逐步退出;三是调整贷款期限结构,控制中长期贷款投放比例,紧紧依托总行票据中心,大力发展票据贴现等流动性强的资产业务。

(2) 在有效防范市场风险的前提下,加快金融产品和技术的创新,积极拓展优质信贷市场,培育新的中间业务增长点。现代金融的发展使商业银行的业务范围不仅仅局限于存贷业务和传统金融工具的交易,而是进一步扩展到金融创新的业务领域中。当前的流动性过剩问题是相对过剩,是银行体系运作效率低下的产物,实体经济中的中小企业还面临着融资困难的局面。创新金融工具的发展趋势是转移与分散资产的风险与提高资产的流动性。产品创新可以疏导流动性,拓宽商业银行资金运用的渠道,提高商业银行的资金运用水平。通过一系列的产品与技术创新,开拓完善个人消费信贷、企业贷款等优质信贷市场,同时利用国家实施区域发展战略的有利时机,培育新的中间业务增长点。

(3) 拓宽融资渠道。银行流动性管理要求银行的资产和负债保持流动性状态,当流动性需求增加时,通过变卖短期债券或从市场上借入短期资金增加流动性供给;当流动性需求减少、出现多余头寸时,又可投资于短期金融工具,获取盈利,为银行流动性管理创造市场环境。

(三) 抓实不良贷款的降旧、控新

面对经济下行带来的严峻挑战,地方法人金融机构要根据中国银保监会明确的锁定存量风险,严控增量风险的精神,在细致分析地方经济产业市场,全面摸底掌握信用风险状况的基础上,着力抓细、抓实不良贷款降旧、控新两方面工作。

1. 强化管理,严控新增贷款信用风险

只有控制不良新增发生贷款,才能真正降低不良贷款。农村金融机构要不断夯实信贷管理基础,持续优化信贷业务前、中、后台设置,逐步强化信贷风险集中管理,构建抑制新增不良贷款的长效机制。

一是健全体制机制,强化贷款信用风险防控职能。着力统一风险偏好,推进信贷审查审批专业化、集中化,逐渐上收分、支机构的企业贷款、票据贴现等业务审查审批权到法人机构。针对贷审会制度存在职责不明的问题,对贷款审批机制改进优化,探索推行审批会议制度,明确决策人、审批人责任,增强信贷审批的独立性,推广后台业务集中化处理模式,建立法人机构总行信贷审批中心、放款中心、对账中心等,将授权审批风险控制等业务集中到法人机构后台进行处理。强化法人机构职能部门对支行信贷业务的指导、计划控制和监督检查,实现风险防御由业务网点向业务处理中心相对转移,逐步在重点业务条线配足风险经理,强化风险管理队伍建设。搭建工作平台,逐渐建立行业审计队伍。集中行业审计力量,加大审计力度。

二是完善制度流程,提升贷款信用风险防控效能。推进信贷工作专业化、标准化建设,优化客户信用评级系统,积极开发和完善农户和小微企业贷前、贷中、贷后打分卡技术,提高信用风险量化管理水平。积极探索流程化作业模式,建立信贷工厂模式,批量处理小微客户信贷业务,有效提高信贷管理效率和能力,明确贷前调查、贷时审查、贷后检查操作标准,充分发挥前、中、后台在信用风险防控中的联动作用,全面提高贷款"三查"工作质量,同时引入互联网工具,充分利用移动终端渠道创新贷款"三查"操作模式。此外,对全行业不良贷款以及逾期欠息、瑕疵贷款实行按月监测,按季通报,及时提示风险隐患。三是加强风险预警系统建设,推进信贷管理由经验操作向形象技术控制型转型。全面启动客户风险预警系统建设,通过整合客户注册资料、交易信息、现金流、代发工资等数据,以及工商、税务、法院诉讼、环保处罚等风险信息,形成统一的客户风险视图,建立标准化的风险预警指标体系,设置预警信号和预警模式,开展持续监测和早期预警,增强信用风险防控的预见性和主动性,提升风险掌控能力。

2. 调优结构,规避潜在贷款信用风险

针对经济下行潜在信贷风险凸显的情况,统筹考虑风险与收益的匹配,注重通过优化客户结构、信贷结构,助力实体经济发展,降低农商行、农信社的长期风险。

一是加强客户分类管理。根据区域经济特点及中小金融机构管理情况,对客户按照增持、减退原则进行动态分类管理,提升对不同类型客户的服务能力,对一定规模的公司类客户实行集中管理,提高公司类客户营销的专业化和风险控制水平。对农户推行"阳光贷款"信贷服务模式,将服务对象逐步

第七章 农村金融风险的防范与化解

推广到小微企业、家庭农场等新型农业经济主体,对个体工商户、小微企业主推行微贷、小贷技术,设立微贷专业支行、特色支行,加强小微贷技术的推广与应用,持续推进小微贷技术本土化。

二是加强信贷结构调整。顺应四化同步,着力支持农业现代化建设,按照国家推进农业现代化建设的部署要求,优化资源配备,在做好基础性支农的前提下,重点支持专业大户、家庭农场、农民专业合作社、农业产业化、龙头企业等新型农业经营主体发展。鼓励法人机构积极稳妥地开展土地承包经营权和农民住房财产权抵押融资试点。

三是严格控制大额贷款投放,审慎确定年度大额贷款投向、投量,加强单户额度控制以及限额管理,每季增速应低于同期各项贷款平均增速。

四是加强重点领域风险防控,按照监管部门要求,有保有压处置限控行业贷款一事,防控"两高一剩"产业风险、行业风险。积极响应各级政府化解过剩产能的政策,坚持区别对待,有进有退地承接他行退出过剩产业的贷款。逐步压缩辖内法人机构"两高",一是贷款占比;二是防控政府平台类信贷风险,主动开展风险排查、分类管控,紧跟地方政府债务新政,做好平台贷款还款来源对接工作,加强贷转债过渡期内的存量清收与管理;三是防控表外信贷资产风险。坚决压缩超比例贷款,严控非农领域的社团贷款和大额贷款,严防集中度风险、精力分散风险,逐步压缩异地贷款多重担保圈、担保链贷款以及退出贷款行过多的贷款。

3.多策并举,盘活存量不良资产

紧抓不良贷款反映的真实性,把正常关注类中逾期和欠息90天以上的贷款纳入不良贷款,加强监测考核,并组织全行业对不良贷款数据进行逐笔核对,力求真实准确地反映不良贷款状况。

一是在盘活中缓释不良贷款。对于出现风险苗头的企业逐户逐笔分析,不是简单地抽贷、断贷,而是在客户具有还贷意愿、还贷潜力和风险可控的前提下,采取收回再贷、展期续贷、还息转贷、并购重组等多种方式缓释风险,帮助企业化解风险、渡过难关。

二是在清收中压降不良贷款。制定有针对性的不良贷款清降措施,灵活采取催收诉讼、处置抵押物、债务转移、贷款重组、打包转让等多种方式提高不良贷款清收成效,加强与地方司法、公安等部门的联动,充分运用市场力量多管齐下化解不良贷款。

三是在核销中消化不良贷款。充分运用好国家呆账核销政策,制定下发呆账核销管理指导意见,规范法人机构呆账核销程序,加大不良贷款核销力度,提高呆账核销的合法性、合规性,严格已核销不良贷款管理,对于账销、案存视同不良贷款进行下达任务,实行考核,最大限度降低损失。

(四)提高声誉风险管理水平

随着媒介技术的迅速发展和媒体舆论监督力度的不断加大,新闻传媒日益成为公众沟通、交流和表达利益诉求的重要平台。在农村金融机构服务乡村振兴战略的大背景下,一方面,农村金融机构对国家经济安全运行发挥着越来越重要的作用,另一方面围绕农村金融的舆情事件呈现出频发态势,作为立足服务三农和小微的农商行、农信社与村镇银行如何突破自身局限,有效做好声誉风险防控,成为摆在农村金融机构面前的一项现实课题。

1. 加强形势研判,把握风险防控现状

农村法人金融机构要注重辖内银行业舆情信息的搜索和分析,及时了解行业声誉风险。

一是强化相关舆情研判。声誉风险具有较强的系统传递性,关注业内舆情,做好形势分析,有利于及时隔离风险点,防控声誉风险。

二是关注行业舆情管理。农村法人金融机构主动适应形势变化,积极构建舆情管理机制。各机构要成立领导小组,领导小组下设办公室,负责具体工作,作为声誉风险管理的重要环节,各机构将其纳入全面风险管理体系,普遍制定直接或间接的管理制度,形成初步的制度体系。主要包括声誉风险管理办法、舆情监测管理办法、声誉风险和舆情应急处置预案等。各机构还要与第三方平台合作,引进专业舆情监测平台,对网络舆情信息进行监测及分析,做到 7×24 小时不间断监测。

三是建立舆情风险报告机制。中国人民银行、银保监局分支机构要会同省联社通过举办舆情管理培训班,下发声誉风险防范意见等措施,指导基层法人单位着力构建舆情风险防控机制。有条件的机构可以建立发言人制度,统一对外宣传口径。要制定舆情报告制度,明确重大负面舆情发生时的报告路径、舆情监测重点;要强化网络舆情监测,运用关键字搜索等手段,定时监测门户网站、论坛、博客、微信、微博等新媒体动态情况,建立应对预案,针对诽谤型、误解型、情绪型等不同类型舆情,采用不同的分类处置方案;高度重视与主流媒体的合作,拓宽舆情反馈渠道。

2. 重视舆情管理,建立有效应对机制

农村金融机构要高度重视全行业舆情信息的搜集、管理、研究和分析,每周编辑舆情快报,及时提供给单位负责人,并不断强化对当地主流媒体和网络媒体的监测,既监测基层农商行(社)和村镇银行的新闻,也检测行业伙伴的新闻,及时从媒体对农村金融机构的关注中发现危机苗头。

一是做好前期预防。省联社组织相关人员分析可能发生危机事件的重点环节,不定期地发布风险提示。在与新闻媒体签订年度合作意向的同时,明确不发布、不转载有关农商行的负面信息。在日常工作中加强与新闻媒体的联系,开展不同形式、不同程度的合作,建立主流媒体核心记者名录,定期邀请记者深入基层开展专题调研,着力构建利益与情感坚固的媒体关系。

二是进行事中处理。迅速搜集相关信息,掌握事件第一信息源,统一对媒体的新闻发布口径。组织相关部门开展事件诊断。调动一切可调动资源协商政府与新闻媒体,全力避免和降低危机事件影响,在适当时机组织召开新闻发布会,说明事件缘由,表明态度,拿出处理办法,邀请具有权威性的第三方出面澄清。

三是强化事后重塑。认真对危机事件进行总结,吸取经验教训,针对问题进行整改,以适当形式向媒体公布整改结果。针对具体情况,制定后续传播策略,抓住媒介关注机会,重塑企业的社会形象。

3. 坚持问题导向,防范声誉风险

目前,基层农商行、农信社和村镇银行已初步构建了声誉风险管理体系和机制,但还存在顶层设计相对简单、员工防患意识薄弱、舆情监测和应对的技术手段落后、理论研究支撑不足、缺乏高素质的专业人才队伍等问题。农村金融机构要集中力量找准薄弱点整体发力,确保行业性声誉风险得到有效防控。

一是加强顶层设计,建立完善舆情管理体系,在定位上将舆情工作提升到企业战略层面。在组织架构上,构建职责明确的组织体系。在运行机制上,完善舆情监测、处置报告等相关工作制度和管理办法,建立舆情汇集分析机制,不断提高舆情管控能力。

二是切实提高认识,增强对舆情工作的重视程度。农村法人机构的各项工作与高层领导的重视程度息息相关,高管层应树立减少负面舆情就是创造价值的经营理念,教育全员充分认识舆情管控的重要性,减少内源性舆情的发生。在考核体系中导入舆情工作的考核指标和权重,发挥考核指挥棒作用,提高全员严格控制舆情风险的责任感。

三是强化队伍建设,打造高素质的舆情管理团队。舆情工作人员需要对新的媒介环境、媒体平台、传播内容有充分的认识。农村金融机构应加强对全行业舆情工作人员的针对性培训,引进和培养网评师队伍,提升舆情工作人员的整体业务水平。

四是妥善处理关系,形成舆情管控联动合力。重点处理好政府和监管机构、媒体客户等方面的关系。加强与当地政府和监管部门的沟通,发现重大舆情,及时报告事件真相,赢取支持和帮助,与地方各类媒体建立良好的合作交流关系。发生舆情时,引导媒体客观公正地报道事实,尽可能减少舆论夸大的危害。处理好与客户的关系,提升服务质量和服务效率,提高客户满意度,不断完善客户投诉处理机制,缩短处理流程,坦诚接受公众监督,维护客户合法权益。

五是事前、事后并举,提高舆情监测、预警和应对处置能力。定期开展风险因素排查,及时发现经济、金融运行中的苗头性、趋势性问题,建立风险因素管理台账,深入研判其对农村金融机构经营发展的影响,细化应急处置预案,定期开展应急演练,确保舆情事件发生时及时控制事态发展,在最短的时间内,按照规定方案有序处置。

(五)强化经营风险的综合治理

随着我国经济环境、监管政策的不断变化,农村金融机构的业务也正在逐步走向多样化,各类产品创新层出不穷,传统风险管理体系已难以实现对新型风险的管理与防范。在此背景下,银行急需优化自身传统风险管理体制机构。在风险管理建设中,可从以下三个角度出发考虑。

1. 树立全面风险管理理念

一是搭建全面风险管理框架。创建以董事会为最高风险管理责任人的全面风险管理框架,将合规与风险管理部作为全面风险管理的统一协调、指导和推进部门,建立合规风险管理相关制度,明确各部门岗位风险管理职责,并监督各项风险政策的执行情况,定期进行风险政策完善与调整。建立健全内部控制和内外部审计制度,完善内部控制措施,持续督促提升业务经营、风险管理、内控合规水平,审计部门需独立检查与评定风险管理机制运行的有效性和全面性;各业务部门主管作为风险管理的第一责任人,具体执行风险管理相关权限管理、限额管理要求。

二是优化传统风险管理体系。农村金融机构传统管理风险主要有操作风险、声誉风险、信用风险和合规风险,在转型过程中,需进一步对传统优势

第七章　农村金融风险的防范与化解

风险管理内容进一步优化，以适应业务创新要求。操作风险方面，要能够识别评估高频率风险事件，并能够实时预警，内控措施切实有效保障风控体系运作，互动式的人员监控体制灵活高效，能最大限度地降低操作风险事件的发生。声誉风险方面，可指定专人对声誉风险事件进行监测，同时，完善客户投诉反馈机制和消费者权益保护制度。多角度、多层次减少社会负面评价，增强负面舆情处理化解的及时性，降低声誉风险事件。信用风险方面，银行需切实有效地甄别低质量投资标的，使违约事件发生概率控制在阈值以下，确保即使风险事件出现，也不会影响理财业务整体运行，机构运营平稳可控。合规风险方面，一方面可通过风控信息系统的实时监控，预警核心指标异常变动，防范相关风险事件发生；另一方面，通过专人定期检查、不定期抽查，及时发现问题，及时反馈与处理相关事件，最终彻底消除合规风险。

三是重构转型背景下的新型风险管理体系。"资管新规""理财新规"的相继出台，对传统银行资管部门及新兴理财子公司业务发展、投资端拓展方向提出了新挑战，因此，理财投资模式应转变为"自主投资＋主动委外投资"。这一模式的搭建与运行，使得流动性风险、市场风险、委外管理风险进一步暴露，新型风险管理体系需进一步构建与完善。市场风险方面，银行需及时跟踪市场行情，预判市场趋势，有针对性地布局资产配置。同时，建立与完善风控体系，及时识别、预警相关核心指标变动，警示投资者采取相关策略，提升理财产品抗风险能力，在一定程度上将市场风险维持于较低水平。流动性风险方面，一方面需进一步完善风险管理体系，对相关核心指标实时监控，在指标达到阈值时发出预警，及时甄选解决方案并采取相应措施；另一方面，通过建立多层次流动性储备体系，完善压力测试，切实有效地提升流动性抗冲击能力，最终将流动性风险控制在最低限度。委外业务道德风险方面，可引入MOM管理模式，多维度、多层次、系统性地评价委外机构候选人，避免将理财资金委托于缺乏有效运营机制、机构健康度较差的候选人，切实有效地降低委外业务道德风险。

2. 树立健康的风险文化

文化是企业的根与魂，根深能叶茂，有魂方显活力。农村金融机构要始终坚持"适度风险、支撑发展、稳健经营"的风险偏好，着力把提升发展质效作为经营管理的重中之重。

一是在机构内部实施分（支）机构负责人"合规履职述职"考评机制。辖内所有机构负责人都要结合本年度经营工作情况以及合规管理履职情况进行现场述职,不仅能切实增强其责任意识,也使全行员工受到一次合规教育洗礼。

二是深入开展和全面推动"合规建设年""合规建设深化年""合规建设提升年"和"三三四十"专项治理、深化市场乱象整治等专项活动。在系统内推动"合规是高管的保护伞,合规是员工的护身符""法规是块钢,谁碰谁受伤;合规是底线,谁破谁流泪""红绿灯是用来遵守的,不是用来作摆设的""合规创造价值"等合规文化理念,真正形成从高管到员工的"肌肉记忆"。

三是坚持"管人比管事重要"。按照"突出问题导向、聚焦排查效果、深挖风险隐患"的原则,联系实际、创新举措,实行逐一全面排查、重点线索核查、巡查反馈督导的"排查—核查—督导"三级排查机制,深入开展重点业务和员工日常行为专项排查,全员签订合规自律承诺书,交叉检查人员签订合规履职作为承诺书,从而筑牢风险防控的思想防线。

3. 建立科学的激励约束机制

为确保全行经营发展战略和风险偏好落地,农村金融机构要坚持以"三个责任制"(目标责任制、发展责任制、风险责任制)为主线,完善激励约束机制,建立风险管理的岗位责任制与管理责任的追究制度,强化成本和风险自担机制,将权限与责任、压力与动力一并传导到分(支)行和业务条线。

一是建立并执行差异化信用风险政策和风险容忍度。根据总行风险政策,结合当地实际,综合区域内经济金融形势,科学确定风险容忍度。对存量及新增不良贷款实行差异化管理,在狠抓存量风险缓释的同时,重点加强对增量不良贷款考核,处理好风险防控和业务发展的关系,让全行员工清楚"发展有风险,但不发展才是最大的风险"。

二是狠抓激励约束机制建设。实行薪酬分配与业绩挂钩、延期支付与风险挂钩、目标考核与职位挂钩,建立以"管理有规范、操作有制度、岗位有权限、过程有管控、风险有预警、部门有制衡"的全面风险管理体系,让人人都成为"风险官"。

三是优化风险偏好与风险政策传导机制。按照银保监会全面风险管理指引要求,结合本行实际,将风险偏好、风险管理政策流程化、制度化;强化各分(支)机构风险管理责任,保证风险偏好政策顺畅传导、有效落地;着力追求经风险调整后综合收益,不断优化业务结构,持续狠抓存量信用风险缓释。

4. 提升风险管理精细化水平

通过做细做实风险评价、风险预警、风险分类等工作,督导辖内分(支)行

第七章　农村金融风险的防范与化解

（社）开展实地调研，研究本行业务发展态势，从区域、行业、产品等多个维度通盘思考风险管理工作，进一步优化信贷资源配置、创新信贷产品要素设计、完善风险识别方法和准入标准，全面提升风险管控能力。

一是以机制为基础，夯实风险管理体系。风险管理工作与业务管理、合规管理密不可分，实施过程中需要多方面协同与配合，为统筹协调风险管理工作，农村金融机构要设立高级管理层风险与内控委员会，风险与内控委员会由董事长或理事长担任主任委员，行长或县级联社主任担任副主任委员，其他成员由各相关部门主要负责人担任，风险信息在前、中、后台部门间实现充分共享，发挥各部门和人员的专业优势，及时对潜在风险进行预警，增强风险监测的导向性和联动性，夯实"信用风险监测—预警—督导—整改—反馈"的"过程管理"机制，不断提升风险管控水平。通过不断强化各级风险与内控委员会的核心作用，提升作为风险与内控委员会补充机制的各种"风险缓释专题会议"实效，加强对各部门以及各分（支）机构落实风险管理责任的指导、监督和考评，构建起职责明确、功能协调、执行高效、监督有力的全面风险管理体系，确保各项业务持续稳健发展。

二是以政策为导向，引导信贷资金投放实体经济。农村金融机构要深入推进三农金融事业部改革，突出对"三农"、小微等实体经济的支持，实现自身稳健经营与服务经济社会发展相结合。不断优化完善风险管理政策和授信管理政策，积极主动适应经济发展新常态，持续提升信用风险识别、计量、监测、控制和缓释能力，通过对客户、产品、行业、区域等风险政策的宣传和传导，引导全行信贷资金投向风险相对较低、收益相对较高的区域、行业及企业，将风控手段前置，在竞争和发展中主动管理风险。以"分类"为抓手，做实信贷资产质量。认真落实银保监会提出的"把做实资产质量分类提高到不做假账的高度来认识"的监管要求，建立信用风险检查常态化工作机制，严格遵循真实性和审慎性原则，保证资产分类结果的准确性、稳定性和连续性，加强对资产结构的动态监测，将每一次贷后检查的结果都纳入日常资产分类；强化对资产分类偏离度的检查工作，通过对分支机构现场与非现场的检查抽查，将监督和检查结果与业务授权管理、资产分类标准制定、减值准备计提政策、信用风险限额、责任认定有效衔接挂钩，对信用风险管理工作落实不到位的分行，逐级采取管控措施，提升信用风险管理水平，提高资产分类质量，真实全面反映全行信贷资产质量。

三是以"队伍"为核心，夯实风险管理基础。建立前台防控、中台管控、后台监控和所有部门合力履职的"3＋N"安防体系；在每个营业网点均设置营业主管（合规经理），发挥"风险预警雷达"的作用；利用内训师和邀请专家对系统内所有营业机构负责人及支行行长和全体员工开展风险内控知识培训，通过联合培训，不仅各机构和条线统一了思想、增进了理解、达成了共识，实现跨机构、跨部门、跨条线工作的有机协调，而且达到了提高全行干部员工综合素质、履职能力，培养复合型人才队伍的目的。

四是以"监测"为手段，及时化解风险隐患。把"数据体现价值、信息服务前端"的理念贯穿于日常风险监测工作中，对于潜在风险较为突出的区域或主要信贷条线，积极开展实地调研和风险处置，研究并调整风险政策，制定专项风险化解方案，为优化信贷资源配置、创新信贷产品要素设计、完善风险识别方法和准入标准、丰富不良贷款清收与盘活手段等措施落地提供支持和保障，积极促进风险的化解。

第八章　在乡村振兴建设中实现高质量发展

高质量发展是中国当前和今后一个时期确定发展思路、制定经济政策、实施宏观调控的根本要求。2019年习近平同志在中共中央政治局第十三次集体学习时发表重要讲话，深刻阐明金融与经济的关系，就深化金融供给侧结构性改革、深化金融改革开放、增强金融服务实体经济能力、防范化解金融风险等提出明确要求。总书记的讲话精神为推动我国金融业高质量发展提供了根本遵循。作为服务乡村振兴战略的农村金融机构必须深入学习贯彻习近平同志重要讲话精神，深刻认识高质量发展理念，抓住乡村振兴建设工程的历史机遇期，不断深化农村金融体制改革，创新金融服务产品，实现高质量发展。

一、我国农村金融发展的现状

我国农村金融为更好地服务农村经济发展进行了一系列改革，在服务"三农"方面取得明显进展。但是我国农村金融体系仍留下了一些计划经济的痕迹，主要体现在农村金融机构公司治理机制普遍缺位，金融有效监管体系缺乏，市场化竞争机制以及风险处置和市场化退出机制均不健全，严重依赖于行政管理和财政投入，商业可持续发展和自我约束发展的能力弱。面对乡村振兴战略实施的更高要求，农村金融体系必须进一步深化改革，牢牢把握"金融服务实体经济"的本质要求，坚持"市场主导、政策引导"的基本取向，强化激励相容的政策体系和金融生态，健全以完善公司治理为核心的有效竞争农村金融体系，促进农村金融服务水平提升。

（一）农村金融机构数量不断增加

我国农村金融机构主要包括农村信用社、农村商业银行、中国邮政储蓄银行、中国农业银行、村镇银行以及其他对农村进行服务的商业银行。到目前为止,我国农村金融机构在农村的覆盖面已达90%以上,基本实现了金融机构在农村的全覆盖。虽然由于全国各地社会经济发展水平和农村人口数量的不同,不同地区农村金融服务机构数量出现了较大差异,但不可否认的是,我国在农村金融普及率上取得了巨大突破。农村金融服务机构数量的不断增加,既有利于解决制约农村发展的资金问题,又有利于提供就业岗位,提升农村人民生活水平。

(二)农村金融服务体系不断完善

我国农村金融机构在数量不断增多的同时,也实现了体系上的创新与完善。①我国农村金融机构种类逐渐增多,由单一的农村商业银行、农村信用社、中国农业银行和中国邮政储蓄银行,发展为贷款公司、村镇银行和农村资金互助社等新旧金融机构并存,在一定程度上推动了农村地区的投资,从而带动了农村地区的经济发展;②我国农村金融机构所提供的服务范围不断扩大。近年来,政府和部分金融机构通过研究各个农村经济发展的实际情况,提供与其相适应的金融服务,形成了日渐多样而相互协调的服务网络,如农村贷款、联保贷款等新形式,适应了广大农村经济发展的需要。

(三)农村金融服务环境不断改善

随着乡村振兴战略的实施,党和国家在农村经济上做出的努力越来越大。例如,针对农民综合素质相对较低的情况,政府完善了农村金融信用体系,有力地促进了农村地区金融服务体系的良好运转;着眼于农村基础设施建设相对落后而带来的农村经济发展困难,中国人民银行对具体乡村、具体项目进行重点资金援助,由点到面,援助领域持续扩大,对解决农村金融融资难题起了重要的推动作用。另外,农村金融环境改善还表现在日益增加的农村贷款数量和日渐降低的农村金融机构违约率。农村金融服务环境的改善,使农民更有信心进行贷款,金融机构行为受到规范,维护了广大农村人民的利益,促进了农村地区经济的健康发展。

二、农村金融发展中存在的问题

农村金融机构必须清醒地认识到,过度依赖高资本消耗来进行规模扩张的粗放型经营模式与"降低金融领域无序扩张步伐"的金融大趋势背道而驰,必须加快转变发展理念,注重发展质量的提升。但由于历史包袱和现实原因,农村金融机构从"规模扩张"转向"质量提升"将会是一个漫长而又艰辛的

第八章　在乡村振兴建设中实现高质量发展

过程。

(一)发展理念滞后

农村金融机构进行股份制改造后,虽然名称变成了股份有限公司,但人员、理念、产品、业务等并没有随着改制而得到及时有效的更新,部分农村商业银行、农村信用社仍然将"存款立行"和市场份额的简单扩张作为发展壮大的生命线,重经营、重规模、重速度;也不同程度存在轻管理、轻内控、轻质量等现象。如许多农村金融机构仍较为注重存贷款等规模营销指标的考核,容易造成员工为完成经营指标而不计成本地营销产品,存款"一浮到顶"、贷款"垒大户"等现象较为严重,其后果将是在获得规模扩张的同时,内部控制和风险管理没有及时跟进,导致资源浪费,甚至出现风险事件。

(二)差异化经营滞后

部分农村金融机构由于未对自身实际情况和地方经济特点进行深入调研和科学分析,个性特征不明显,竞争优势不突出,在金融竞争不断加剧的新形势下,未培育出适宜自身发展的特色化经营道路,面对市场竞争中出现的新问题、新局面,显得束手无策、不知如何应对。在产品上,各大商业银行金融产品创新千姿百态,各种支付手段创新也层出不穷,对农村金融的产品创新能力和市场反应机制提出了更高的要求;在利率上,大型国有银行、股份制银行纷纷以各种优惠措施吸引客户,对部分优质客户实行的贷款利率比农商行更低,甚至打出"价格战";在机制上,各类商业银行不断下沉服务重心,农村金融机构灵活运作的优势在股份制商业银行面前不再,业务发展和利润空间受到了严重挤压。

(三)农村金融机构合规风险管理机制不健全

1. 缺乏有效的辅助工具以及量化的合规风险评估标准

农村金融机构合规风险管理风险识别工具未能进行更新,且多数农商银行、农村信用社合规风险监测信息系统尚未建立,因缺乏有效的辅助工具,其识别以及评估仍以定性分析为主,缺乏有效的定量分析,所以很难得到较为精准的风险评估结果,造成农商银行、农村信用社和村镇银行合规风险管理过程中基本上没有量化的指标要求。

2. 合规风险范围有待进一步界定

随着金融产品在不断推陈出新,新的金融产品带来的合规风险也呈现出不断变化的趋势,然而农村金融机构风险管理又存在管理分散、效率低下、管理不全面的问题。因此,面对新风险,除了需要对新的合规风险进一步界定以外,还需伴随业务流程优化的同时一并进行优化。

三、影响农村金融高质量发展的因素分析

为承担起新形势下农村金融的历史使命,构建新型农村金融体系,助力农村金融及整个社会经济高质量发展,必须摒弃依赖高资本消耗进行规模扩张的粗放型经营模式,必须加快转变发展理念,注重发展质量的提升,但由于历史包袱和现实原因的存在,农村金融机构从"规模扩张"转向"质量提升"将会是一个漫长而又艰辛的过程。

(一)新常态对农村金融高质量发展的影响

经济发展对金融起决定作用,金融居从属地位,不能凌驾于经济发展之上;金融在为经济发展服务的同时,对经济发展有巨大的推动作用。实现农村金融高质量发展必须准确判断现阶段中国农村经济发展基本状况与特征。当前中国经济增长正处于从高速到中高速发展的新常态,正处于加快经济发展方式转变的关键时期。从经济发展的角度来看,质量是经济发展的前提和基础,提高产品和服务的质量,可增强消费信心,促进消费需求;产业结构的调整,核心是提高供给的质量水平,而高端制造业、战略性新兴产业、现代服务业发展对供给结构优化的关键作用就在于提升质量竞争力。因此,农村金机构融要实现高质量发展,就要把提升质量作为支持经济发展的目标和内生动力。

(二)农村金融机构高质量发展的意识不强

围绕质量提升,推动高速增长向高质量发展的转变,意味着中国正在展开一场从理念、目标、制度到具体领域工作细节的全方位变革。农村金融高质量发展的标准和发展方法还没有确立,农村金融机构虽然名称变成了股份有限公司,但人员、理念、产品、业务等并没有随着改制而得到及时有效的更新。

(三)金融产品和服务方法滞后

实际中,农商银行、农信社产品体系往往落后于市场需求,金融创新也主要靠模仿、借鉴国内商业银行的做法,以吸纳性创新为主,有特色和原创性

创新很少，信用卡、手机银行、理财、线上支付等新产品的推出存在滞后性，对抢占市场资源十分不利。同时创新层次低，创新主要表现为简单的数量扩张，对市场的调研和客户数据的分析不够深入，对电子银行产品往往不计成本地发放，容易造成新兴业务量高质低，未能真正发挥出实际效用。

（四）经营管理手段滞后，营利能力减弱

农村金融机构，在改制初期不可避免地会存在资产质量低、经营效益差、管理手段落后、科技水平低、内控机制不健全等遗留问题或多或少没有得到及时解决，服务意识、人员素质、配套设施等在短时间内提升难度较大，员工缺乏文化认同感和企业归属感，增加了农村金融创新的难度，对经营活力存在较大的压抑和束缚，这也是影响农村金融机构高质量发展的重要因素。

正是在这些传统观念和惯性思维的影响下，我国农村金融供求之间存在比较明显的不匹配问题。从城乡和区域看，金融资源更多地集中在城市和东部地区，而农村和中西部地区相对稀缺，金融需求满足程度较低；从企业类型看，民营企业和中小微企业创造了大量增加值和新增就业，但它们获得融资的难度较大；从不同产业看，现代服务业和新兴行业不像传统制造业一样拥有较多的重资产，大多难以满足获得融资的抵押条件，阻滞了农村金融机构改革创新的步伐，影响了农村金融机构实现高质量发展的目标。

四、农村金融在乡村振兴服务中实现高质量发展

新时代意味着农村金融发展理念的变化，也会带来金融实践的创新。这种变革首先是改变传统农村金融体系下经营货币的特殊角色和法定利率的优势空间所养成的"居高临下"的市场地位，转向与民生共进、与大众共享，延伸赋能社会，促进农村经济社会更加有效、全面、平衡发展。建立完善现代金融体系的根本目的是服务实体经济，服务乡村振兴战略。

（一）回归本源，构建新型的农村金融体系

农村金融在经济发展和市场价值取向的推动下，客观上存在金融资源向城市聚集而"冷落""三农"的现象。面对新形势、新任务和新要求，需要打破传统金融体系市场分工的落后观念，鼓励金融机构面向"三农"问题，驱动农村金融机构完善功能与配置、经营模式创新、产品结构和市场取向划分、客户演化和结构演替，重塑完全新型的农村金融生态，构建新型农村金融服务体系，走进农村、亲近农民、支持农业，为国民经济的持续发展扎稳"三农"根基，

大力支持乡村振兴战略。

1. 构建多层次、多主体的农村金融组织

在保持县域法人地位不变的前提下,继续稳步推进农村信用社产权制度和组织形式改革,继续深化中国农业银行"三农金融事业部"改革,引导其重点支持农村企业和县域发展;将商业银行新设县域分支机构的信贷投放承诺制度作为机构准入的前置条件,稳步扩大现有县支行业务授权;研究完善中国农业发展银行改革方案,强化政策性职能,集中精力发展各类服务"三农"的政策性业务;稳妥培育发展新型农村金融机构,打造服务"三农"、专业化的农村小微银行;大力发展农村保险,完善农业保险服务体系,扩大农业保险覆盖面,创新农业保险产品,不断拓展农业保险广度、深度。

(二)完善法人治理,提升经营管理水平

一是坚持党对金融工作的领导。农村金融机构作为党领导下的金融企业,必须毫不动摇地坚持党管金融的政治立场,发挥党组织在经营管理中"把方向、管大局、保落实"的领导核心作用,把党的领导内嵌到公司治理全过程,进一步完善"三重一大"决策制度,切实提升党委统筹下的公司治理水平;要深化公司治理改革转型,通过完善产权改革切实解决国有权益缺位问题,加强对行业高质量发展的科学引领,推动农商行、农信社和村镇银行的分类转型发展,按照系统性、整体性、协同性相统一的要求,抓好一批标志性、引领性改革的经验落地,实现从外延式扩张向质效优先的内涵式增长转变,推动地方农村金融机构高标准、高质量转型升级。

二是贯彻落实党中央关于乡村振兴的战略部署。实施乡村振兴战略,是党中央做出的重大决策部署,是新时代"三农"工作的总抓手。农村金融机构要认真贯彻落实中央精神,主动参与到乡村振兴建设中,发挥出各自的优势,形成强大的金融合力,补齐农村金融服务的短板,增加金融服务产品种类、拓展服务渠道、扩容资金投入量,全面提升金融服务乡村振兴能力和水平。

三是大力支持乡村振兴战略。要切实抓住国家加大金融扶持农村的政策机遇,结合支农特色,加大对"三农"的信贷支持,并在授权授信、绩效考核、不良贷款容忍度等方面给予政策倾斜,扶持农业龙头企业和新型农业经营主体发展,支持辖区内龙头企业和田园综合体项目,在支农信贷规模、涉农信贷产品创新、农业产业链信贷模式等方面实现新的突破。同时,在信贷风险可控的情况下,对生产经营正常、具有持续经营能力和良好财务状况的涉农企业,不随意抽贷、压贷,和企业共渡难关。

(三)聚焦"三农"主业,服务乡村振兴

随着乡村振兴战略的全面实施,作为因农而生、服务地方经济社会发展的本土银行,要强化服务基层、服务基础的鲜明导向。

一是各地的法人机构要因地制宜搞发展。要立足本地资源禀赋、产业特点和发展的实际状况,研究落实服务地方经济高质量发展的目标路径、主攻方向和关键举措,努力走出一条符合自身特点的高质量发展之路。要认识到创新服务才有未来,墨守成规就会丢失市场。必须始终围绕支农支小、扶贫扶绿、服务实体经济等重点任务,积极探索农村金融创新发展新模式。要积极支持农业农村现代化,拓展支农服务广度和深度。同时,强化服务"三农"的担当,围绕当地全产业链发展思路,服务地方特色产业,推动乡村产业兴旺,倾情创建美丽乡村。

二是推进智能化改革,提升服务能力。要充分考虑业务发展实际,通过引进机器人大堂经理、智能填单呼号一体机、硬币纸币兑换机等智能服务设施,实现传统服务和创新科技有机结合,将柜台人员从简单重复性业务中解放出来,进一步提高服务效率,提升客户体验感及满意度。同时,通过智能产品推介、工作人员引导、现场视频展示等措施帮助客户培养手机银行、ATM机等电子银行产品使用习惯,使电子银行服务真正走进客户生活,进一步提升对客户的专属服务水平。

三是从科技着手,抢抓互联网机遇。目前,互联网金融的迅猛发展大大改变了农商银行的生存状态,转型升级比以往任何时候都更需要科技的强力支撑。要加强互联网支付与结算、大数据等方面的建设,打造快捷的办公系统和便捷的业务系统,实现业务与互联网的全面融合;依托快速发展的互联网技术创新产品和服务,加大电子银行、互联网金融等新兴业务推广力度,构建线上线下相结合的服务平台,力争以更低的服务成本实现更高的客户覆盖率、抢占更高的市场份额。

四是从流程着手,推动资源整合。要立足农商银行实际,对现有的市场资源和业务流程进行重置和再造。进一步完善和优化业务支撑,通过梳理和优化现有流程,将一线员工从事务性工作中解放出来,大幅缩减后台占用空间,使其有精力、有能力向全面营销方向转变;以金融科技为支撑,进一步提升信息化、科技化武装水平,打造真正能够代表未来发展趋势、吸引年轻人的智慧银行和智能银行,为员工腾挪更多时间进行业务拓展,从而大幅提升营销服务能力,提高人员边际效益。

(四)树立新发展理念,发展绿色金融

作为我国金融体系的重要组成部分,农村中小金融机构要以党的十九大精神为根本遵循和行动指南,坚持用习近平新时代中国特色社会主义思想武装头脑,深刻领会把握中国特色社会主义进入新时代的新论断,深刻领会把握我国社会主要矛盾发生变化的新特点,深刻领会把握分两步走全面建设社会主义现代化国家的新目标,深刻领会把握党的建设的新要求,把智慧和力量凝聚到落实党的十九大提出的各项目标任务上来,顺应人民新期待,落实新发展理念,推进高质量发展。

一是坚持绿色导向,推进科学发展。发展绿色金融的主要任务是支持绿色产业发展、绿色城镇化建设、生态保护和污染防治、新能源推广和资源循环利用。树立资源节约、环境保护的绿色导向,探索绿色金融支持经济发展新模式,在绿色产业发展规划的基础上,加大金融对生态文明、实体经济、绿色产业的支持力度,推动社会经济协调可持续发展。

二是加强绿色金融基础建设,建立绿色发展项目库。积极参与到智慧农村、"数字中国"建设的各个领域,基于融合金融洞察能力、科技创新能力和数字治理能力,推动实现高效透明的政府运行、精准智能的农村管理和泛在便利的民生服务,助力国家治理体系和治理能力现代化、数字产业化和产业数字化协同发展。引导农村金融机构针对性创新产品和提供服务,建立绿色金融综合信息披露制度,积极探索金融科技在绿色金融中的创新运用,借助大数据、互联网等技术加强地方绿色金融综合信息的披露管理,严格标准要求,及时、全面、准确披露绿色金融政策、产品、融资需求、第三方认证和服务资源。

三是加大绿色金融创新,切实提高效能。充分发挥市场在资源配置中的决定性作用,统筹兼顾环境、社会和经济效益,进一步优化绿色产业发展中的金融资源配置。提升绿色金融专业化管理,鼓励引导农村金融机构建立符合绿色企业、绿色项目特点的信贷管理制度、信贷审批流程和风险定价机制,积极构建符合国家产业政策和行业标准的绿色信贷体系和管理机制,实现绿色信贷模式专业化。推进各类环境权益交易融资,不断完善碳排放权、排污权、用能权交易制度,推进环境权益质押融资,积极打通各类环境权益、农村"两权"等抵质押登记、评估和交易全流程。推进绿色信贷产品创新,立足于绿色发展需要,创新绿色信贷产品,推广实施"快农贷""福林贷""福田贷"等模式,针对特定产业、区域创新服务,积极开发绿色消费贷、绿色按揭贷、低碳信用卡、绿色理财等金融产品。加快运用资本市场拓展绿色投融资渠道,在发挥好绿色信贷支持作用基础上,积极扩大绿色债券、绿色基金、绿色企业上市、绿色保险规模。

四是加强机制保障,确保风险可控。在积极稳妥、有力有序、精准务实推进绿色金融改革创新的同时,要深入推进普惠金融服务,提升支农信贷供给能力,坚持完善基础金融服务与改进重点领域金融服务相结合,拉伸"长板"、补好"短板"、加固"底板",进一步强化金融风险意识,加强绿色金融领域的风险评估,努力提高风险识别能力,稳妥做好风险预警、防范、化解和处置工作,切实提高金融服务的覆盖率、可得性和满意度,要切实践行社会责任,让金融服务惠及更广大的人民群众。

(五)坚持合规管理,推进案件风险防控长治久安

农村商业银行是整个银行体系相对薄弱的"短板",面临着较大的经营风险、市场风险、流动性风险甚至声誉风险。防风险工作要突出重点领域和关键环节。

一是完善风险机制。全面贯彻习近平新时代中国特色社会主义经济思想,坚持高质量发展的总基调,深入完善风险管理机制,积极落实宏观合格审慎性评估、存款保险评级、监管等级指标监测要求,建设"全覆盖、全流程、责任制"的全面风险管理机制。同时,大力推进合规管理体系建设,把合规管理纳入公司治理、内部控制、业务经营之中,推动全行员工自觉坚守合规底线,做到有法必依、有章必循,不踩红线、不出底线、不碰高压线,确保风险防控落地见效。

二是让优化制度流程形成工作常态。着力加强合规制度建设,灵活优化流程制度,细化管理责任,厘清信贷、运营、财务等不同条线间的制度交叉关系,并做好制度规范动态维护。强化合规管理的教育和引导,从"要我合规"向"我要合规"转变,让合规成为一种习惯,让合规真正融入员工心中,实现"不愿违、不敢违、不能违",形成时时合规、处处合规、事事合规、人人争做合规标兵的良好文化氛围。

三是防范化解案件风险。在经营管理中强化稳健审慎经营理念,构筑业务、合规、稽核三道防线，形成组织架构健全、职责边界清晰的风险治理架构，完善全面风险管理监测预警体系，按照"加快处置存量风险，全面控制新增风险，着力化解单体风险"的思路，做到风险信号有预警、风险趋势有预测、风险应对有预案、风险处置有手段，积极防范处置重点领域风险；落实好整治银行业市场乱象的要求，重点整治问题多的机构、乱象多的区域、风险集中的业务领域；以提高制度的执行力为抓手，下大力气进行规范、整顿、提升，着力破解制度缺失、执行偏差、监督缺位、行为失范等问题，让合规成为一种普遍遵循的信念，提升全面风险管理水平。

（六）坚持以人为本，为高质量发展提供人才支撑

企业的发展说到底是人的发展，只有把员工队伍建设好，农村金融的发展才大有希望。

一是强化队伍建设，配强、选优、用好干部队伍。优化任用选聘、挂职结对、后备培养等工作，加强干部队伍思想政治建设，坚决摒弃"两小"思想（小富即安、小胜即满），纠正"四小"思维（小视野、小九九、小算盘、小团体）。

二是培树典型示范，创先争优凝聚组织力量。以"三比三亮三评""普惠之星""服务之星"评比等创先争优工作为抓手，争先进、做标杆、扬正气，营造积极向上的干事氛围。

三是注重双线培养，提升员工价值感、幸福感。深化专业人才、后备人才双线管理，坚持人岗相适、人尽其才，打通肯干事、能干事的成长通道，让员工发展中一个也不掉队，让员工有更多的价值感、认同感、幸福感。

四是加强教育管理，打造"敢担当、有作为"的坚强堡垒。加强对员工队伍教育管理，建立健全容错纠错机制，强化严管厚爱，形成勇创新、敢担当的干部队伍。发挥绩效考核"指挥棒"作用，通过奖勤罚懒，激发干劲，努力向绩效考核市场化迈进。

五、农村金融要处理好高质量发展中的矛盾

农村金融机构作为立足本地、服务实体的银行金融机构，在当前经济发展进入新时代、新征程的关键节点时期，如何推进实现高质量发展已经成为广大干部员工尤其是高层管理团队极其重视与普遍关注的重要课题，在服务农村经济发展的过程中要注意处理好这几个方面的关系。

（一）正确处理好银、政、企之间的关系

经济发展离不开银行业的支持，银行业的兴旺发达又必须依赖经济的繁

荣,农村金融机构要围绕地方经济发展,找准切入点。过去计划经济模式下形成政府主导、银行放贷、企业用钱的银、政、企关系,现在难以适应中国特色社会主义市场经济高速发展并走向成熟阶段的新形势,根本不能适应中国法治社会更加全面完善的新要求。因此,地方银行作为银、政、企关系的核心,应自觉树立新型银、政、企思想,主动构建新型银、政、企合作关系新格局。政府按照国家战略制定经济发展规划并组织开展地方社会经济建设,企业按照市场法则围绕地方建设发展需要组织开展生产经营管理活动,银行主动对接国家战略和地方社会经济建设,积极融入地方主流市场、围绕客户市场需求,按照市场规律、金融规律、法治规律开展金融服务,并且要不断加强与经济主管部门、地方企业的联系和沟通,争取获得更大、更多的支持,建立健全银行、政府、企业的协调配合,为实现高质量发展目标努力开创"政府搭台,银企唱戏,互信双赢,共谋发展"的良好局面。

(二)正确处理金融供给和需求的关系

农村金融供需关系,是农村经济运行中的基本关系,主要矛盾的变化,一定意义上说就是由于农村金融供给和需求都发生了变化,原有的平衡被打破,而寻求新的平衡。农村居民的金融需求内涵大大扩展,需求层次不断提升,对多样化、个性化、多层次的金融需求,对农民增收和美好田园生活的需求都不断增加,但现有的农村金融供给体系还不能充分满足这些需求,许多金融产品仍是原始的存、贷业务。落实乡村振兴战略,实现高质量发展,就是要顺应、培育和释放新的金融需求,建立完善农村金融服务体系,创新适应"三农"经济发展的金融产品,不断满足农村金融市场的需求。

(三)正确处理"稳"与"进"的关系

稳中求进既是工作总基调,也是重要方法论。坚持稳中求进,就是要坚持加快发展与防范风险相统一,以稳求进、以进促稳,在保证风险可控的前提下加快推进业务发展。稳中求进,稳字当头。要稳存款、稳息差、稳收入、稳运行,确保各项业务持续稳健发展,确保不发生系统性金融风险和大案要案,为推动高质量发展奠定坚实基础。稳中求进,进字为要。服务要改进、结构要优化、管理要精细、质效要提升,确保主要业务稳中有增,确保市场份额稳中有升,为推动高质量发展拓展更大空间。

(四)正确处理"量"与"质"的关系

质量是企业生存发展的"生命线"。坚持质量第一,就是要坚持做大总量与提升质量相结合,全力以赴稳增长,千方百计提质效,确保形稳势更好、量增质更优。量增质优,量是基础,始终把稳增长放在首要位置,通过持续做大总量,为转方式、调结构提供回旋余地,为提质量、增效益奠定坚实基础。量增质优,质是关键,始终把提质效放在突出位置,积极转变发展方式,持续优化业务结构,加快转型升级步伐,推动发展从规模速度型粗放增长向质量效益型集约增长转变。

(五)正确处理"速"与"效"的关系

效益性是商业银行的基本经营原则。坚持效益优先,就是要坚持拓展市场与追求利润兼顾,做到速效并重、内外兼修,努力实现综合价值最大化。速效并重,效率为先,面对当前激烈的市场竞争,及时跟进同业动态、客户需求和市场信息,在利率定价、产品创新、服务提升等方面同步优化升级。速效并重,效益为本,更加明确以效益为中心的导向,强化财务管理,抓好增收节支,提升创利能力,确保实现商业可持续。

(六)正确处理防范金融风险与服务实体经济之间的关系

防范金融风险与服务实体经济本质上是统一的,农村金融机构实现高质量发展既需要控制杠杆规模的扩张、防范金融风险,更需要实现收入的稳定增长和业务的可持续发展,而后者要求地方银行要更好地为实体经济发展服务。如果地方银行不能服务好实体经济,最终自身的风险也无法避免。国务院金融稳定发展委员会第二次会议对下一步金融工作提出了具体要求,重点是处理好稳增长与防风险的关系,为实体经济创造新的动力和方向,增强金融机构服务实体经济特别是小微企业的内生动力。因此,地方银行应立足当地实际情况,把握社会经济发展主流市场,认真落实相应的政策措施,努力实现防范金融风险与服务实体经济的有机统一。

(七)正确处理"长"与"短"的关系

协调是高质量发展的内生特点。坚持协调发展,就是要坚持巩固优势与弥补弱项相协调,把长板做优做强,把短板补齐补全,不断提高整体发展水平。协调发展,重在扬长。进一步巩固好、发挥好机构网点多、客户资源广、业务规模大、经营机制活、决策链条短、反应速度快等比较优势,化竞争优势为发展胜势。协调发展,贵在补短。适应现代金融形势,对标先进同业机构,勇于正视差距,坚持不懈抓重点、补短板、强弱项,化短板劣势为后发优势。

六、建立健全农村金融高质量发展评价指标体系

中国人民银行、银保监会和地方政府要加强对农村金融高质量发展引导,把农村金融高质量发展与支持乡村振兴战略结合起来,与普惠金融服务农村经济结合起来,设定农村金融高质量发展的指标要充分考虑农村金融市场的特点,借鉴商业银行陀螺评价指标体系,综合考虑建立适合农村金融高质量发展的指标体系。

(一)评价指标的基本架构

面对乡村振兴战略的实施,农村金融被赋予了新的历史使命,考察农村金融机构的高质量发展指标必须以服务"三农"为基础。因此,农村金融机构高质量发展既要考察 ROA、ROE 等经济效率指标,也要考察不良率等风险指标;既考虑通过金融改革实现高质量发展,也要通过服务模式来引领整个农村经济的高质量发展;既要响应国家战略为农村经济发展提供高质量的金融供给,也要考虑防范经营风险。

一是稳健和发展。从农村金融机构经营管理实践看,一部分能力是农村金融展业的基础。如公司治理能力,是农村金融规范化运作的机制保障,也是确保其稳健经营的关键;风险管控能力,是商业银行作为特许行业所独有的特征,关系着商业银行的生死存亡;股本补充能力,是商业银行提升资本的能力,也是其稳健展业的基础。

二是农村金融发展的目标和抓手。如支持乡村振兴精准扶贫的能力和收益可持续能力,反映了商业银行获取利润的能力及收益的可持续性,是其高质量发展的方向;竞争能力,是商业银行打造差异化服务和竞争力的能力,是其高质量发展的抓手;员工知会能力,是银行员工掌握先进技能的能力,是其高质量发展的人力支撑。

三是科技支撑能力。金融创新能力既为农村金融展业提供支撑,也为其发展提供抓手。如服务能力,是农村金融服务农村经济的体现,也是其回馈社会的价值所在;运营管理能力,是商业银行内部运转的核心能力,并关系着农村金融的经营效益;体系智能化能力,既为农村金融运行提供科技支撑,也为农村金融高质量发展提供科技动力。

(二)构建高质量发展的指标体系

(1)公司治理能力,是指商业银行以监督与激励为核心内容,通过结构调

整和机制建立保证机构决策有效性和科学性的能力。具体通过银行上市情况、董事会结构、信息披露等基本指标来评估商业银行公司治理的客观实际情况,并借助调查问卷和组织专家进行综合评定,以更全面地考察农村金融机构的公司治理现状、外部社会声誉等情况。

(2)收益可持续能力,是指商业银行通过日常业务经营获得持续、稳定的资金流入,并在一定程度上避免经济波动造成减收或损失的能力。具体选用ROA和ROE指标进行考察,并引入"净息差"和"非利息收入占比"两项指标,用以补充考察银行收益的可持续性。

(3)风险管控能力,是指商业银行采取各种措施和方法,消灭或减少风险事件发生的可能性,以降低未来经营损益不确定性或波动性的能力。一方面结合商业银行自身风险类型,重点考察流动性风险管控能力;另一方面结合银保监会全面风险管理要求,从资本充足率、拨备覆盖率等角度考察商业银行的风险抵御能力。

(4)运营管理能力,是指商业银行在符合金融监管要求、保证营利性等原则下,将投入转换成产出并获取成本收益最优均衡的能力。主要从成本收入、营收指标、存款情况等维度进行综合考察。具体评估过程中对总量指标及增长情况均赋予权重,体现稳健与发展并重的宗旨。

(5)服务能力,是指农村金融机构通过向客户提供高效优质的服务,不断提升客户忠诚度、满意度和贡献度的能力。主要考察"大服务"和"小服务"两个方面,分别侧重于对实体经济的服务力度和质效。其中,"大服务"包括贷款占资产的比重、乡村振兴产业贷款占比、普惠金融贷款占比以及绿色信贷占比等指标;"小服务"包括百佳、千佳网点占比等指标。

(6)竞争能力,是指商业银行运用自身综合优势和技术,实现自我成长、自我创新和差异化服务,从而塑造自身品牌价值和品牌影响力的能力。主要通过零售金融业务营业收入、公司金融业务营业收入考察银行的业务竞争能力;通过非商业银行业务营业收入考察银行综合化业务竞争能力;通过最近三年营业收入增长率考察收入持续增长能力。

(7)体系智能化能力,是指农村金融机构利用信息技术等科技手段,提高金融服务质量,为机构经营决策和管理赋能的能力。主要通过设置零售客户电子化渗透率、对公客户电子化渗透率、柜面替代率、金融科技投入占总营收比例、Ⅱ类和Ⅲ类银行账户总数等指标考察商业银行体系智能化能力。

(8)员工知会能力,是指银行业从业人员对本岗位应该了解的基本知识和应该掌握的基本技能的应知应会能力。具体通过硕士及以上员工人数占比指标，考察商业银行员工的受教育程度；通过员工获取银行业职业资格证书人数占比指标，考察商业银行员工的专业性情况；通过硕士集中度指标，衡量商业银行对高素质人才的吸引力。

(9)股本补充能力，是指农村金融机构综合考虑资本需求、资金监管要求和资本可获得性后，通过留存利润、发行和创新资本工具，及时、有效、主动、灵活地补充资本的能力。其中资本补充需求主要考察银行因风险加权资产增长而产生的资本补充需求状况；内源资本补充能力考察法人机构如农商行、农信社、村镇银行等机构通过自身利润的积累补充资本的能力；外源资本补充能力主要考察银行在资本市场的融资能力。

(三)评价方法

为保证农村金融机构高质量发展评价结果的客观、公正、科学，服务于最新的政策导向，充分发挥评价体系的前瞻引领作用，采用如下评价方法。

(1)在充分认识和把握农村金融机构高质量发展内在要求的基础上，设计九大板块相应权重。

(2)面向参评银行收集指标所需数据，其中绝大部分指标来源于年报中公开披露的数据，极少数无法量化的指标，中国人民银行、银保监会分支机构和地方政府可组织业内外知名专家进行综合评价。为了消除各单项指标量纲不一和单一指标差异对整体结果产生的偏离影响，将原始数据进行标准化处理。

(3)根据各指标权重及标准化分数进行加权汇总，最终得到样本银行高质量发展综合得分。

(四)评价结果运用

地方政府、中国人民银行和银保监会要对考核结果为优秀等次的农村金融机构，按规定予以定向调整准备金、监管评级和税收优惠激励政策，并在辖区内给予通报表彰，地方政府优先推荐该机构参与重点项目、重大工程建设；对考核结果较差的农村金融机构，由考核评价工作领导小组会同农村金融机构分析原因，提高政治站位，切实担负起金融支持乡村振兴建设的职责使命，找准金融服务"三农"的切入点，进一步提高金融服务农村经济的能力。

第九章 农村金融理论与实践

对构建新型农村金融体系的思考

2006年以来,各地区各部门认真贯彻中央部署,社会主义新农村建设开局良好。在自然灾害较重的情况下,粮食继续增产,农民持续增收,农村综合改革稳步推进,农村公共事业明显加强,农村社会更加稳定。但当前农村发展仍存在许多突出矛盾和问题,农业基础设施依然薄弱,农民稳定增收依然困难。农村金融机构作为农业经济资金生产要素供给的主要部门、长期以来服务农村经济的主要组成部分,理所应当地要围绕建设社会主义新农村的要求更加积极主动地发挥作用。

一、当前农村金融现状和突出问题

(一)城乡金融资源利用差距较大,成为和谐社会的掣肘因素

目前,我国农村贷款只占全国总量的15%左右,而城市占85%左右;农村人均贷款余额不足5 000元,而城市人均贷款余额超过50 000元,两者相差10倍。当城市的金融网点越来越密,金融产品和金融服务种类越来越多,金融消费者的金融福利水平越来越高时,农村的大部分地区却成为被金融遗忘的角落。各类农村经济主体感受不到金融对自身发展的支持,享受不到金融改革和金融发展带来的利益,无法拥有与城市经济主体平等的融资机会。农村金融供给不足,对"三农"的支持乏力,不利于城乡经济的协调发展,成为建设社会主义新农村和构建和谐社会的重要掣肘因素。

(二)农村金融资金供给不足,而且结构不合理

我国提供存款和汇兑结算等金融服务的农村金融机构,目前已基本覆盖

了我国 90% 以上的农村地区,高于世界上其他国家平均 30%～40% 的水平。虽然我国农村贷款覆盖率和金融服务覆盖率都处于较高的水平,但农村金融机构的可持续发展却面临着严峻的挑战。2000 年年末,全国县及县以下银行业金融机构存款 32 787 亿元,贷款余额 24 355 亿元,存差 8 432 亿元,存贷比 74.8%,比同期银行业金融机构存贷比低 5.46 个百分点。2005 年末,县及县以下银行业金融机构存款 68 953 亿元,贷款余额 38 825 亿元,存差高大 30 128 亿元,存差比 2000 年增长了 2.57 倍,存贷比为 56.2%,与同期银行业金融机构存贷比差距拉大到 12.72 个百分点。总量方面,资金在持续地外流,服务在蜕变中短缺。农民贷款难问题没有得到基本解决,农村中小企业及民营企业普遍面临资金困境。

(三) 政策性金融机构支农作用不明显

支持"三农"除需要财政资金的投入以外,政策性金融机构应当发挥其特有的扶持功能。但从目前的实际情况看,政策性金融功能缺位,制约了金融支农作用的有效发挥。中国农业发展银行作为我国唯一的农业政策性金融机构,目前仅限于单一的国有粮棉油流通环节信贷服务,基本上只负责粮棉油收购资金的发放和管理,其他政策性业务,如支持农业开发、农业产业化和农村基础设施建设等并没有有效运作起来,对改善农业生产条件、调整农村产业结构和促进农民增收的作用不足。

(四) 金融服务功能弱化,民间借贷活跃,制约农村经济发展

随着农村工商业的迅速发展和经济市场化程度的提高,农村经济对金融服务的要求趋向多样化。但是大多数农村金融部门仍沿用传统金融服务手段,金融业务仍然以传统的存、贷、汇为主,缺少信贷服务品种创新,已不能完全满足农村经济发展的需要。体制内金融服务严重不足,造成体制外民间金融包括高利贷兴起,也使间接融资渠道不断增多,非法集资活动有所抬头,矛盾逐步显现,给信贷管理带来困难。由于没有法律保护和监管约束,民间借贷良莠不齐,纠纷频发,增加了农民债务负担和农村金融的潜在风险。

二、构建新型的农村金融体系的政策建议

构建农村金融与新农村建设之间的良性互动关系,必须让农村金融机构按照其本身的内在规律发挥作用。笔者认为我国农村金融改革应该是实现金融支持农村经济发展方式的根本转变,建立一个符合市场经济需要、有自

生能力、能够与农村经济发展同步成长的现代农村金融体系。

(一)加快农村金融改革,构建新型农村金融组织框架

全国金融工作会议为农村金融建设指明了方向,应加快建立健全适应"三农"特点的多层次、广覆盖、可持续的农村金融体系。该体系包括监管机构、存款保险公司、商业性金融、政策性金融、合作金融和其他金融组织等。充分发挥商业性金融、政策性金融、合作性金融和其他金融组织的作用,实现其在目标一致前提下的协调配合和功能互补。监管机构应以中国人民银行县级支行为核心实施混业监管,进一步规范农村金融秩序。同时,加快推进对农业保险制度的完善、农村资本市场培育等问题,当务之急是要出台具体的可操作性措施,加快农村金融体系的重塑进程。

(二)明确农村金融的职能定位,引导农村资金回流

监管部门尽快制定县域内各金融机构承担支持"三农"义务的政策措施,明确金融机构在县及县以下机构新增存款用于支持当地农业和农村经济社会发展的比例。转变农业政策性金融的发展理念,允许中国农业发展银行在农村从事开发性金融业务,发放中长期综合性贷款,实行政策性业务和开发性业务分账户运作。形成中国农业银行与中国农业发展银行的相对分工和适度竞争局面。可以参考其他国家实行的社区再投资等做法,调动各相关金融机构增加支农资金的投入。

(三)加快中国农业银行改革步伐,发挥中国农业银行在新农村建设的主力军作用

一是稳步有序地推进中国农业银行股份制改革,强化为"三农"服务的市场定位和责任,实行整体改制;二是充分利用中国农业银行在县域的资金、网络和专业等方面的优势,更好地为"三农"服务;三是增加对具有资源优势和产业优势的农产品产业带、主导产业生产基地、农产品专业市场建设的资金投入,提高对农业重点龙头企业的综合服务水平,支持涉外和新兴领域的农村商业企业,扩大对农村私营业主、民营企业金融服务的覆盖率;四是控制改革后的新风险,建立风险防范长效机制。

(四)建立适合农村经济发展的担保体系

一是针对农户和农村中小企业的实际情况,研究实行多种形式的担保和抵押、质押办法,如探索实行联户担保、动产质押、仓单质押等形式,根据产业

大户、龙头企业等新型农业经济主体的不同特点,采取"一企一策、一户一策"的办法解决农民抵押、担保难的问题。二是加强农村信用环境建设,如积极发展社会信用中介服务体系,完善中小企业和农户信用评级体系。三是完善信用担保体系。建立担保基金,鼓励各类信用担保机构进行金融创新,积极拓展农村担保业务。

(五)不断推进金融创新,降低支农资金风险

一是应充分发挥财政的作用,合理构建支农信贷资金的风险管理和补偿机制。(中央和地方)财政、商业银行、贷款者三家共同承担风险,可以在一定程度上缓解因农村借贷成本高而造成贷款难的窘状。二是地方政府、存款保险公司、农业保险机构、农户和金融机构联合组建风险分担机制,有效降低农业贷款中存在的金融风险。三是推进农村金融的利率市场化改革,实行适度的城乡差别利率。四是大力发展农村票据市场,放宽对农村金融机构再贴现的条件,调节信贷资金流向。五是推进农村金融利税改革,对新增当地支农贷款超过一定比例的给予享受减免税收优惠政策。

(《金融与经济》2007 年 2 期)

农村商业银行人力资源挖掘与应用方法研究

随着我国农村金融体制改革的进一步加快,农村信用社纷纷进行股份制改造,完成了由合作制向股份制的转变。然而从农村商业银行管理体制来看,其内部经营机制仍然沿用农村信用社的经营方法,特别是在人力资源管理方面,不论是观念还是在实际操作上,都没有脱离农村信用社的管理模式,为此笔者对农村商业银行人力资源管理存在的问题进行剖析,提出了农村商业银行人力资源挖掘和应用的方法,为农村商业银行的健康发展提供人才支撑。

一、农村商业银行人力资源管理存在的问题

(一)人力资源管理的理念滞后

农村商业银行初步建立了以岗位为基础的基本工资制度和岗位薪酬管理办法,根据业务的发展和经营管理的需要,不断地调整和优化人力资源管

理办法,使人力资源管理的水平得到不断提升。但是农村商业银行传统人事管理的色彩比较浓厚,属于"被动反应型"的操作式模式,银行内部的人才需求和调整都是由单位的主要领导提出要求,人力资源部门根据领导的指示做被动的调整。而现代人力资源管理则要求"主动开发型"的战略模式,重视对人的能力、创造力和智慧潜力的开发和发挥,突出以人为本,这就要求银行必须在经营管理的过程中,主动发现存在的问题,并懂得利用现代信息技术去寻找对策,提出创新的构思,解决管理中存在的问题。

(二)从业人员综合素质不高,无法满足业务发展的需求

一是人才结构不合理。目前,农村商业银行的员工人数总量不少,但人才结构却不合理,年龄大、学历低的同志占比较高,业务骨干和专业人才严重匮乏,不能满足业务发展的需要。二是基层支行高素质的人才都被抽调上级机关,基层支行的员工素质则普遍不高,不合理的员工结构降低了银行内部信息传递的质量和效率,影响了制度的执行力。三是员工的知识陈旧,业务能力不强。大部分员工只熟悉传统的存、贷款和结算业务,对营销业务、代理保险业务、理财业务一窍不通。复合型人才的严重缺乏,会制约农村商业银行整体创新意识和创新能力的普遍提高,也明显影响服务质量和服务效益的提升。

(三)没有建立规范的人才储备机制标准

一是没有建立农商行人才需求储备计划。由于农商行不注重人才的培养和储备,当银行面临改革、发展和业务创新时,新兴业务条线的后备人才缺乏,业务骨干和管理人员严重不足,影响了业务的发展。二是没有建立职位分类和岗位任职资格的标准。农商行没有按照部门根据业务发展的实际需要制订严格的"三定"方案,也没有依据职位的工作性质、责任轻重、难易程度和所需资格条件进行分类,更没有对职位分类编制岗位任职说明书,导致了人力资源管理的随意性,不利于人力资源的管理和使用,也不利于调动员工的积极性。

(四)教育培训针对性不强,导致培训效果不理想

一是培训目标产生偏差。单位编制培训计划只注重岗位需求能力的培训,忽视了宏观经济形势分析、产业政策、营销方法和各类岗位的任职资格等专业知识的培训,因此员工参与培训的热情不高,最终培训的效果不理想。

二是培训内容比较注重岗位技能培训,对员工综合素质培训和智力开发培训相对较少。特别是对高层管理者的战略思维、领导管理艺术和压力释放等方面的培训不够,影响了良好企业文化的发展。三是培训效果评价体系不健全。目前农村商业银行培训中唯一的效果评价就是考试,没有建立规范化的培训评价体系,没有开展培训效果的跟踪调查,导致培训资源没有得到充分的发挥和利用。

(五)绩效考核制度不科学,难以发挥有效的激励和约束机制

一是绩效考核制度设计不合理。农商行对部门和员工的考评仍以存、贷款等业务量进行简单的加权计算,考核内容缺少财务指标、客户指标、内部运营指标、员工发展指标等多方面,从而使激励针对性和公平性不强。二是缺乏规范化的量化考核体系。主要表现在考评指标过于单一、没有服务质量评价指标和业务创新指标,导致部门和员工为完成考核指标粗放型地开展工作,不考虑效益与成本的关系。三是缺乏人才晋升、流动和退出机制。没有建立规范的人才晋升、流转和退出机制,现行的政策对人才的激励约束手段有限,导致对人才的激励性不足,影响了人才的稳定。

二、农村商业银行人力资源的挖掘与应用

人才对任何一个企业来说都是非常稀缺的资源,农村商业银行要坚持"以人为本"的管理理念,努力打造诚信、规范、严谨、敬业的经营管理队伍,推动从业人员由劳动技能密集型向知识素质型的转变,为农村商业银行的快速健康发展提供人才支撑。

(一)根据业务发展的需要,编制科学的人才规划

人才规划是农商行在快速扩展和发展过程中,人力资源管理领域的基础性工作,影响着农商行经营目标的落实和实现。一是科学编制人才规划。建立健全人才配置标准、人才数量标准、人才质量标准、人才结构标准和人才配置结果监督,同时,要对人均价值产出、人工成本以及员工队伍建设进行综合评价。二是要充分挖掘现有人才资源。本着安定团结的精神,对现有人力资源进行开发和利用,摒弃传统的用人观念,重新对员工进行定位,根据岗位变化的要求科学施训,合理消化吸收内部人力资源,用法律的形式确立新型的劳动用工关系。三是建立人才引进机制。以开放的姿态积极引入人才,不断吸收借鉴先进的思维和理念。引进人才后要注重员工成长平台的搭建,主要包括专业人才的职业生涯设计、精神生活的愉悦程度、情趣健康的人际关系等因素。还要考虑为不同类别的人才设计职业生涯,努力创造一个精神愉快的内外部环境,悉心培育吸引人才的土壤。

(二)制定科学的职位分类标准,完善岗位职级体系管理

一是建立岗位任职资格标准。根据岗位工作需要制定出每个等级岗位任职资格标准,岗位任职资格标准主要包括专业知识、专业技能和职业经验等要求,还要考察职业道德、自我形象、内在动机、个性品质和社会角色等因素。二是实行岗位任职资格制度。银行把所有的工作岗位都实行资格认证,通过岗位资格认证实现部门人员的优化组合,并建立专业岗位资格人才库,当业务岗位出现空缺时。由人力资源部门直接从人才库选取予以补充。三是强化岗位绩效管理。银行与每位员工签订工作目标绩效合约,制定岗位绩效合约的主要依据是员工岗位职责、履职范围和年度工作任务指标,员工的岗位和薪酬设计要紧密挂钩,实行"按劳分配、多劳多得"。

(三)建立科学的绩效评估体系,挖掘和发现人才

建立科学的激励和约束薪酬体系,不断创新薪酬激励分配形式,增加职工的福利性收入,吸引人才。一是实行年薪制度。可借鉴和学习国内发展较好的股份制银行的薪酬管理经验,在高级管理层级中可实行年薪制,激励高层管理者安心本职,达到"利益留人"的目的。二是要在员工中推行绩效考核制。实行绩效优先、兼顾公平,考核过程中注重公平、公开、公正,让职工感受到劳有所得。三是要建立健全福利待遇机制。福利待遇是职工的稳定器,一般与员工的工作绩效不直接挂钩,要认真分析员工的实际需求,制定出不同的福利待遇的组合,由员工自主选择,满足员工的不同需要。

(四)创新培训教育方式,培养和孕育人才

一是根据业务发展需要,立足队伍现状,把加强业务培训作为提高员工素质的主要途径,坚持"按需施教,务求实效"的基本原则,针对高管人员、中层干部、基层员工、新招聘员工的不同需要,开展多层次、多渠道、全方位的培训,不断提升员工的业务素质和技能水平。二是实施人才培养工程计划。从优秀员工中选出高学历的年轻人进行重点培养,分别实施职业经理人才计划、专业人才计划、业务骨干计划和高级管理人才计划,通过层层筛选和培养把政治思想素质过硬、作风优良、管理有力、思路清晰的员工选拔到领导干部队伍上来。三是实施岗前培训工程。组建模拟银行,建立先进的岗前培训体系,使新员工经过专业化、系统化实战平台培训后,达到直接上岗的水平。四是在人才管理上下功夫。在内部实行导师制和结队帮扶机制。导师制就是由业务素质高的高管及中层,对优秀员工进行一对一的辅导;结队帮扶就是由支行长对后进员工实行定向帮扶,不仅关心八小时以内,也关心八小时以外,实行关爱工程做到对待每一位员工,不嫌弃、不放弃。

(五)坚持以人为本,用"家"文化留住人才

一是建立组织和个人发展目标相协调的工作机制。坚持选拔使用干部、绩效分配、大宗物品采购等重大敏感事务公开,让职工参与经营计划的制订和经营管理等重大决策,实行民主管理,让职工充分理解并知晓本行的经营目标,引导员工实现个人理想与单位目标相统一,从而实现个人理想与组织目标的高度融合,增强员工的责任感和使命感。二是建立员工成长培养机制。农商行要立足实际不断发掘优秀人才,按照能力与目标的匹配要求,不断为优秀的员工提供施展才华的机会,让职工真切感受到组织的关心和关爱,使每个人都感受到团队大家庭的温暖,这将极大地激发员工的献身精神、忠诚团队的信心与决心。三是要培养优秀的团队精神。农村商业银行所提供的服务是全体干部职工集体智慧的结晶,高管要注重组织内部和谐人际关系的构建,关注组织内部的员工关系,适时调节部门之间、员工之间的矛盾,以健康积极的企业文化来融合员工关系,倡导相互尊重、彼此信任的人际交往,反对派性和庸俗性的人际关系,努力营造一个充满信任、团结、友好、协作的人际交往氛围,增强员工的归属感,发挥优秀的团队精神实现农村商业银行的健康发展。

(《中国农村金融(网络版)》2016年7期)

金融支持农村住房制度改革的实践与探索

目前,我国大部分农村住房条件较差,农民住房安全难以得到有效保障的矛盾日益突出,而现有的农村住房制度又存在诸多弊端,农村住房保障体系也尚未有效建立。大力推进农村城镇化建设是各级政府工作的重点,在推进城镇化建设过程中,基础设施建设、扩大公共服务、促进区域经济发展、农村劳动力转移等都需要大量资金的支持,但地方政府财力很难满足如此巨大的资金需求。因此,充分发挥金融业的资金融通功能和优势,引导中国金融企业承担社会责任,建立农村住房金融制度,支持农村住房制度改革,改善农民居住条件具有现实意义。

一、我国农村居民住房的基本现状

我国农村地域辽阔、人口众多,经济发展水平很不平衡、生活习惯和文化传统差异较大,但在住房消费方面具有相同点。

(一)农村居民住房消费支出过多,影响农村经济长远发展

自改革开放以来,农村居民住房消费支出大幅增加,单位面积的房屋价值不断提高,2008年达到533.7元/平方米,2008年农村人均住房消费支出额达642.25元。总体而言,目前我国农村居民住房消费支出比重较大,建房资金紧张,负担沉重。为建一栋符合农村潮流的住房,绝大多数农产家庭需要耗费5~10年的积蓄。抽样调查显示,农产家庭建房举债比例占50%以上。作为生活消费的重要组成部分,住房消费超越了农产家庭经济实力和农村经济发展水平时,会损害农村经济的长远发展。

(二)农村住房占地面积过大,致使土地资源浪费严重

农村人均住房面积逐年增加,且增幅呈逐年加大的趋势,2008年人均居住面积达32.4平方米。由于缺乏整体规划,农村所建房屋大多呈分散或无序集中状态。很多农村居民建新房却不拆除原先的旧房,一户多宅的现象普遍存在,即使已拆除老住房,宅基地也并未得到有效改造复耕。农村居民宅基地选址一般根据生产、生活的方便程度来确定,以自身的效用最大化为目标,因此以自然院落形式分散居住、占用耕地建房、建路边店的现象极为常见。这都导致农村土地资源浪费严重,加剧了人地矛盾。

(三)农村住房质量不高,陷入低水平重复建设怪圈

我国广大农村地区自行建房模式仍占主导地位,住房质量普遍不高,更新周期短。从近年来我国农村地区遭受自然灾害的情况看,农村住房建设缺乏统一设计,建筑质量存在较大安全隐患,抗震和抵御自然灾害的能力差。据调查,农村住房未经正规、有资质人员进行建筑和结构设计的占97%以上,未经有资质的施工队施工的占99%以上。在这种情况下建造的住房寿

命期短,10 年左右就要翻新,陷入了低水平重复建设的怪圈。

(四)农村住房保障制度的缺失

随着城乡统筹推进、协调发展的不断深入,宅基地这一旧有保障制度逐步凸现其缺陷,主要表现在以下两方面:一方面,宅基地保障居住与集约节约土地资源的政策相悖;另一方面,宅基地保障仅提供了建房的土地,实行"居者有其地",其落脚点并非居住本身。目前,农村低收入家庭住房普遍存在房屋质量低、配套缺、外观差等问题,每个家庭建房受各自经济条件的影响,部分无力承担建房费用或建房预算有限的家庭,建成房屋的质量存有严重的安全隐患。

二、农村金融体系不健全,住房金融亟待加强

农村住房金融是指与广大农村居民的住房建设、流通、消费、修缮等经济活动有关的信贷、保险以及货币结算等各项资金融通活动,涉及农村住房金融机构、金融工具、金融市场、政府干预等内容。

(一)农村金融体系不健全,金融支持农村住房资金乏力

国有商业银行为节省成本纷纷退出农村市场,农村金融机构急剧萎缩,一些农村地区出现"金融真空"。我国 1.2 亿农村居民有贷款需求,但很难从正规金融机构获得贷款,农村居民 67% 的借贷通过亲友或其他非正规金融渠道获得,仅 33% 是向正规金融机构贷款,其中向信用社贷款占 28%,向银行贷款仅占 5%。近年来,农村主要金融机构是农村信用社和邮政储蓄机构。在农村居民有限的金融贷款中,用于住房消费的资金占用比例较低。以中部地区为例,2006 年中部五省农村居民用于建房或装修的贷款仅占总贷款额的 11.7%。

(二)农村住房金融制度缺失,住房金融产品匮乏

我国房地产金融产品几乎离不开两个系列,即政策性和经营性住房金融产品系列。开展的住房信贷商品主要是抵押、按揭等,对象主要是城市居民,而对于广大的农村住房消费市场,适合农村住房市场的金融商品没有开发和设计。中国农业银行虽定位支持"三农"经济发展,但支农作用还没有显现。中国农业发展银行只是在流通环节支持粮、棉、油的收购,农村信用社成为县以下各类贷款的主要来源。然而,农村信用社治理结构不完善,受资产规模

和风险管理的影响,无力为农户提供长期的住房消费贷款。同时,农村居民收入低,无力承担抵押贷款中比例较高的首期付款,无传统抵押品,农村金融机构不愿贷款给农民。

(三)农村住房金融潜在风险较大,缺乏市场风险分担机制

我国住房金融机构设置和业务机构布局、组织体系明显不完善,仅有非专业性住房金融机构,主要是商业银行,缺少专业性住房金融机构和向住房融资提供担保和保险的机构。虽然农村住房市场潜力较大,但是农村住房金融的风险相对增大,市场风险分担机制缺乏,国家也没有出台相关住房金融制度和风险补偿政策,极大影响了农村住房金融这一最具社会影响力和覆盖面广的特色业务发展。

(四)农村住房金融法律法规缺位

住房金融作为一种金融组织形式,可由普通的经济金融法规来调整,但农村住房金融又有其特殊性。我国涉及房地产金融的专门法规很少,只有商业银行自身的房地产开发贷款和个人住房贷款的流程规范,虽然已出台了一些涉及住房金融的法律法规,如《民法通则》《城市房地产管理法》《城市房地产抵押管理办法》等,但这些都只是与城市住房金融有关。农村住房金融体系实际上尚未建立,目前为止没有出台任何与农村住房金融相关的法律法规。

三、构建农村住房金融制度,支持农村住房制度改革

我国农村人口多、收入低、社会保障制度缺失,建立完善的农村住房金融服务体系应遵循以下基本原则:运用政府手段,支持农村住房金融制度构建,完善农村金融体系,发挥农村金融机构的作用,促进农村住房金融制度健康快速发展。

(一)改革农村土地政策,建立和完善农民住房制度体系

1. 按照城乡统筹的原则,确立城乡统筹的居民住房制度目标

稳定当前农村住房基本制度,逐步推进农村宅基地供应制度改革,在条件具备的发达地区探索农村住房流通模式,为构建农村住房交易夯实制度基础。明确规定农村村民享有一户一处宅基地的政策边界,以及农户利用自身宅基地拆旧房建新农房的政策要求。农村宅基地改革可以考虑终结无偿使

用宅基地的政策,对于现有农户采取类似承包土地一样的政策,"生不增加,死不减少",由农户家庭在政策允许范围内自由处置、继承。总结农民住房财产权益的实现形式,包括农民相对集中建公寓与宅基地"一户一宅"制度的改革;按照同一平台、预留接口、独立编码、分类登记、共同指导的原则推进农村房屋登记管理工作。

2. 落实县、乡(镇)两级政府乡、村建设管理职能

一是县级人民政府必须履行乡、村建设指导的政府职能,加强对农村住房规划、建设标准、建设用地、资金使用(政策资金分配)、建筑质量等工作的监督和管理,确保村、镇规划科学、布局合理,质量优良的惠民工程工作落实到位。二是镇一级管理机构主要负责农村住房建设的组织和实施工作。落实乡(镇)农村住房建设工作责任制和责任追究制,要从各地的实际出发,重点做好监督农村住房工程的整体规划和工程实施工作。三是明确为农民提供的公共品服务和社会管理的形式,划分中央政府和地方政府的事权范围与责任,界定政府与农民的责任,努力通过间接管理实现为农民的服务。

(二)深化农村金融体制改革,建立农村住房金融制度

一是国家尽快出台优惠政策,鼓励国有商业银行、股份制商业银行和非专业性房地产金融机构从事农村房地产开发的住房信贷业务。政府除了必要的财政支持外,在税收、信贷管理政策等方面要提供特殊优惠。建立多元有效竞争的农村金融体系,逐步开放农村金融市场,为农村金融机构的多样化创造有利条件。二是探索合适的农村住房金融组织形式。我国经济发展在空间上具有显著的不平衡性,要从不同区域的实际情况出发,探索合适的农村住房金融模式。成立商业银行农村住房信贷部,建立农村住房金融制度,开发适合农村、农民需要的住房金融商品,以解决农民建房贷款难问题。三是通过建立住房银行、住房融资担保公司和保险公司、农民互助担保公司、住宅融资管理委员会等机构,为住房金融业务发展提供组织保障,降低农村房地产金融非系统性风险。

(三)拓宽住房金融资金渠道,加大农村住房改革的支持力度

鼓励外出富裕起来的农民工回村、镇投资创业,吸引多种经济成分参与村、镇建设,引导乡镇企业向村、镇集中,呼吁国有经济履行社会责任到村、镇开发经营,本着"谁投资、谁受益"的原则,吸引各种社会资金参与村、镇基础设施建设。在条件成熟的地区,应积极争取国家政策性银行贷款,或采取

BOT方式建设供排水、垃圾处理等公用设施;也可以用足、用好国家公用设施有偿使用的各项政策,提高镇级财政对基础设施、社会保障、教育科技、文化卫生等公用事业的保障功能。这样,不仅有利于居民住房贷款多元化,而且有利于形成竞争性、有效率的农村住房金融市场。

(四)完善金融法律制度,为农村住房金融提供法律保障

一是修改现行的法律法规,确定农村房地产金融的法律地位。在《中华人民共和国商业银行法》《中华人民共和国合同法》《中华人民共和国担保法》《中华人民共和国民法通则》等法律中补充有关农村房地产金融条款的法律条例,用法规形式约束开发商和贷款人的金融行为。二是加强农村房地产金融立法。如制定《农村房地产金融管理办法》《农村房地产开发企业贷款管理办法》《个人贷款管理风险指引和管理法规》等一系列配套法规,强化农村住房金融合规性风险防范和管理,维护贷款者的切身利益,确保农村房地产金融业务有法可依。三是把住房金融法律体系建设与房地产金融监管紧密结合起来。中国人民银行要定期公布全国农村房地产金融运行情况报告,银监会要及时发布农村房地产金融业务监管制度和办法,把农村住房金融监管纳入银监会重点监管范围,减少监管真空、提高监管效率。四是地方政府也可根据本地区实际,建立具有农村住房金融特点的担保机制和风险分担机制,出台适应本地区情况的房地产业相关规定,为农村住房金融快速健康发展提供制度保障。

(《安徽金融研究》2011年7期)

新形势下农商行营业网点规范化服务方法探索

农村商业银行利率市场化和行业竞争加剧的大背景下,其经营和管理模式、服务方法带来新的挑战。银行业竞争的不仅仅是信誉和资金实力,还有优质服务。农村商业银行规范化服务既是银行业金融机构的法定义务,也是培育客户忠诚度、提升银行声誉、增强综合竞争实力的需要。为此,农村商业银行应结合自身实际,借鉴国有商业银行规范化服务的经验,不断推进基层营业网点规范化服务标准建设,提高从业人员的职业素养,提升服务效能,满足农村市场的金融需求,支持农村经济的快速健康发展。

一、农村商业银行营业网点金融服务中存在的问题

(一)营业网点从业人员缺乏服务理念,影响了普惠金融工作的开展

农村商业银行虽然成功进行了改制,但是改制后的经营模式仍然是农村信用合作社的传统经营模式,服务定位不准确,机构设置不合理,对普惠金融的概念和内涵理解不到位,对新形势下规范化金融服务的标准认识模糊,导致从业人员服务意识淡薄,服务热情不高,不同程度地影响了普惠金融政策的贯彻执行,不利于金融支持农村经济的快速发展。

(二)营业网点缺乏规范化服务标准,影响了金融服务效率

一是缺乏柜面服务操作标准。长期以来农村商业银行业务基本都是"师傅带徒弟、徒弟模仿师傅"的传统操作方式,柜面服务的标准化没有建立,导致柜面业务人员无法按照规范化服务开展业务。二是缺乏系统的业务培训。农村商业银行金融产品更新速度较快,且种类较多,由于缺乏针对性的培训,柜员对新产品了解不够、操作不熟练,降低了操作效率。三是业务操作系统有待进一步完善。大部分农村商业银行柜面操作仍处于纯手动或半自动状态,业务经办人员缺乏对计算机知识和应用系统的了解和维护,导致业务系统运行缓慢,操作录入业务系统的效率不高。

(三)营业网点员工素质欠佳,影响了金融业务的快速发展

网点运营的标准化服务是岗位整合、资源优化和流程重组的综合性改革,势必要将网点的一部分人转化为营销人员,这种转变对员工的要求由单一"服务型"向"综合智能型"转变。基层支行为了照顾年龄偏大的员工,尽可能将年长员工安置在不需要处理现金业务的低柜区域,而短时间内年龄偏大的员工无法快速适应岗位的变化,角色转换不到位,将导致改革成效难以在营销能力和网点功能转型上充分体现。

(四)营业场所功能区布局不合理,影响了金融服务形象

现有营业网点内部运营区域物理布局上的共同特点是面向客户最直接的中心区域往往是高柜服务区,低柜区往往处在角落,受传统经营模式的影响,装修时往往设计柜口较多。如果按照体验式进行网点全面改造将产生较大的费用,试点过程中大部分网点只能在原网点功能布局的基础上,采取将低柜分离出来的权宜之计,从而造成部分对外营业高柜柜口空置,无论是内

部布局、品牌形象、客户体验还是营业分区的有效利用,都难以达到标准统一。

(五)营业网点内部岗位职责不清,影响了金融服务效能

高低柜业务分离后,网点业务集成度、综合化程度在不断提升,但归口管理仍有待及时跟进,各相关业务部门缺乏有效的沟通协调机制,导致对网点的管理存在既重叠又缺失的不合理现象,制约了整体服务水平和市场竞争力的提升。如高低柜分离后,要求部分大型网点现场管理人员走出现金区,兼顾履行高低柜业务事中审核工作,参与网点大堂的业务咨询和客户引导,但现行的业务流程、管理制度与网点转型要求不匹配,使部分现场管理人员感到职责不明晰,承担的额外工作负荷较重,现场主管仍需频繁进出高柜区,不仅无法真正走出现金区与大堂经理进行角色替补,而且在网点安全保卫方面存在隐患。

二、农商行经营网点标准化服务的方法选择

农村商业银行应围绕集约化经营战略,突出"以客户为中心"的原则,从客户、网点最迫切的需求入手,以网点业务"前后台分离"为切入点,重点在简化环节、分离业务、整合流程方面下功夫、做文章,统筹推进经营网点规范化服务工作。

(一)深刻理解营业网点规范化服务的内涵,树立规范化服务理念

基层商业银行的领导者要高度重视金融规范化服务工作,要深刻理解规范化服务标准的内涵和意义,结合农村商业银行自身实际,开展营业网点标准化服务工作,积极引导员工牢固树立服务理念,树立"以客户为中心"的服务内涵。让员工认识到银行服务态度好坏和服务质量的高低直接关系到广大客户的切身利益,也关系到自身的经营效益,影响着银行的社会声誉。银行的形象影响着自身的业务和业绩的提升,是银行在金融业竞争中的重要因素,为此,推行金融服务规范化工作,是当前农村商业银行企业文化建设的重要内容,是普惠金融服务社会的重要手段,是实现稳健经营,实现快速发展的必要举措。要把服务理念融入每个员工的心里,融入每一项服务工作中。

(二)建立健全规范化服务标准,营造规范化服务的氛围

农村商业银行要按照银行业消费者权益保护高层指导委员会"两标准"

实施方案的有关要求,结合本行实际,创新工作思路,适应市场变化和消费者需求,制定营业网点服务标准化规定,以信息技术、规章制度和实践经验为依据,以安全、质量、效率为目标,制定柜面服务操作指引,细化制定标准作业动作、标准作业工序、标准作业流程、标准作业时间、标准业务处理、标准柜面布局等操作细节。进一步调整和优化大堂服务、柜面业务、产品销售和消费纠纷处置等网点业务的管理制度,按业务类别建立网点工作人员服务用语、服务流程的规范标准,进一步加强营业场所、员工行为的标准化管理,有效减少因服务用语不规范、服务流程不科学、产品营销流程不合规、风险提示不到位、信息披露不充分等造成的消费者误解、消费纠纷和消费者投诉。

(三)科学设置经营机构,优化内部功能区分布

网点整体内部区域应以纵深为主,客户进入网点首先通过自助服务区,必须到柜面处理的业务先进入低柜区域,若有现金业务再进入高柜区域进行处理,即网点运营区域布局可以按咨询引导区、自助服务区、低柜服务区、高柜服务区、中高端客户专属服务区、客户等候区等分区设置。咨询引导区与自助服务区的布局应相衔接,便于大堂工作人员对客户进行引导分流和自助操作的业务指导;低柜服务区应占据主导位置,与高柜服务区可以在空间上实现相邻,便于大堂引导人员进行现场灵活调度;中高端客户专属服务区以低柜形式为客户提供差别化服务,不再单独开设高柜,与普通客户共享现金业务处理窗口。

(四)优化营业网点人力资源配置,提高网点服务能力

一是结合高低柜分离推进情况,在遵循岗位制衡的前提下,按照"岗位数量最少化、职责边界最大化"的原则,根据网点地域、规模、业务量等不同特点,制定各类型网点定员、定岗的配备标准以及前台劳动组合安排的"路线图"作为推广参考依据,指导不同网点科学安排、动态调整运行和营销服务资源。

二是要选派业务骨干采取竞争上岗的方式,确保非现金柜台业务人员具有过硬的业务素质,良好的服务能力,全面的营销资质,敏锐的营销意识,充分发挥非现金柜台与客户面对面交流的优势,进行产品推介营销。

三是要推进高低柜柜员岗位轮换,激发员工锻造技能的热情,结合网点员工年龄结构、业务素质和岗位要求,以灵活多样的方式对网点人员进行全方位培训,打造一支"通业务、懂系统、善沟通"的从业队伍,让每一位柜员都能熟悉柜面业务流程和各项金融产品的功能与营销点,打通营业网点标准化服务的"最后一公里"。

(五)建立科学的绩效考核机制,提高营业网点规范化服务水平

一是设定合理的考核指标。通过建立以"业务量为主、计价产品为辅"的柜员绩效分配机制,进一步强化网点运营管理平台系支持功能,形成"分层营销、分类服务、责任到人、协同联动"的网点营销工作机制。

二是针对高柜营销基础被相对削弱、员工产品计价减少的问题,必须量化管理,对各岗位员工的工作状态不能停留在感性认识的阶段,要加强基础数据的收集整理工作,可以考虑提高高柜的业务量计价水平、采取高低柜员工定期换轮等措施。

三是根据高低柜各自业务的特点对业务量和风险暴露度提出不同的考核标准,作为一个绩效工资的调节平衡参数,鼓励低柜区员工主动营销、认领与维护客户,高柜区员工在做好日常业务的同时,参与营销、认领与维护客户,通过绩效考核导向作用,均衡地调动全员营销的积极性。

四是银行网点管理人员应对构成服务质量各维度要素的作用有清醒的认识,从而有效利用有限的银行资源最大限度地提升服务质量,增加顾客满意度。要不断对顾客进行调研,分析顾客心理,不断修正和完善银行网点评价指标体系,以确保评价指标体系的科学性、合理性和先进性。

(《金融科技时代》2016年第10期)

农村商业银行合规文化建设与风险防范方法研究

近年来,通过"合规建设推进年"活动的开展,农村商业银行合规文化建设工作取得了一定成效,主要表现在合规管理的管理架构已经搭建、高管的合规管理理念逐步增强,合规管理制度得到了加强,合规文化建设体系初步形成。但是农商行的合规管理工作刚刚起步,合规管理的独立性和有效性较差的现象依然存在。为此笔者结合农村商业银行的工作实践,对农商行合规文化建设存在的问题进行分析,探索加强合规文化建设、防范金融风险的有效方法。

一、当前农村商业银行合规文化建设的现状

(一)合规建设认识不到位,合规风险管理意识淡薄

一是农村商业银行改制后,管理体制、经营机制和人力资源管理仍处在传统的管理模式中,从高管人员、中层管理人员到分支机构的员工,对合规管理乃至合规文化建设的理解还比较模糊,合规管理理念没有得到有效的贯彻执行,所以员工参与合规管理工作的主动性不高。

二是在业务发展上存在重发展、轻规范的现象。在利率市场化和同业竞争加剧的情况下,农商行为了扩大经营规模,忽视内控与经济效益的利害关系,在业务发展的过程中,过度追求经营指标,追求利润最大化,忽视了风险管理。

三是部分员工合规意识淡薄。在内控制度的执行上还存在着被动式执行、简单化执行和选择性执行等问题,有些员工对规章制度了解不深、把握不准、理解不透,致使违规操作的现象时有发生。

(二)内部控制不健全,合规管理力量不强

农商行改制后建立了一系列的内控制度,但是制度的实用性、有效性和全面性不够,对制度的有效性没有进行评估,内控管理的效力欠佳。

一是存在规章制度大而全的现象。农商行按照监管部门的要求和自身发展的需要,建立了相关的内控制度,但部分银行直接套用监管规则,没有按照业务运行的流程和特点进行风险识别和控制,导致内控制度体系繁杂、操作性差。

二是内控制度体系繁杂。近年来,业务创新、理财产品和代理业务的不断增加,其相应的业务管理制度分散在各类业务条线的操作规程中,查找困难,不利于柜员学习和应用,有些制度相互冲突,影响了制度的权威性。

三是内控制度建设滞后。近年来,农商行金融产品开发和创新业务发展较快,而与之相关的内控制度建设没有及时跟进,基层支行操作没有依据,容易造成操作风险。

(三)合规管理手段有限,风险管理的有效性较差

一是农商行合规管理的功能较弱,风险管控机制尚未建立。农商行虽然按照监管部门的要求,建立了合规管理部门,但是该部门组织开展的专项合规检查相对较少;即便开展了合规检查,对一些违法、违规问题的检查不能客观反映,对基层支行的合规管理指导不够,达不到合规管理职责的要求。

二是合规检查的能力有限。农商行的合规风险管理技术尚在起步阶段,对风险的识别、监测、计量、控制技术和手段严重缺乏,由于缺乏综合性的专业人才,风险管理的效果不理想。

三是没有建立风险管理资源共享机制。近年来,农商行稽核部门、业务部门和合规管理部门分别开展了各类业务的专项检查,但是部门之间没有建立有效的监管资源共享机制,监管成果的综合利用率较差,导致有些监管业务重复进行,浪费了大量的人力、物力,不利于监管合力的形成,影响了监管效果。

(四)基层支行合规管理弱化,导致风险案件频发

一是基层支行重经营、轻合规的思想。基层支行受绩效考核导向的影响,存在"重经营、轻合规管理"的错误理念。在拓展业务时过度追求经营规模的扩大、追求经营指标的完成,放松了对合规风险的控制,导致基层支行的第一道防线的作用基本瘫痪,同时,给作为第二道防线的合规部门带来巨大压力。

二是业务主管承担着大量的核算业务授权工作,其余时间要整理凭证和负责加钞。有时候因为工作任务较为繁重有所疏忽,或无法专心审查凭证,或在授权时并没有起到监督审核作用,客观上形成了核算管理和案件防范上的一些漏洞。

三是缺乏合规管理的正向激励措施。基层支行在绩效考核上十分注重业务量的完成,支行很多业务发展指标均与柜员收入挂钩,而对堵住各类差错、事故或无违章、无案件的柜员则没有明确考核奖励的标准,没有体现出风险管理的价值,在趋利导向上形成了柜员重任务指标、轻核算质量、轻风险防范的现状。

(五)合规文化建设滞后,弱化了制度的执行力

一是风险防范意识淡薄。农商行对合规风险管理缺乏全面、系统的认识,尚未形成浓厚的合规控制文化,对合规管理还停留在分离、局部的认识层次上。在风险防范上未能做到监测预警,缺乏事前防范和系统管理。在风险控制的责任认定上,认为风险是合规部门的事情,与业务部门关联度不强,管理层监督力度不够,导致风险责任界定不清。

二是业务培训不够。日常开展的培训中注重业务运行的培训而忽视合规管理的培训,基层支行对合规的指导缺乏系统性。在工作中,柜员不主动查阅、学习相关制度,对自己掌握的一些业务常识盲目自信,凭经验操作业务,很容易产生操作风险。

三是职业操守缺失。员工的世界观、人生观和价值观的认识出现偏差,在行为上表现为事业心、责任感不强,缺乏敬业精神,诚实守信、服务客户的意识淡化,工作中疏忽大意、不以为然、浮躁焦虑的现象时有发生,从而做出违背职业道德甚至违法违规的事情。

二、强化合规文化建设,防范化解金融风险

随着时代的进步和内外部环境的发展变化,合规文化建设要与时俱进、不断创新,使银行的生命力和竞争力不断增强,就必须在合规文化建设上,采取实质性的动作,取得突破性进展。

(一)加强合规文化建设,营造合规管理的文化氛围

一是领导带头践行合规文化。各级领导干部要带头树立"合规人人有责"的思想理念,将"诚信、正直、守法、合规"的理念贯穿于为客户服务的全过程,把合规理念转化为合规行动,把合规行动升华为合规文化,把合规文化打造为合规价值,推进合规文化建设的健康发展。

二是积极推行全员合规理念。合规文化建设要注重以人为本,把合规文化建设有机融入日常工作中,牢牢树立"合规从我做起"的合规理念,做到全员参与、各负其责,逐步形成具有农商行特色的合规文化团队。

三是大力推广"以客户为中心"的流程银行管理理念。建立流程管理体系,按照"以客户为中心、以市场为导向"的原则,持续优化业务流程、管理流程。同时,对流程真空区,通过逐项排查的方式,对原来未明确规定的流程进行规范、补充和完善,构建科学合理的流程银行运行机制。

(二)建立健全内控制度体系,扎紧合规经营的篱笆

一是按照合规风险管理"识别、量化、评估、监控、测试、报告"的基本流程,对现有的制度进行梳理、整合和优化,建立明晰的岗位分工体系和岗位责任体系,形成以流程管理为基础的合规风险管理体系,定期对内控制度的有效性进行评估,不断完善和提高内控制度的有效性。

二是在业务制度的制定、更新过程中,合规部门积极参与内控的建立和审核,主动提示合规风险,使监管法规能够充分、适当地落实在内部的管理制度及操作规范中,确保内、外部规范在经营实践中衔接一致。

三是在金融业务发展过程中,合规部门按照外部监管要求,对业务管理制度的合规性进行测试,对内控措施的有效性进行评价,把因制度缺失造成的违规操作风险降到最低,并及时将经营活动中监控到的合规风险向高层报

告,为领导决策提供依据。

(三)落实合规管理责任,提高合规管理的能力

制度是合规文化建设的基石,执行是合规文化建设的关键。因此,合规文化建设,应从强化制度建设、落实合规责任、提高执行力着手。

一是建立健全合规管理组织机制。高度重视合规管理的重要性,设置独立的合规管理部门,界定好合规管理部门与稽核、审计部门和业务部门的关系,实现监管要求、风险提示以及监管意见等资源共享,共同做好风险监测、预警和评估工作。

二是加强重点业务的监督检查。对信贷业务、核算业务、资金清算业务开展的重要环节进行调查和监督,对利用系统内往来和同业往来账户盗窃资金,以及其他中间等新业务管理上存在的漏洞等问题进行重点治理。

三是开展对重点部门、重点环节的监督检查。对信贷管理、公司业务、个人业务、财务会计、保卫、法律事务等部门进行重点检查。对授权授信、柜员安全认证卡、重要空白凭证管理、金库和尾数箱、查询对账、重要岗位人员轮岗和休假等重点环节进行重点治理。

四是落实问责制。在内外部检查中发现违规的问题,除对责任人进行处罚外,还将根据问题的严重程度分别追究有关领导的责任。

(四)扎实开展合规文化建设,提高制度的执行力

一是要加强合规文化宣传。领导带头开展合规文化的宣讲,引导员工了解规章制度,熟练岗位操作流程,特别是对关键风险点要做到心中有数,清晰并知晓自己在合规经营中的职责,使合规真正成为员工的行为准则和自觉行动,养成工作习惯和文化。

二是开展警示教育。大力开展警示教育活动,提高员工对合规操作重要性的认识,深入了解个人违规需要付出的成本和代价,促使员工提高合规经营、规范操作的自觉性,严格约束自己的行为,培养全员按权限、按程序、按制度、按规则办事的职业操守和行为规范。

三是加强职业道德教育。要重点培养员工忠诚敬业、勇敢坚韧、恪尽职守、自律自制的工作态度,通过正确企业价值观的导向、凝聚、激励和约束等功能,使员工的思想、感情、行为与整个集体目标联系在一起,为共同的目标而努力奋斗。

(五)建立激励约束机制,规范合规管理行为

一是建立合规管理责任机制。建立分工合理、职责明确的合规风险管理责任体系,明确合规风险管理过程中相关部门的职责和协作方式,定期召开合规风险分析会议,研究风险预警、管控和处置的办法,从而确保合规工作落到实处。

二是提高合规风险在绩效考核的比重。修订完善绩效考核管理办法,增加合规管理的考核内容,适度增加合规经营考核指标的权重,并实行重大风险一票否决制,以此增强员工的合规意识。

三是要建立合规问责制。加大违规处罚力度,提高违规成本,对合规管理工作做得好的单位和个人要给予表扬或奖励,对合规管理较差的单位和个人视其情节分别实行风险提示、诫勉谈话、全辖通报和免职处理。对存在或隐瞒违规问题、造成资金损失与经济案件的单位和个人要严格追究各级管理者的责任。

四是建立合规管理人员的再监督机制。合规管理人员要严格遵守职业操守,对检查期的检查结果负责,各级管理人员、合规部门人员、监管人员在日常的合规风险管理工作中徇私舞弊,不客观公正地反映发现的问题,不遵守廉政准则的行为要给予严肃处理,并实行责任追究,确保合规管理工作健康发展。

(《甘肃金融》2017 年第 7 期)

农商行外汇业务发展的路径选择

随着我国金融体制改革的不断深化,金融混业经营的模式被商业银行所接受,并创造了巨大的经济效益。农村商业银行依托地方外向型经济发展,也开展经营银行结售汇业务。农商行办理结售汇业务受各种因素和条件的限制,影响了结售汇业务的拓展。在经济新常态和同业竞争加剧的大背景下,农商行如何在改革中破局,在竞争中发展,在合作中共赢,是农商行实现多元化经营的战略选择,应引起外汇管理部门的高度关注。

一、农商行办理外汇业务存在的问题及原因分析

随着银行结售汇准入市场的逐步开放,农村商业银行也加入了办理结售

汇业务的行列。从农村商业银行开办结售汇业务情况来看,大部分银行所占市场份额较小,经营的现状不容乐观,主要表现在以下几个方面。

(一)经营理念滞后导致发展乏力

农村商业银行为实现本外币一体化经营的目标,开办了银行结售汇业务。从全国农村商业银行办理外汇业务的情况看,表现出较大的不平衡性。东部沿海地区外汇业务发展较快,中部、西部地区受经济发展因素的影响,外汇业务发展缓慢。从主观上来看,农村商业银行对办理结售汇业务认识不到位,部分银行认为办理结售汇业务不赚钱,经常与外汇打交道,稍有差错将面临巨额罚款,加上农村商业银行对外汇人才储备不足,产生了畏难情绪,没有意识到银行经营的多元化是现代商业银行发展的必然选择、是全球贸易一体化发展的必然要求,导致银行管理层对外汇业务的发展不重视。这是农村商业银行外汇业务发展缓慢的主要原因。

(二)经营体制不适应业务发展的需要

一是管理体制不顺畅。农商行外汇业务的管理和经营基本上都在营业部,营业部负责人民币存取、结算、跨境支付等业务。受地方外向型经济发展环境的影响和自身外汇服务功能弱化的限制,外汇结算业务占当地的市场份额较小,加上营业部本身是一个具体的服务部门,也很难组织有效的外汇业务营销,导致外汇业务发展缓慢。

二是银行部门之间没有建立外汇业务联合营销机制。从农村商业银行外汇业务的管理体制来看,其基本上实行本外币归口管理的模式,总行到分支行部门之间没有建立外汇联动营销机制,最终导致本行支持的外向型企业未在本行办理外汇业务,错失了外汇业务发展的良机。

三是外汇业务激励政策缺失。在本行办理外汇业务的企业没有优惠的信贷支持,在给外汇客户服务的过程中,客户时常提出贸易融资、授信等融资需求时,外汇业务部门没有主动权,需要转报到信贷部门层层审批,影响了客户的融资效率,导致客户流失。

(三)产品创新能力不足,影响外汇业务的发展

一是跨境资金交易困难。由于农商行资产规模不大,属于地方性金融机构,在国内外的知名度不高,农商行对外出具的信用文件被要求加具保兑的情况,或者被国外受益人拒绝的情况经常发生。

二是外汇业务产品创新能力有限，不能满足客户的业务需求。按照外汇局的外汇金融衍生产品管理政策，大多数农商行短期内获得衍生产品交易资格困难，这就意味着如远期结售汇、外汇调期、外汇期权等增值和避险工具无法推出，农商行只做简单的对公结售汇业务、个人结售汇业务和境内外投资业务，无法满足客户日益增长的跨境交易的需求。

三是农商行在国际规则和国际惯例的理解与运用、外汇政策的解读与把握、解决纠纷的途径与技巧、新产品的研发与推广等领域与大型商业银行相比处于劣势地位，不利于外汇业务的发展。

（四）外汇从业人员由素质不高导致操作风险时有发生。

一是现行的银行结售汇管理办法，从业人员由准入制改为备案制，但从银行实际执行的情况看，农商行对从业人员的培训只是到上级外汇部门进行简单的业务跟班学习，导致从业人员业务熟练程度低，增加了操作风险。

二是农商行没有建立外汇政策和国际业务的专门研究机构，主要被动地靠同业间的横向沟通来实现信息交流、产品引进，风险识别和控制手段单一，具有明显的盲从性和滞后性。

三是从外汇局近年来对农村商业银行日常监管情况来看，农商行外汇从业人员政策熟悉程度不够，执行制度不严，缺乏有效外汇管理，存在操作业务流程不规范的现象，从而导致业务办理过程中错误频发，外汇业务真实性审核把关不到位，国际收支申报数据、银行结售汇业务统计数据报送经常出现差错，影响了外汇政策的管理效力。

二、农村商业银行发展外汇业务的路径选择

农商行要始终坚持"稳健经营、稳步发展"的经营理念，立足于坚持服务"三农"的市场定位，在做好传统的国际结算、贸易融资业务的基础上，围绕客户多样化的外汇业务需求，积极探索国际业务服务功能和产品创新，形成具有农商行特色的外汇产品体系，满足客户日益增长的多元化和国际化的金融服务需求。

（一）实行外汇业务代理行制度，拓展农村商业银行业务发展空间

农村商业银行实施"本外币一体化"经营的路子，要建立现代商业银行经营体制，逐步增强自身的竞争能力和风险防范能力，为农商行实施国际化经

营创造良好的体制环境。笔者认为农商行可以借鉴安徽省徽商银行的做法，该行与中国银行安徽省分行实行国际业务代理行制度，农商行可以借助中国银行在亚、欧、大洋、非、南美、北美六大洲设有境外机构的平台，发挥中国银行向海外汇款节省、方便、快捷的优势，能够实现外汇资金、结束渠道、避险工具等资源共享，也能够参与中国银行对境内外投资和跨境贸易政策的研究和学习，并且通过双方的外汇业务深度合作和对外信息披露，不断增强境内、外银行和客户的认知程度，有效拓展农商行外汇业务的发展空间。

（二）对外汇市场进行细分，有针对性地开展业务营销

一是在中国银行的帮助指导下，为客户提供更加专业的国际经济形势分析，对企业争取海外订单提供专业的政策咨询和资信调查服务，帮助企业获取境外订单，扩大企业生产和出口。

二是根据各国汇率的变化程度，帮助企业合理选择结算方式和币种，采取有效的避险工具，加快资金周转速度，规避汇率风险。

三是建立健全外汇业务营销团队。对本地区的外汇市场进行细分，调查了解外汇客户的真实需求，针对不同的客户制定相应的营销策略，对有外汇业务需求的客户，在贸易融资和贷款规模等各方面应给予优先支持，通过外汇激励政策服务提高客户对银行的忠诚度，发展稳定的外汇业务客户群体。

四是开展特色服务。由于客户的需求会随着市场的波动和时间的推移发生变化，所以地方银行必须跟踪客户的业务发展需求变化趋势，关注其业务发展的动态和走向，及时调整相应的服务方式，做到以客户为中心，不断满足客户的金融产品需求。

（三）加强银行结售汇业务管理，规范银行外汇经营行为

一是银行办理结售汇业务时，应当按照"了解业务、了解客户、尽职审查"的原则对相关凭证或商业单据进行审核。办理人民币与外汇衍生产品业务时，应当与有真实需求背景的客户进行与其风险能力相适应的衍生产品交易。

二是要加强个人结售汇业务的管理。对服务贸易项下的结售汇业务，要加强真实性审核，加强个人分拆业务的监督和管理，发现异常情况及时向外汇局报告。

三是做好国际收支申报工作。要求各开办外汇业务网点选取业务素质高、责任心强的员工担任国际收支申报人员,实行 AB 岗制度,并且保持相对稳定;为保障申报质量,充分利用国际收支非现场核查系统,指定专人每日核查,发现问题立即整改,有效降低业务差错发生的概率,并且坚持按季组织人员深入各支行对国际收支申报工作进行现场检查,不断推动业务合规发展。

(四)鼓励外汇业务创新,改善农商行的外部经营环境

一是国家外汇局进一步开放外汇管理政策,探索远期结售汇周转头寸新思路,可通过中国外汇交易中心建立相应的远期业务平盘机制。对于农村商业银行的外汇净收益结汇,可按照外汇市场形势、人民币汇率情况和银行外汇资金的供需情况综合平衡。

二是开展跨境电商人民币支付结算方式的创新。农村商业银行借助代理行的平台开展跨境电商的直联业务,为进口跨境电商提供"一站式"金融服务,会同代理行联合开发跨境电商的直联产品,提供跨境资金结算、境外货款、线上支付、跨境清算、购汇以及国际收支申报等综合性外汇业务服务。

三是适时放宽实需原则限制,对企业实际需求范围内的外汇收支资金购买衍生产品实行风险头寸管理,允许银行根据企业外汇资金总体状况,对风险头寸进行套期保值业务。

(五)建立外汇人才储备库,提升从业人员的服务水平

一是银行要重视外汇专业人才的培养和使用,建立外汇从业人员人才储备库,适当提高外汇从业人员的待遇,从机制上吸引和留住外汇业务人才。

二是做好外汇从业人员的培训工作。培训内容要体现政策性、前瞻性和实务性,培训方法要注重理论与实践相结合,既要搞好实用人才的短期培训,又要抓好高级管理人才的中长期培训与储备。重点培养了解国际形势、预测分析汇率变化特点、指导客户有效规避汇率风险的人才,及时调整和充实经营战略方向的经营人才。

三是建立考核评价机制。对农村商业银行从业人员外汇政策法规、职业道德和金融服务等内容进行考评,定期开展"外汇业务服务之星"评比工作,不断提高外汇从业人员的服务能力、职业素养和法规意识。

(《金融科技时代》2017 年第 4 期)

金融支持陕西实体经济发展的路径选择

陕西作为西部地区的重要省份之一,是我国经济欠发达的地区,但这里的自然资源特别丰富,多年以来陕西主要扮演一个资源供给者的角色。在新的经济形势下,"一带一路"、陕西自贸区和西安国家中心城市等国家发展战略规划的确立,为陕西经济的发展注入了强大的发展动力和政策支持,银行作为服务地方经济发展的特殊行业,要回归本源,服务于社会经济发展,把握支持地方经济发展的着力点,坚持金融业发展同经济社会发展相协调,促进融资便利化、降低实体经济融资成本、提高资源配置效率,为陕西沿着丝绸之路经济带向西开放发展提供动力。

一、陕西金融支持实体经济发展存在的问题

陕西省金融机构坚持稳中求进的总基调和新发展理念,认真贯彻落实稳健的货币政策,积极支持实体经济发展的工作思路,由于政府、银行和企业对经济转型发展方式上的认知有一定的偏差,影响了金融资源对实体经济配置的效果。

(一)地方政府激励措施不到位,导致金融支持实体经济的后劲不足

地方政府十分重视招商引资工作,也给予了很多的优惠政策,但在金融支持经济发展的奖励政策、促进中小企业发展的优惠措施、投融资风险制度的安排方面力度不够,特别是对投融资机制的建立缺少统一规划和宏观管控。

一是地方政府调控经济的能力欠缺。为支持经济从高速发展向高质量发展的转型,中国人民银行和银保监会等部门多次下发相关文件,强调加大对实体经济的金融支持力度,但是由于地方政府对宏观货币政策缺乏有效的引导和监督,宏观货币政策落地效果不理想。在政策的执行过程中地方政府相关部门虽然制定了一系列配套的财政、税收和担保等扶持政策,但在实际的操作上,政府部门和银行机构缺乏有效的沟通,导致银行业支持"三农"和中、小企业项目落地较难,企业无法享受国家支持实体经济发展的政策红利。

二是陕西省部分银行机构执行货币政策不到位。受经济发展转型和经济下行的影响,银行从资金安全的角度考虑,对处于低端产业链条以及狭小

市场的中小企业贷款的审批将更加严格,实体经济受益于金融支持的范围与力度极为有限。

三是社会资本的趋利性,迟滞了实体经济的复苏。近年来房地产行业和艺术品收藏市场的虚假繁荣严重,投机性的资金需求持续攀升,由于资本的趋利性,民间资金无法有效进入实体经济行业;同时,银行的信贷资金也因为民间融资市场的变化而产生了套利空间,银行信贷资金通过各种地下暗河流向房地产市场和民间融资市场。

(二)企业内生发展动力不足,是制约陕西实体经济持续发展的根本原因

企业的内生发展动力不足导致经营风险较高,很多企业法人治理不完善、经营管理能力不强、产品技术含量低、企业抗风险能力弱等问题十分突出,企业负债水平整体偏高,导致银行不敢向企业注入资金。

一是信息不透明。在经济增速放缓的宏观形势下,由于银行信贷担保对固定资产抵押存在偏好,一般不愿接受企业的流动资产抵押和权利质押,因此很大一部分企业难以提供有效抵押;个别企业投融资信息不透明,部分负债企业存在逃匿、规避银行债务的行为;还有的企业借改制、重组的机会,逃废银行债务,给银行信贷资金安全带来隐患,影响了银行对企业的综合授信。

二是企业财务不透明。大部分的中小企业财务数据没有经过专业审计机构审计,提供的财务报表数据不规范;有的企业为满足银行信贷的要求随意调整财务数据,使得银行对贷前审查有所质疑,导致银行慎贷。

三是企业缺乏创新驱动意识。陕西商人被誉为"人硬、货硬、脾气硬"的"三硬商人",陕西人求安稳、怕风险的保守观念在一定程度上影响了企业前进的脚步。虽然"陕西制造"已经在部分领域取得了突破性进展,但陕西企业军民融合、军转民技术的综合运用有限,绝大多数企业的研发和创新能力严重不足。

(三)银行经营定位的局限性,导致金融支持实体经济乏力

新形势下银行的经营定位、运行机制、考评体系等方面也发生重要的变化,不良资产的清收和化解的压力越来越大,以安全性为主导的经营理念也制约了金融支持实体经济工作的进展。

一是银行经营定位不够准确。据了解,陕西省国有银行的县级支行,除中国农业银行的县级支行具备小额贷款、低风险贷款的审批权限外,其他县级支行基本上不具备信贷审批权,如有信贷项目需要向上层层报批,大大降低了融资效率。然而,不同经济主体存入银行的各项存款也在不断增加,但这部分资金并未用于当地的经济建设,而是通过银行的渠道流向了发达地区。

二是营销上采取抓大放小。机构以利益为导向进行绩效考核,银行过分追求商业化经营,业务向优质客户、大客户、黄金客户倾斜,以房产、政府项目为主,拓展小微企业思路不清晰,逐渐远离"三农",对实体经济重点领域的金融支持作用日渐减弱。

三是金融创新能力不足,服务效率不高。随着"一带一路"建设的不断推进,陕西省的一些企业纷纷走出国门,然而世界经济环境的复杂性和不可预见性,会使国际金融市场发展导向同样变化多端,涉外企业规避汇率风险、资金保值增值的愿望也更为强烈,但是陕西省部分银行涉外服务功能不完善,制度创新、工具创新、技术创新能力不足,难以满足涉外经济发展的要求。银行之间的竞争主要集中在存贷款业务的营销上,缺乏对存、贷款新方式、新产品及涉外金融服务的政策研究,影响了西安自贸区建设的进程。

(四)虚拟经济和房地产过度发展,影响了金融对实体经济的支持

虚拟经济和房地产业的虚假繁荣,严重损害了西部地区实体经济的发展,不同程度地影响了金融资源向实体经济的配置。

一是扭曲的金融资源配置。互联网金融快速发展,民间资本异常活跃,资金大量从银行流出,不断流向高风险的投资行业和房地产行业;中、小微企业融资苦于拿不到银行信贷资金,只能去民间借高利贷,进一步加大了企业经营成本,很多中、小微企业由此被迫关门歇业。

二是陕西地区房地产业过度繁荣,对地方实体经济产生了明显的投资挤出效应。银行的信贷资金是有限的,由于大量信贷资金投放或变相投放到房地产业,需要信贷支持的实体经济企业融资存在困难,实体企业发展明显受阻。

三是误导了地方政府的产业发展政策。高房价推高了土地出让金的价格,从而增加地方政府财政收入,诱导地方政府热衷于推动房地产业持续繁荣;转变经济发展方式,调整经济结构可能影响当地GDP的增长,地方政府也不愿意承担房地产发展减速带来的风险。

二、金融支持陕西实体经济发展的思路

陕西金融机构应充分抓住国家"丝绸之路经济带"、陕西自贸区和国家中心城市建设难得的发展机遇,发挥金融的资金融通功能,与时俱进不断推进陕西金融改革,有效引导金融资金在实体经济发展中的配置,支持实体经济发展。

(一)发挥地方政府的宏观调控职能,搭建金融支持实体经济发展的平台

为贯彻党的十九大精神,落实全国经济工作和金融工作会议要求,统筹金融改革发展,协调货币政策与相关财政政策、金融政策、产业政策融合,营造良好的金融生态环境,引导金融机构支持地方经济发展。

一是加大对经济结构调整的力度。转变经济发展方式,调整结构,是当前经济发展的重要任务,地方政府要主动作为,对资源型产业、落后产能产业、新兴产业的数量及比例进行统筹规划,坚决控制部分行业的重复建设,遏制淘汰落后产能,大力发展新兴支柱产业,加快转变经济发展方式。

二是开展跨区域的金融合作。政府机构要加强与金融机构之间的合作,强化区域内各个金融主体之间的横向联系,统筹规划产业集聚区建设和地方金融市场的发展,提高区域金融产业的成长水平和资本积聚效应;地方金融机构应加强与省会各金融机构的业务合作,在合作中不断壮大自己,积极参加省级银企洽谈会和各类经济与金融信息的交流会;发挥财政资金主动性和带动性强的优势,建立地方政府风险补偿基金,在一些高风险经营领域,加大财政贴息、补助、担保等财政手段的力度,分散银行风险,为信贷投放创造有利条件。

三是优化金融生态环境。搭建社会信息共享服务平台,加强产业、行业、财政等信息与金融信息交流,密切银企关系,提高政、银、企合作的透明度;加强恶意逃废债行为的打击力度,及时曝光一批失信典型案件,对恶意逃废债企业实施联合惩戒并建立黑名单制度,坚决打击和治理各种金融乱象,切实维护公平有序的市场环境,为实体经济发展保驾护航。

(二)遏制虚拟经济过度发展,防范化解金融风险

虚拟经济不能脱离实体经济而独立存在,振兴实体经济并不意味着排斥虚拟经济,而是要把握好"虚"与"实"的辩证关系,促进实体经济和虚拟经济协调发展,形成"虚""实"良性互动的地方经济运行发展机制。

一是防止虚拟经济领域过度投机。地方政府、中国人民银行和监管部门要严格规范金融市场行为,严厉打击投机操纵和非法集资行为。建立符合陕西经济发展规律、适应房地产平稳健康发展的长效机制,让住房回归居住属性,遏制投机性购房需求。

二是要处理好实体经济与虚拟经济的关系。地方政府和金融机构要着力振兴实体经济,需要保持实体经济与虚拟经济或金融体系协调发展,要坚持创新驱动发展,既要推动国家战略性新兴产业的发展,也要注重实用新技术、新业态全面改造升级,发扬"工匠精神",加强中国品牌建设,培育更多的"百年老店",扩大高质量产品和服务供给,满足市场和客户的需求。

三是提升风险管理水平。经济转型期,金融风险的防范与化解仍是银行面临的一大课题,银行要扎实做好风险评估、风险预警、风险处置等工作,指导辖内分(支)机构开展实地调研,研究分析本行业务发展趋势,从区域、行业、产品等多个维度统筹考虑风险管理工作,优化信贷资源配置、创新金融产品要素设计、完善风险识别方法,全面提升风险防范能力。

(三)找准"项目建设"的契合点,大力支持地方实体经济发展

陕西经济发展正处在转型升级的关键期,推动实体经济高质量发展离不开金融的支持,金融机构要围绕国家发展战略,积极支持地方政府全面做好稳增长、促改革、调结构、惠民生、防风险各项工作,推动经济社会发展再上新台阶。

一是聚焦产业升级。以智能制造驱动整体产业转型升级,打造制造业强国的系统性工程,离不开金融助力,银行要继续加大对制造业转型升级的支持力度,围绕《中国制造2025》重点支持先进制造业发展,提升中国制造的品质与竞争力。

二是聚焦新兴产业。在科技革命和产业变革的推动下,云计算、大数据、物联网、人工智能等新型技术的应用,催生出一批新兴产业,它们是中国经济增长的新动力。银行要转变发展理念,实行"商行+投行""股权+债权""线上+线下""境内+境外"的金融服务模式,为新兴产业打造金融服务方案,为新兴产业融合上下游产业链资源,提供全产业链的金融服务;探索银行与核心企业、上下游合作方、互联网供应链平台的全产业链合作新模式,为新兴产业提供保理、票据、直接授信、理财等全方位的金融服务业务。

三是聚焦双创企业。近年来国家十分重视小微金融业务,普惠金融已上升为国家战略,银行要探索专业化的小微金融服务模式,应按商业原则,在深入研究双创中不同业务模式特点的基础上,精准确认风险节点,设计符合双创企业发展的信贷产品,为双创企业的快速、健康发展提供金融支持。

(四)开展金融产品创新,满足实体经济发展的需求

金融机构应主动围绕经济发展战略,加大金融创新的力度,围绕客户所处的行业特点、市场特点开展金融产品创新,确定合理的服务价格、可行的产品要素和准入要求,满足地方经济发展的要求。

一是创新融资方式。面对"一带一路"、陕西自贸区、西安国家中心城市等国家建设项目的实施,西安交通大学"中国西部科技创新港"已经进入正式启用阶段。这些项目的建设均需要大量的资金,金融机构既可通过直接贷款、委托贷款、银团贷款等方式增加授信支持,又可以发挥金融机构在金融市场的导向作用,联合证券、信托和基金公司等机构,通过上市、发债、股权质押或设立产业基金等方式募集资金,实现间接融资与直接融资的统一。

二是开展渠道创新。银行要紧紧把握科技发展脉搏,主动跟进客户金融服务需求升级步伐,拓宽服务渠道,加大网点改造力度,强化智能银行建设;建立完善由网上银行、手机银行、电话银行、电视银行、微信银行等多渠道构成的全方位电子银行服务体系,以满足人民群众个性化的金融服务需求。

三是金融产品的创新。认真研究"一带一路"、陕西自贸区、中国西部科技创新港等项目建设的客户需求,不断丰富金融产品体系。银行在积极发挥对公业务优势的同时,应借鉴上海、广东等地自贸区金融服务的先进经验,突破传统的境内金融服务框架,将金融服务延伸至海外,利用现有的国际业务联动平台,为"走出去"企业量身定制贸易金融产品体系,涵盖客户在应收账款、预付账款、保函综合、贸易全程、跨境联动、汇率避险六大方面需求的解决方案,打造本外币、境内外一体化的特色服务理念,为本土企业提供全球化的金融服务。

(五)建立普惠金融考核评价体系,激活银行支持地方经济发展的动力

普惠金融工作要坚持政府引导与市场主导相结合、完善基础金融服务与改进重点领域金融服务相结合,不断提高普惠金融服务的覆盖率、可得性和满意度,使最广大人民群众公平分享金融改革发展的成果,为支持地方经济发展提供支撑。

一是建立地方普惠金融考核评价制度。建立由地方政府金融办主导,中国人民银行地方分行和银保监局配合,辖内各金融机构都参与的考核评价机制,重点考核金融机构落实国家金融政策情况,金融生态建设情况,从存款、贷款投向(重点项目建设、乡村振兴、精准扶贫、普惠金融、小微企业及民生工程等)、风险管控能力、信用体系建设、金融服务水平等五方面进行全面评价,按照百分制每年进行一次考核评价。

二是建立科学的评价指标体系及权重。根据金融机构经营的特点,评价指标体系应遵循客观性、公正性和可操作性的原则,注重社会效果与经济效果、长远利益与短期利益、定量分析与定性分析的结合,兼顾商业银行的业务特点,建立考核指标体系,包括存款指标、贷款指标、风险管理指标、信用体系建设指标、金融服务水平和社会满意度指标等,分别从中国人民银行、银保监局、银行、企业和客户采集信息数据,进行综合评价,评价要本着"公平、公正、公开"的原则,主动接受社会各界的监督,实行透明化的考核评价工作。

三是综合运用考核评价结果。地方政府从五个方面对银行在本地区履职质量、履职规范和履职效率进行客观公正的评价,评价结果向社会公示。对年度考核评价优秀的单位,地方政府要给予一定的物质奖励,同时,在财政性存款、重点项目建设、税收减免等方面给予优先考虑;对考核评价较差的单位要通报批评,要责成有关金融机构查找原因认真整改,敦促金融机构转变经营思路,不忘初心,回归本源,切实履行社会责任,支持地方经济快速发展。

(《征信》2018年第8期)

农村商业银行服务乡村振兴的创新发展策略

我国经济发展步入转型期,县域农村商业银行除面临经济结构调整的考验外,还面临同业竞争加剧、利率市场化加速推进、互联网金融异军突起等竞争,这些都对对于传统业务依赖程度很高的县域农商行经营形成了巨大挑战。在新的形势下,党中央、国务院提出了乡村振兴发展战略,农村商业银行要积极响应国家号召,审时度势,正确面对经济增速放缓和利率市场化带来的不利因素,抓住国家振兴乡村经济发展的战略机遇,遵循经济发展的客观规律,回归本源,把支持"三农"和服务农村经济发展当作自身发展的内在动力,转变发展理念,创新金融产品,优化服务流程,挖掘新的经济增长动力,防范化解经营风险,实现农村商业银行健康、快速发展。

一、农村商业银行经营面临的困难和挑战

当前受互联网金融、存款理财化和利率市场化的影响,农村商业银行传统业务的发展受到了冲击,传统柜台业务量大幅度下降,运营成本不断增加,银行物理网点的经营效益越来越差,农村商业银行的生存空间受到了严重的挑战,具体表现为以下几个方面:

(一)银行同业竞争日趋激烈,经营成本大幅增加

农村商业银行作为农村金融改革的产物,凭借其灵活的管理体制,扎根农村市场,成为农村金融市场的领跑者。但是由于长期处于政策扶持下的不充分竞争状态,多数农村商业银行管理粗放,效益低下,缺乏足够竞争力,截至 2018 年 9 月末,农商行平均净利差为 2.95%,同比增加 5bps(basepoints,基点,100bps 等于 1 percent),在各类商业银行中最高。

一是经营成本增加。近年来,受利率市场化、互联网金融以及金融脱媒等因素的影响,社会投融资结构呈现多元化,农村商业银行贷款在社会融资中的比例持续下降,存款业务由于受其他银行理财业务的冲击,存款增速持续下降。农村商业银行为了巩固存贷款业务采取了利率"一浮到顶"的经营策略,导致了其揽储成本不断增加。

二是信贷资金价格降低。由于农村金融市场的进一步开放,其他金融机构向农村金融市场渗透,金融产品比较丰富,导致农商行金融议价能力不断弱化,只有通过大幅降低资金成本来吸引客户,由于揽储成本也在不断增加,农商行的营利空间被大大压缩。

三是经营风险增大。在同业竞争压力不断增大的情况下,农商行为了发展业务,增加营利的空间,不得不降低融资门槛,去选择低端客户甚至高风险的融资项目,加上利率波动带来的资产负债期限错配问题,使得农商行的经营风险节节攀升。

(二)金融服务方式单一,无法满足客户对多元化金融服务的需求

农商行在金融产品、特色业务上做了很多努力,也取得了一些进展,但是相对于实力较强的国有银行和股份制商业银行来说,它的创新能力还远远不够,导致农村商业银行发展的市场空间越来越小,2017 年全国商业银行非利息收入率为 22.65%,而上市农商行为 20%。

一是银行客户的金融行为发生了根本性的变化。随着互联网金融的快速发展,客户获得银行服务的方式也大大改变,尤其是年轻客户更在意用户体验,对服务的便捷性、易用性提出更高的要求,越来越多的客户借助移动终端来享受金融服务带来的便利。

二是客户也逐步从注重价格转变为更加信赖银行的品牌和服务,农村商业银行创新金融产品的能力有限,服务功能、服务方式和服务手段有限,导致农商行的产品在竞争中处于劣势地位。

三是非传统的竞争对手借助移动互联网、云计算、电子商务、大数据等新技术正在改变银行竞争格局。银行已不再独享支付业务这样的基础业务,未来银行的支付体系和其他产品将进一步受到新型竞争对手的侵蚀。

(三)企业贷款违约率升高,银行信用风险不断增大

随着经济结构调整,以及去产能、去库存、去杠杆的加速,部分过剩行业及其上下游企业的经营状况持续变差,企业违约所引发的信用风险不断增大。这种信用风险主要体现在银行业的不良贷款率不断攀升。受不良贷款高企影响,农商行拨备覆盖率下降,截至2018年9月末已降至125.60%,接近120%的监管红线。

一是在宏观经济处于转型期和实体经济发展整体指标不佳的情况下,作为与地方经济发展状况密切相关的农商行,出现信贷资产质量下降在所难免。大部分农商行由于信贷结构不合理、贷款集中度比较高,信用风险就会随着时间的推移而凸显出来,特别是产能过剩行业、房地产行业、政府投融资平台等领域已经成为农商行不良贷款的"重灾区"。

二是经济繁荣期间存量信贷资产,使农商行出现了"虚胖"的假象,在经济下行期间,企业靠廉价劳动力和外延式扩张不仅不可能再获得丰厚的报酬,而且可能导致企业资金链的断裂,经营风险将会逐步开始暴露,加之农村商业银行的同质化经营,在某些领域风险维度集中度过高,历史存量业务极其容易引发风险发酵和蔓延。

三是跨区域经营的企业风险增大。目前企业采取集团化经营、跨区域经营的方式比较多,尤其是地方政府招商引资进入本地的企业,总部出现经营风险后,资金链紧张,企业的信用风险加快向周边、向子公司所在地转移,关联公司的信贷客户风险增大,资金链断裂后反映到银行就必然产生不良贷款的暴露。

(四)流动性风险增加,经营风险进入凸显期

经济下行、互联网金融的冲击和利率市场化等因素,会对农村商业银行资产负债管理、流动性风险管理等产生不同程度的影响,面对风险成因日渐复杂、监管日趋严格的风险管理环境,流动性风险管理模式已不适应现代金融市场的发展要求。2018年9月末,全国农商行平均资本充足率为13.01%,虽然高于城市商业银行和股份制银行,但是部分农商行受资本来源少、风险资产多等的影响,资本充足率远远低于监管红线。

一是农村商业银行立足于解决"三农"问题,贷款投向是农业贷款,而农业生产受周期和自然灾害的影响较大,同时,农产品价格也具有不稳定性,其还款能力完全取决于农业的收成,这就增加了农村商业银行的市场风险。

二是资金的供应和需求矛盾激烈。在利率市场化和存款保险制度浪潮的冲击下,农商行由于规模小、社会认知度不高、存贷款结构不合理,因而稳定性较差,容易遭受流动性风险的冲击。

三是互联网金融的普及,对银行资金来源稳定性的影响越来越大。消费者金融需求的多元化,导致农商行的存款业务增速放慢,存款结构不合理,稳定负债较差,加之农商行的融资能力、营利能力和资金运用能力相对薄弱,抵御系统性金融风险的能力十分脆弱。

(五)经营管理水平不高,不良贷款反弹压力逐步增大

农村商业银行信贷经营管理体制不尽合理,资金与规模脱节,信贷人员素质低,不利于风险防范;农村商业银行的管理体制中缺乏一套有效的风险预警系统,短期贷款的长期化增加了银行贷款回收的风险,其平均不良率从2016年末的2.49%已连续七个季度上升至2018年6月末的4.29%,接近5.0%的监管红线。截至2018年9月末,农商行平均不良率为4.23%,略微下降。

一是在金融监管更加严格的大背景下,为满足地方银监局指标监管的要求和自身安全管理的需要,个别农村商业银行机构信贷人员铤而走险,帮助企业利用续贷掩饰不良贷款上升的真相,造成不良贷款数据失真、失实。

二是倒贷风险增加。受经济转型发展的影响,部分中小微企业经营出现困难,银行为缓解不良资产清降的压力,倒贷现象便应运而生。对银行来说,倒贷风险无处不在,如倒贷的过程中容易出现企业欺诈行为,企业倒贷获得资金后改变资金用途,或者突然宣布破产,都将给倒贷资金带来巨大的风险。

三是企业关联担保风险较大。在经济结构调整期,企业资金的运用非常紧张,接受市场风险冲击的能力比较脆弱,极易导致资金链的断裂。在一些行业的担保圈内,企业多为关联企业的互相担保,商业圈内的这种相互担保方式在抵御系统性风险时较为脆弱,若处理不得当,很可能会引发区域性金融风险。

二、农村商业银行创新发展的路径

新形势下国内外经济运行环境发生了深刻的变化,坚持以服务供给侧结构性改革为主线,深化金融改革、积极创新,回归本源,专注主业,积极响应国家乡村振兴战略的号召,支持农村经济发展,要注重企业效益,注重民生效益,注重生态效益,转变经营理念,开展业务创新,加强风险管控和企业文化建设,不断提升服务实体经济的能力和水平,做经济转型升级的推动者,促进农村商业银行稳健发展。

(一)坚持创新发展的战略,打造"新型农民银行"

农村商业银行要加强与政府相关部门的沟通和联系,实现政、银、企信息的共享,发挥基层政府贴近农村基层、了解农民需求、熟悉农业生产的优势,及时调整经营方针,根据国家"三农"政策和货币政策的导向,从利率、期限、额度、流程、风险控制等方面入手,不断创新金融服务产品和服务方式,提升县域金融服务水平,满足"三农"经济发展的需要。

一是实现经营目标的转型。经济发展进入了换挡期,要与时俱进,及时调整对业务发展速度的心理预期,正确认识农村商业银行当前经营发展的现实情况,把国家宏观经济政策与乡村振兴、精准扶贫和普惠金融结合起来,确立可持续的经营发展目标,要聚焦"一带一路"、乡村振兴、精准扶贫和支持"三农"服务农村经济发展等国家政策,积极支持农村产业化以及农村重大基础设施项目建设,以金融杠杆助力农村产业化龙头企业稳步发展;及时跟进基层地方政府投融资机制改革、农村土地改革试点等各个领域的重大变革;重点关注农业产业化、乡村旅游、农村专业合作社和农产品加工企业的发展态势,加大服务和支持力度,不断拓展业务范围和优化客户结构。

二是建立农业信贷担保机制。要构建覆盖全省的农业信贷担保服务公司,推动农业机械设备、运输工具、养殖权、承包土地经营权等为标的的抵押担保,开展农业保单、农产品订单和仓单质押融资,为农业企业、家庭农场、农民合作社提供贷款担保;基层人民政府要积极组织推荐项目,争取农业产业发展基金、现代种业发展基金、国家新兴产业创投资金等加大对成长型农业龙头企业的投资力度,推动组建主要服务"三农"的融资租赁公司,鼓励各类融资租赁公司开展农业机械设备、设施的融资租赁服务。

三是健全农村信用征集机制。推进信用工程建设,按照简单、实用、高效的原则,完善农户信用等级评定标准,对农业经营主体实行全覆盖;建立客户授信调查、审查、审批标准化流程,继续开展信用户、信用村、信用镇创建活动,实行银企、银农授信,提高金融对"三农"经济的支持力度。

(二)加强智能化网点建设,打造"有温度的银行"

农村商业银行积极响应国家和地方政府号召,认真履行乡村振兴和金融扶贫责任,在有效发挥金融加速脱贫能效上深耕不辍,努力将银行服务延伸到农村,缓解农村地区金融机构设置不足、金融服务薄弱的难题。

一是打造智能化网点。在农村乡镇大力加强农村"服务智能型"网点建设,大力推行智能化营业网点服务模式,加强复合型人才的教育和培养,本着"一专多能"的技能培训原则,促进柜员向综合智能型人员升级,以"减高增低"策略打造集咨询、交易、销售等全流程服务为一体的人才队伍;加强金融信息化建设,推出"厅堂智能服务营销一体化系统",实现排队叫号、识别客户、转介营销、厅堂管理、预约服务、服务监测等多元功能,让农民在农村也能享受到现代化的金融服务,在网点中扮演"信息管理中枢"的角色,提高网点的服务效率和客户体验。

二是打造专业化网点。坚持服务"三农"和实体经济的责任使命,坚持网点作为营销主渠道的功能定位,根据农商行客户的活动规律灵活设置网点类型,可以根据基层农村网点周围的农产品特点和客户需求,改变业务布局,优化动线设计,改善网点功能分区,借助互联网平台打通线上线下渠道,为农村电商客户搭建金融服务平台,构建渠道协同作业模式,做大做强专业特色网点,实现金融服务场景化、生态化的高度融合,进一步提升农村网点效能和价值创造能力。

三是创新服务方式。随着金融交易离柜化的趋势逐步显现,大量优质客户在"网上"隐身,充分发挥互联网平台的优势,线上应定位于简单的金融交易性业务、业务预处理、网上预约申请等内容;线下网点应侧重于复杂业务处理、客户交互、举办营销沙龙、吸引客户体验、提供理财方案、实施深度营销,增加与客户的亲密度,为客户提供更有针对性的金融服务,满足客户的金融服务多元化需求。

(三)加强金融产品的创新,打造"智慧型银行"

加强网点智能化建设不仅是网点布局的改造和智能机具的布放使用,更是网点服务流程的革新和经营理念的提升,要充分尊重用户体验,农村商业银行应将网点建设成集客户关系管理、客户体验和客户服务为一体的金融服务中心,二次发掘银行物理渠道的优势和价值,使其成为银行品牌传播、客户体验、创新展示的线下平台。

一是优化服务流程。坚持"以客户为中心、以市场为导向"的发展理念,对业务流转的节点和环节进行改革,实现业务模块的专业化运营,对业务流程和管理流程进行再造,强化后台业务体系集约化处理,缩短前、中、后台的办事环节,提升业务的响应速度,努力为客户提供优质、便捷的"一站式"服务。

二是开展产品和服务创新。农商行应该加强市场调研,考虑区域特点和客户差异,为客户提供个性化的产品套餐,提升服务农业产业化的能力。针对小微客户设计借款期限、担保方式、还款方式可自由组合的贷款产品;针对目前其他银行较少关注的细分子市场,推出具有农村特色和农民需求的产品;针对竞争对手忽略的传统市场,改良传统产品,形成错位销售。在这些产品的基础上,纵向调整产品要素,形成满足不同客户需求的系列产品;横向开发与之相关的存、贷、汇、银行卡业务,满足客户不同阶段的金融需求。

三是加快技术创新。加强地方政府各职能部门的协作,借鉴互联网金融互联互通的优势,打造金融综合服务平台和线上金融超市,把金融业务与社会保障、消费、旅游和电商等不同生活领域结合起来,参与政府乡村振兴、财富资产管理、健康管理、生活管理等新兴业务布局。建立农民金额交易和消费需求大数据,加强客户需求、综合贡献度、风险状况等数据的分析筛查,为客户维护、业务营销和经营管理提供数据支持,实现金融业务与IT技术的高度融合。

(四)提高信贷资产质量,打造"可持续发展银行"

供给侧结构性改革给金融市场带来了新变化、新挑战,农村商业银行在这一客观环境下只能顺势而为。面对经济下行压力及其给资产质量带来的负面影响,农村商业银行必须从"夯实基础、管好存量、把好增量"等方面下功夫,从不同路径加强信贷风险管理和持续提升资产质量。

一是化解存量不良贷款。继续按照"总量控制、分类管理、区别对待、逐步化解"的原则,充分利用市场机制,有序进行债务重组,积极盘活不良资产。加强对重点区域、重点客户和大额贷款的监测分析,及时掌握保证担保能力和抵押品价格波动,及时准确甄别、计量客户风险类别和大小,适时开展压力测试,着力防控贷款集中度风险。

二是积极控制不良增量。加强信用风险前瞻性管理,要严把三个"真实",认真做好贷前调查工作,切实严把真实信贷需求,防止以虚假合同套取银行资金;缜密开展贷中审查,严格落实贷款责任追究制度,切实履职尽责严把风险缓释,防止风险的持续积聚;切实落实贷后检查工作,把握贷款的用途,密切重点关注农业产业化集团客户、关联企业的经营风险,将表内、表外或有负债统一纳入集中度管理的视角,对客户所属行业、经营状况以及现金流等情况进行综合分析,切实强化客户授信、用信管理,有效防范风险。

三是多策并举。按照"澄清底子、落实责任、严肃追责"的基本原则,切实抓好"清内部人员、清农村党员领导干部、清国家公职人员"不良贷款的专项清理工作,坚定不移打好风险防控攻坚战;联合纪委监委、法院、公安等部门,对不良贷款余额相对较高的企业,作为"构建诚信、惩戒失信"专项行动的重点惩戒对象进行严厉打击的同时,做好逾期抵质押贷款的抵质押物日常维护,实现不良贷款余额和不良贷款率"双降"目标。

(五)建立健全合规管理文化,打造"合规经营银行"

合规经营是银行稳健运行的内在要求,是防范金融案件的基本前提,也是每一个员工必须履行的基本操守,更是保障自己切身利益的有力武器。合规操作涉及各条线、各部门,覆盖银行业务的每一个环节,通过开展"合规文化建设"活动,将合规意识渗透到每一名员工,使其明确合规经营意义重大。

一是要以"规"为准绳。对农村商业银行来说,要严格执行国家和行业部门制定的法律和法规,落实好普惠金融政策,在此基础上要建立健全农商行风险管理制度。充分利用大数据资源建立起有效的风险预警系统,加强业务重点风险的防范,强化风险排查,及时发现和处置风险隐患。

二是要以"合"为保障。合规文化的形成,与员工的文化层次、职业道德、修养品行有着直接的联系,要从思想上克服被动合规的观念,重中之重就是用先进的文化和思想培养员工的人生观、价值观,让广大员工自觉认同农商行的企业文化,把企业文化建设与经营管理机制的塑造有机结合起来。通过人性化的合规管理,通过有效的激励机制,对合规工作做得好的单位和个人给予保护,对在经营中存在隐瞒违规问题造成不良后果者,要给予严惩,形成合规光荣、违规可耻的工作氛围。

三是合规文化要注重"以人为本"。坚持以人为本,以问题为导向,开展合规文化建设,要重点抓好合规文化建设、合规制度流程建设、合规激励制度建设等工作,切实把员工行为管理到位、合规监督检查到位、合规考核评价到位和合规文化宣导到位,不断提升员工合规操作意识和岗位责任意识,引导员工真正做到知行合一,培育良好的企业合规文化,为农村商业银行的健康发展奠定基础。

(《甘肃金融》2019年7期)

金融助推陕西"精准扶贫"方法探索

陕西省认真学习贯彻习近平新时代中国特色社会主义思想,把脱贫攻坚作为首要政治任务和第一民生工程来抓,坚持精准扶贫战略。陕西省金融系统积极履行社会责任,响应陕西省委、省政府的号召,积极参与精准扶贫工作,在一些贫困地区进行了一些尝试,从总体运行的效果来看不是十分理想,还需要不断完善精确扶贫的组织制度、政策制度、管理制度,进一步发挥货币政策的导向功能,形成政府主导、金融参与、社会帮扶的金融扶贫新格局,加大金融扶贫的工作力度,让金融资源在精确扶贫中合理分配,实现贫困群众的致富梦想,为实现乡村振兴战略奠定基础。

一、正确理解和把握"精准扶贫"的深刻内涵

习近平同志提出的精准扶贫理论体系,为陕西省推进精准扶贫攻坚任务提供了重要遵循,全省脱贫攻坚的战斗已经打响,全省上下要群策群力立下愚公移山志,咬定目标、苦干实干,坚决打赢脱贫攻坚战斗。

一是准确把握精准扶贫的内涵。要准确把握精准扶贫理念的深刻内涵,关键是要立足当地贫困地区、贫困农民的实际情况和发展需求,将精准扶贫思想贯穿到扶贫、脱贫整个过程,推进精准扶贫工程,需要进一步理清工作思路,强化工作责任,采取有针对性、可持续的扶贫措施,特别要在精准扶贫、精准脱贫上下功夫,在精准扶贫项目的选取上要有前瞻性,在制定措施和方法上要突出"精"和"准"。

二是精准扶贫重在"精"字。精准扶贫工作要求在帮扶方式上实现精细化。首先,在项目选取上,要遵循国家扶贫政策,根据不同地域经济特色,着力推进农业、农产品加工业、乡村旅游和服务业等产业的融合发展,找到一条

符合本地特点的产业融合发展路子。其次,在资金帮扶上,要加大财政和金融扶贫资金投入力度,拓宽投融资服务渠道,实现扶贫资金和扶贫项目精准对接。

三是精准扶贫重在"准"字。首先,主要的任务是把扶贫对象摸准,把贫困地区居民甄选出来,切实做好贫困村、户的贫困状况调查和建档立卡工作。在甄选贫困居民的工作中,要坚持群众路线,发动农村群众积极参与,做到工作程序透明,甄选结果公正。其次,要把贫困的根源找准。不同的地区、不同的家庭致贫的原因各不相同,要深入贫困村实地走访入户调查,分析致贫的主要原因,做好贫困户建档工作。再次,在帮扶方法上要有针对性,贫困地区发展的关键是要找准发展的路子,结合当地经济发展特点,因地制宜、因户施策,有计划、有步骤地推进扶贫工作稳步开展。在推进扶贫工作中要坚持扶贫与扶智相结合,坚持宣传教育与专业技能培训相结合,引导农村贫困群体树立脱贫致富的信心,不断提高脱贫致富能力,创造性地推动精准扶贫实践。

二、金融参与"精准扶贫"工作难点和不足

近年来,陕西省各级人民政府十分重视金融扶贫工作,先后出台了多项金融扶贫政策,鼓励金融机构积极参与精准扶贫工作,从农村地区金融支持精准扶贫工作的实践来看,扶贫的成效不是十分理想,金融支持精准扶贫工作还存在一些不足。

(一)金融机构对精准扶贫工作的积极性有待提高

目前陕西省县域金融扶贫的主力军是中国农业银行、中国邮政储蓄银行、农村商业银行、农村信用社、村镇银行等农村金融机构,这些金融机构都可办理扶贫小额信贷,开展金融扶贫工作。但是,在金融扶贫的过程中还存在金融资源配置不精准、不到位,扶贫项目风险较大等问题,不同程度地影响了金融机构扶贫的积极性。

一是对扶贫信贷政策的理解存在差异。一些地方基层政府干部和贫困户把信贷资金和救助资金混为一谈,将扶贫小额信贷视为政府发放的福利,存在扶贫贷款不用还钱的错误思想;还有一些县(区)制订了金融机构扶贫信贷发放年度计划,并将任务层层分解落实到乡(镇)金融机构,把信贷资金当成了财政资金,潜在风险不容乐观。

二是个别地方采用"户贷企用企还"模式。这种模式存在很大的风险,地方基层政府存在"拉郎配""入股分红"现象,这种模式存在着较大的金融风

险。"户贷企还"本质上是政府协调以贫困户名义把贷款借出来后,转给企业使用,让贫困户以入股分红的方式实现脱贫,一旦企业经营面临风险,就可能形成区域性金融风险,增加贫困户的经济负担。

三是扶贫贷款逾期问题逐渐显现。扶贫贷款逾期的主观因素是贫困户经营能力较差、致富经验少、信用意识薄弱等,客观上还存在财政按年度贴息与农户按季付息时间不对称,导致资金短期周转不及时等客观因素。特别是扶贫小额信贷期限较短(一般为3年),但是陕西省林果业等一些产业扶贫项目收益期则需5年以上,期限错配问题比较突出。

(二)金融扶贫产品针对性不强

随着陕西省经济的快速发展和金融改革的进一步深化,金融机构开展了一系列的金融产品创新,但是符合农业产业优、具有扶贫特征的金融产品则相对较少。

一是金融精准扶贫的认识不到位。地方政府积极培育农村经济主体,引导贫困地区农民进行三产融合发展。由于金融机构思想不够解放,对农村三产融合认识站位不高,对农村金融扶贫产品开发和农村金融服务创新制度上缺乏顶层设计,导致基层金融机构在扶贫项目的对接和后续的金融服务上缺乏针对性,金融精准扶贫的效果难以实现。

二是扶贫金融产品不够精准。虽然农村金融机构对贫困地区农民发放了小额贷款,支持农民发家致富和创业的需要,但是,农村产业化发展企业的资金需求无法得到满足。由于贫困地区经济发展水平低、产业支撑薄弱、无担保抵押、增收空间相对有限,而且农业产业对贷款的需求多为投资大、周期长、回报效果慢的特点,金融机构出于自身安全的考虑,提供的扶贫贷款一般金额小、期限短,导致金融扶贫支持与产业发展的契合度不高、适应性不强,金融扶贫资金难以实现精准对接。

三是农村金融市场服务产品单一。农村金融机构开展的金融服务业务一般都是传统的存贷业务,新型的金融产品,如政府债券、基金、大额存单和理财等产品的销售都不在农村地区展开;农村金融机构为增加收入,热衷于小额短期贷款推介,由于基层信贷人员审核不严,导致"垒大户"、冒名贷款等违规操作的现象时有发生,容易引发系统性金融风险。

(三)金融精准扶贫激励机制不健全

地方政府相关部门、金融监管部门、金融机构之间没有建立精准扶贫工作协作机制,扶贫信息难以实现共享,使金融机构无法及时了解贫困户的情况实现扶贫支持。

一是地方政府风险补偿机制不健全。按照陕西省人民政府的要求,小额扶贫贷款由贫困地区县(区)财政和担保公司或保险公司共同承担担保责任,地方财政承担2%的担保金,再由担保公司或保险公司对所发放的扶贫贷款提供担保或保险。但由于贫困地区县(区)财力的差异,个别县(区)无法出资承担担保责任,出现了存入担保金不足的问题。同时,由于扶贫贷款存在较大风险,目前,贫困地区内尚无保险公司参与此项业务的保险。贷款一旦出现不良状况,政府设立担保的资金池需要发挥作用的时候,政府部门往往推脱责任,不履行担保的义务。

二是扶贫贷款风险缺乏有效管控。基层政府没有建立金融扶贫工作的长效机制,政府和农村金融机构在执行扶贫政策上缺乏有效的沟通,在政策执行上各自为战,参与推荐贷款的政府部门对扶贫贷款和主体的准入条件把关不严,对扶贫信贷资金的流向和使用不清晰,缺乏有效的监督和管理措施,为了完成扶贫评估任务,忽视金融风险,盲目发放扶贫贷款,导致扶贫金融政策无法落地生根。

三是基层地方政府对于《关于打赢脱贫攻坚战三年行动的实施意见》等扶贫工作指导性文件理解不够透彻,没有意识到金融扶贫是社会扶贫体系的重要力量,鼓励引导金融机构开发扶贫金融产品的举措很少,没有把金融资源的有效配置和财政资金以及社会扶贫资金使用有效地结合起来,导致财政、金融和社会组织扶贫工作各自为战,难以在扶贫脱贫工作之间形成协同效应。

(四)金融生态环境有待进一步优化

一是农村金融生态环境比较差。农村社会信用服务市场化程度不高,中介服务极不规范。由于缺乏有效的个人信用制度,个人贷款隐含的风险无法及时监控。同时,个体、私营企业的财务制度不完善,存在会计报表虚假、会计信息虚假、信用信息开放度低等现象,导致企业和个人信用信息不对称,贷前调查、企业利润分析和贷款风险预测无法正常进行。

二是农村居民社会信用意识淡薄。农村贫困地区社会信用差严重损害了农民的信用意识。在依法收取贷款的过程中,实施不到位的现象较为普遍,居民缺乏必要的信用意识,企业缺乏必要的信用管理措施,没有建立社会信用激励机制,给农村金融生态环境带来较大的破坏。

三是金融扶贫的主体还需要培育。由于贫困地区农村生产要素市场发展滞后,林权、土地承包经营权以及非上市企业股权等"五权二指标"要素无法进行有效交易和流转,资产评估难、土地流转难、变现难,生产要素价格功能难以实现,加剧了农村金融机构与农户、企业之间的信息不对称问题,抑制了金融资源的及时介入。加之,农村信用等级较低,贫困地区生态环境改善、信用体系建设较缓慢,市场主体信用等级偏低,符合银行贷款的主体较少,无法进行授信工作。

三、发挥金融资源配置功能,支持陕西精准扶贫工作

陕西省委、省政府出台了《关于打赢脱贫攻坚战三年行动的实施意见》,对全省金融系统参与精准扶贫工作提出了具体要求。金融机构要响应政府号召,积极探索金融精准扶贫的新路子,增加金融供给,发挥金融"造血"功能,实现金融资源与脱贫产业发展的精准对接,为实现2020年陕西省精准脱贫攻坚任务做出贡献。

(一)建立健全扶贫工作协调机制,实现扶贫信息共享,形成扶贫工作合力

紧紧围绕陕西省政府精准扶贫工作要求,组织实施精准扶贫信息对接共享工作,建立精准扶贫信息共享机制,完成扶贫基础信息对接共享,全力助推陕西2020年完成脱贫攻坚任务。

一是建立健全扶贫金融信息共享机制。建立由各级人民政府相关部门、中国人民银行、银保监局、金融机构组成的扶贫工作联动机制,加强政策互动,工作联动和信息共享。支持贫困地区设立扶贫贷款风险补偿基金和融资担保机构,通过银政共建、财政补贴等方式建立健全贫困地区贷款风险补偿机制,按照"政府扶持、多方参与、市场运作"的模式,设立扶贫贷款风险补偿基金和担保基金,组建金融扶贫不良贷款评估委员会,银行本身经营发生问题的由银行自己负责,非人为因素导致由基金现行垫付,再启动追责机制,在金融扶贫工作中,分清责任,最大限度地保护各方面利益。

二是建立省级贫困地区发展基金和省级农产品信用担保公司。指导贫困县(区)分别建立相应的扶贫和担保机构,搭建融资平台对有条件的贫困户,由各级扶贫部门和帮扶干部协调金融机构提供免保和无抵押小额贷款,按照基准利率给予扶贫资金支持,利用扶贫规模和利率优惠政策,重点支持贫困地区的发展。

三是建立完善差异化的监管制度。中国人民银行和银保监会要有针对性地调整和优化扶贫金融监管政策,对在贫困地区设立银行业分支机构,以及在信贷投放、不良资产管理以及流动性管理等方面做出特殊安排。引导农村金融机构合理确定扶贫项目贷款,对扶贫小额信贷的不良贷款考核适度放宽。对于因自然灾害、农产品价格波动等客观原因无法正常偿还的贷款,可以合理续期,及时出台小额扶贫信贷尽职免责指导意见,切实提高信贷人员办理贷款的积极性。

(二)推动农村金融市场改革,提升精准扶贫服务能力

地方政府、中国人民银行和银保监局要建立健全农村金融体系,发挥好财政政策和货币政策的导向作用,增强对农村金融机构的激励引导作用,指导金融机构履行社会责任,促进金融扶贫和产业扶贫融合发展。

一是发挥财政政策的导向作用。支持国家政策性银行陕西分行设立"扶贫金融部",参与陕西省的金融扶贫工作,依法保证其享受税收优惠政策;支持农村金融机构将服务网络延伸到贫困地区,实现金融网点全面覆盖到行政村,实施农业相关贷款增量激励和新设农村金融服务网点补贴等政策,降低贫困地区金融机构的运营成本,形成金融信贷投入、金融资本投资和社会融合资本投资的良好投资环境。

二是实行金融精准扶贫责任机制。地方各级政府和中国人民银行基层支行,建立农村金融机构分片包干责任制。对扶贫小额信贷发放,按乡(镇)明确一家责任银行,村两委要积极配合责任银行对建档立卡贫困户实行名单制管理,责任银行在开展调查研究的基础上,不断更新融资对接需求表,及时跟进贫困户的用款需求,确保小额扶贫信贷精准发放,精准发力,取得成效。

三是推进农村金融市场改革。根据陕西省贫困地区的实际情况完善农村金融服务体系,建立以中国农业银行、中国邮政储蓄银行、农村商业银行、农村信用社和村镇银行为主导,政策性金融、商业金融和农业保险金融为补充的农村金融服务体系,要着力推进农村信用社改革工作,实现农村信用社由合作制向股份制银行转变,提升基层农信社抵御金融风险的能力,发挥农村金融的资金融通功能,凝聚攻坚扶贫的力量,加大支持贫困地区扶贫攻坚的工作力度。

(三)创新金融扶贫产品,实现扶贫项目的精准对接

金融机构要认真贯彻落实精准扶贫的金融政策,研究分析贫困地区经济发展的特点,开发适合贫困农村地区的金融产品,满足特色产业、农产品加工业和贫困人口的金融服务需求,促进贫困地区特色产业的发展,促进贫困人口的就业,实现贫困人口收入的稳步增长,摆脱贫困。

一是解决贫困农民贷款难的问题。金融机构与省级农业信用担保联盟合作,探索财政金融合作农业支持模式,扩大农业金融支持的政策效果,重点解决农业生产经营过程中的"保证难"问题。通过优化金融、财政和税收政策,支持农村金融机构向具有生产经营能力的贫困家庭提供无抵押和无担保的扶贫小额信贷。根据贫困户养殖业和种植业发展等生产经营活动的特点,采取灵活多样的信用贷款模式,合理确定贷款额度,灵活掌握贷款期限,进一步提升小额扶贫贷款的服务质量和效率。

二是创新精准扶贫金融产品。积极开展"二权"抵押贷款,完善农村生产要素识别、登记和评估市场,鼓励农村集体住房、土地经营权、农业机械设备融资,有效扩大农产品生产经营企业和农民的抵押范围,适度延长贷款期限,简化贷款审批流程,支持贫困农民加入农业合作社或地方农产品龙头企业入股,支持农业产业发展,增加农民的收入。

三是创新扶贫贷款模式。探索农业产业化扶贫贷款模式,采取"龙头企业+贫困农民""产业基地+贫困农民""专业合作社+贫困农民"等信贷扶贫方式。按照"一村一品"的发展理念,以村级集体经济为保障,以农村龙头企业、产业基地和专业合作社为主要信用对象,以"三农"为主要信贷资金投资方向,通过支持农业产业化,培育贫困地区优势特色产业,带动贫困人口就业,努力将金融、产业和就业融为一体,实现资金"贷"动与产业"撬"动相结合,助推贫困户脱贫致富。

(四)发挥金融资源的配置功能,支持农村三产融合发展

在精准扶贫的大背景下,支持农村三产深度融合,实现精准脱贫是金融机构义不容辞的责任,发挥金融资源的配置优势,支持农业产业融合发展,让农民在田野上丰收,在三产融合上实现致富。

一是坚持"基在农业、利在农民、惠在农村"的扶贫原则,以促进贫困地区农民增收为目标,以农村市场需求为导向,以能够让农民分享三产融合增值收益的新型经营主体为对象,充分发挥基层政府的组织协调优势和金融机构的资金配置优势,探索发展贫困地区农村多种类型产业融合方式、培育多元融合市场主体、建立多形式利益共享机制,延伸农业产业链,提升农产品价值链,拓宽收益链,推动粮食等主要农产品生产、储藏、初加工、精深加工、综合利用、销售、餐饮、休闲旅游等一体化融合发展。

二是根据产业融合项目稳步增加贷款投放规模。积极为"百亿百家"行动、"万社促进计划"等项目提供优质高效的金融服务,开发"城镇化贷款""农家乐贷款""农民工返乡创业贷款"等适合农村经济发展的信贷产品,用于农村产业融合发展项目的支持;对符合农村产业融合信用贷款条件的企业,要积极提供信用贷款支持,对农村产业化龙头企业,要在规定范围内适当下浮利率,优化期限结构,满足企业经营发展的资金需求。

三是支持订单农业发展。根据农村产业融合发展各类经营主体的特点,积极开展季节性收购贷款、项目实施单位集群客户融信保业务等特色产品创新,大力开展以仓单质押、订单质押为核心的供应链融资服务,破解农产品供应链流动资金需求季节性、集中性较强的难题;利用金融机构自身优势向农产品加工企业提供出口收汇、贸易融资、上市顾问、企业年金托管、境外投资、资产证券化、金融租赁等高端金融服务产品。

(五)优化农村信用环境,营造金融精准扶贫氛围

优化农村金融生态环境是实现农村经济社会全面发展的重要保障,地方政府、中国人民银行和司法机关要加强教育和引导,不断提高农民信用意识,培养农民契约精神,推动金融精准扶贫工作的健康发展。

一是加强农村信用体系建设。发挥政府统筹协调作用,大力开展法治教育和诚实守信教育,结合创建信用村和信用乡(镇)活动,建立健全农村信用报告和评估体系,建立积极的激励和约束机制,依托地方政府和司法机关打击恶意逃废债行为,加大对失信人的惩戒力度,不断提高农民法治意识和契约精神,营造诚实守信的良好社会氛围。

二是探索建立农村信用评价机制。中国人民银行基层支行牵头组织,地方政府密切配合,农村金融机构积极参与,对本辖区农村企业和农村居民进行信用评价,建立信用档案,评价标准要具有农村企业和农民的特点,建立具有农村特色的企业和农民特征的征信评价体系,评价结果在本地区广泛使用,作为农村金融机构提供信贷的重要依据。

三是培育农村经济发展主体。金融机构利用自身金融服务平台,积极搭建农村与城市消费者的供需平台,试点电商小镇,叠加淘宝、京东等为代表的电商平台,拉动电商企业以云技术为依托,为部分贫困地区农民经营者提供服务;推进中国邮储银行基层网点加强"助农服务点＋村邮乐购/农邮通"一体化建设,实现线上下单、线下配送协同作业;鼓励中国农业银行将县域批发商与乡村助农服务站点均接入"E农管家"金融电商平台,实现商品信息和交易结算有效对接;引导农商行在微信平台开设"利农商城"公众号,联合专业物流、包装公司,帮助服务站点实现当地特色农产品网上销售,支持农民脱贫致富。

(《甘肃金融》2019 年第 12 期)

农村金融创新与乡村振兴发展研究

习近平总书记在党的十九大报告中提出了"实施乡村振兴战略",这是全面建成小康社会、全面建设社会主义现代化强国的战略任务,是以习近平同志为核心的党中央结合时代发展要求,对我国农村工作做出新的决策部署,为推进城乡统筹发展,实施乡村振兴战略明确了发展方向,也吹响了全面实施乡村振兴战略的集结号。农村金融机构要认真贯彻落实党中央决策部署,在乡村振兴中担当作为,补齐农村金融服务的短板,立足农村围绕实现农业强、农村美、农民富的目标,把金融支持"三农"经济发展的政策落地生根,加快推进产业、人才、文化、生态、组织的健康发展;让农业成为有奔头的产业,让农民成为有吸引力的职业,让农村成为安居乐业的美丽家园。

一、新时代乡村建设的基本要求

乡村振兴是破解"三农"难题,促进农业发展、农村繁荣、农民增收的重要决策。必须把夯实村级基层组织作为固本之策,建立健全地方党委领导、政府负责、社会协同、公众参与、法治保障的基层农村社会治理体制,坚持自治、法治、德治相结合,确保农村社会充满活力、和谐有序、产业融合、健康发展。

(一)建立健全乡村治理体系,重塑村级集体所有制经济

农村党支部作为党的基层组织和前沿阵地,直接代表着党组织和党员的形象,影响着党员先锋作用的发挥。尤其在新的历史条件下,农村基层党支部肩负着引导、落实、服务等重要职能作用。

一是选配好村党支部书记。要把那些政治过得硬、群众信得过、懂经济、

善管理的优秀人才选配到村级党支部书记岗位上,要建强基层党组织,带好班子,把支部一班人团结在一起,真正拧成一股绳。在体制机制上,村党支部书记应当通过法定程序担任村民委员会主任,村"两委"班子成员应当交叉任职,村党支部书记要兼任村级集体经济组织、合作经济组织负责人,建立完善农村集体经济所有制,实现农村集体经济发展组织化、实体化,村务监督委员会主任一般由党员担任;在议事决策上,要明确规定村级重大事项决策实行"四议两公开",确保农村集体经济组织管理好、经营好、发展好。

二是村党支部发挥好核心领导作用,成为引领脱贫攻坚的坚强堡垒。村级党支部书记要紧紧围绕加强基层服务型党组织建设这条主线,把工作重心转到服务改革、服务发展、服务民生、服务群众上来,使党的执政基础深深根植于人民心中。要对自己高标准、严要求,任何事情都要带头干、带领干,通过以上率下、以下促上,更好地发挥村党组织的领导核心作用、战斗堡垒作用和先锋模范作用。

三是探索建立股份合作集体经济模式。在保障农民农村集体经济组织成员权利的基础上,要创新适应公有制多种实现形式的产权保护制度,积极发展农民股份合作公司,赋予农民对集体资产股份占有、收益、有偿退出以及抵押、担保、继承等权利,通过农民以个人劳力入股,村集体以资源入股,吸纳外来资金入股等形式,发展有效调动各方积极性的农村集体经济组织。通过成立合作社,培养农村有文化、懂技术的人才,利用党员传帮带,发挥党员先锋模范作用,把技术传播开,拉动更多贫困户发展动力,为贫困户争取最大利益,早日实现脱贫致富。

(二)加快农业产业转型升级,实现三产融合发展

一是在稳固传统农业优势的前提下,以美丽乡村建设为契机,依托资源禀赋,贴近市场需求,依据农村经济发展的实际,不断探索、开拓出差异化的发展新路径,要整体谋划农业产业体系,以农业供给侧结构性改革为主线,着眼推进产业链、价值链建设,培育新型经济主体,以"主体"的力量为突破口和着力点,调优产业结构,转换生产方式,理顺产业体系,让现代农业、休闲农业和乡村旅游业在乡村落地生根、开花结果。

二是推动农村一、二、三产业融合发展,实现一产强、二产优、三产活,推动农业生产产业化升级改造,加快形成从田间到餐桌的现代农业全产业链格局,打造一、二、三产业融合发展的现代农业产业体系,力争在转型升级中,让农产业实现从"量"到"质"的跃升,从"特"到"优"的转变,创造出更安全、更环保、更绿色的农产品品牌,造福于当地百姓。

三是要推动"三化"协同发展理念。三化协同发展,即品牌化、电商化、组织化的"三化"协同发展,其中,品牌化是龙头,电商化是渠道,组织化是载体。不仅要打造企业主导的农产品品牌,而且要打造政府和行业主导的农产品区域公用品牌。电商化不能单纯追求线上对线下的替代,更要注重线上对线下的带动。组织化首先要注重横向组织的发展,尤其要注重小农的组织化发展。要推进纵向组织化,要建立纵向一体利益机制,提高农业产业化经营水平和产业市场竞争力。

(三)强化农村生态环境建设,改善农民居住环境

一是要坚持人与自然和谐发展的理念。要牢固树立和践行绿水青山就是金山银山的理念,落实节约优先、保护优先、自然恢复为主的方针,统筹山水林田湖草系统治理,严守生态保护红线,以绿色发展引领乡村振兴。

二是要加快推动农村城镇建设。加大农村基础设施建设力度,通过绿化、美化、规划等措施,以优化农村居住环境和完善农村公共基础设施为重点,把乡村建设成生态宜居、富裕繁荣、和谐发展的美丽家园,让农民都能生活在碧水蓝天、青山绿水的舒适环境中。

三是推动农村生态文明建设。坚持农村生态现代化要坚持生态保护优先,全面实现农业农村绿色发展,推进农村生态文明全面进步,让农村回归青山绿水,让农村回归山清水秀,实现农村生态现代化。

(四)加强农村文化建设,提升农民的综合素质

乡村振兴的实施就是要物质文明和精神文明一起抓,既要发展产业、壮大经济,更要激活文化、提振精神,繁荣农村文化;要把乡村文化振兴贯穿于乡村振兴的各领域、全过程,为乡村振兴提供持续的精神动力。

一是要推动乡村文化振兴。加强农村思想道德建设和公共文化服务建设,以社会主义核心价值观为引领,挖掘农村优秀传统农耕文化蕴含的思想观念、人文精神、道德规范,培育乡土文化人才,弘扬主旋律和社会正气;培育文明乡风、良好家风、淳朴民风,改善农民精神风貌,提高农村社会文明程度,焕发乡村文明新气象。

二是要切实加强思想素质建设。大力宣传近平新时代中国特色社会主义思想,弘扬社会主义核心价值观,引导农民树立正确的人生观、价值观和大局观,要把扶贫与扶智结合起来,引导农民自觉投身到美丽乡村建设中来;要积极开展精神文明建设,推进社会公德、家庭美德、个人品德教育,增强农民的诚信意识、公德意识、仁爱意识,引导农民崇尚科学,抵制迷信,移风易俗,破除陋习,营造积极向上的社会风气。

三是要积极推进农村文化建设。要传承民风民俗,弘扬传统美德,大力普及科学知识,促进新技术、新技能的广泛应用,提高农村的科学文化水平,为美丽乡村建设提供良好的人文基础。同时,还要加大对传统村落的保护力度,加大对非物质文化遗产的保护与传承,加快对特色文化资源的有效挖掘,唤醒乡土文化的功能,力争让乡村文化生活有市场,充满生机活力,丰富农民的精神世界,进而提升农民发家致富的精气神。

二、农村金融支持乡村振兴战略是实现全民奔小康的必然要求

农村金融机构要紧紧围绕党的十九大关于实施乡村振兴战略的总体部署,把服务乡村振兴战略作为农村金融机构的政治担当、职责使然,始终坚守服务"三农"的初心使命,发挥熟悉农村的现状、农业的特点、农民的需求的优势,持续做好服务乡村振兴工作。

(一)从历史的沿革看,服务乡村振兴是农村金融机构的分内职责

农村金融机构是因"三农"而生,也是在"三农"发展中不断壮大的。服务农村经济发展,支持乡村振兴战略是农村金融机构的光荣传统。20世纪50年代,中国农业银行、农村信用社孕育而生,为农业社会主义改造和全国初级农村合作社的普遍建立和发展提供了资金保障。改革开放40多年来,农村金融机构如雨后春笋不断壮大,如邮储银行、村镇银行、小额担保公司、农业保险公司等机构纷纷进军农村市场。从2018年银保监会更新公布中国银行业金融机构的名单来看,截至2018年6月底,中国银行业共有机构4 571家。其中,农村合作金融机构2 249家(含农村商业银行1 311家、农村合作银行31家、农村信用社907家),约占银行业金融机构总数的49.20%,基本做到了资金来源于县域,运用于县域经济发展。

(二)从政治的角度看,服务乡村振兴战略是新时代农村金融机构必须肩负起的政治担当

实施乡村振兴战略,是决胜全面建成小康社会、全面建设社会主义现代化国家的重大战略决策部署,是新时代"三农"工作的总抓手,完成好这一重

大历史任务,离不开资金要素支撑和金融资源的注入。《中共中央 国务院关于实施乡村振兴战略的意见》就明确了农村金融机构服务乡村振兴的具体要求。这是国家战略层面提出的重大要求,也是农村金融机构必须完成的政治任务,在新的历史条件下,农村金融机构要不忘初心、回归本源,切实肩负起助力乡村振兴这一历史重任,体现新担当,展示新作为,实现新发展。

(三)从农村经济发展的角度看,农村金融机构在乡村振兴中具有战略引领作用

一是发挥农村金融机构以信贷手段培育新型农业经营主体的作用,扶持农村一、二、三产业融合,带动乡村种植业、养殖业、加工业和服务业等多业并举,延伸信贷支持链条,积极扶持粮食种植、购销、加工、销售、流通等全产业链发展,使全产业链各个环节前后呼应、多种信贷品种之间互为补充,实现乡村产业兴旺,助力农业产业变强。二是以农产品品牌提升为导向,加大对新型农业主体的扶持力度,大力推进农业标准化、规模化生产,引导农业由增产为主转向提质增效为主。三是要坚持新发展理念,通过金融引导绿色生产方式和生活方式,让生态宜居成为美丽乡村的基础环境。

(四)从发展的角度看,服务乡村振兴为农村金融机构加快转型发展提供了机遇

实施乡村振兴战略是一项长期的历史性任务,将伴随着农业现代化建设的全过程。随着这一战略的不断深入,未来将形成各类资本投资的"蓝海"。从国家《乡村振兴战略规划(2018—2022年)》的政策导向来看,国家层面正在通过再贷款、再贴现、定向降准、信贷政策导向效果评估等优惠政策,银保监会对农村金融机构提出了资金不出域、资金不出县,服务地方经济发展的要求,逐步引导金融机构将更多资源配置到新型农业经营主体发展、农村基础设施建设、美丽乡村建设等农业农村重点领域和薄弱环节,这给农业农村经济发展带来新的机遇,也为农村金融机构的创新发展提供了广阔空间。

三、建立健全金融服务乡村振兴战略的制度保障

2018年中央农村工作会议对乡村振兴进行了再部署,强调建立健全城乡融合发展体制机制和政策体系,面对新形势,我们要从改革中汲取动力,不断建立健全乡村振兴相关体制机制和政策体系,在融合发展中打破城乡壁垒,加快形成以工促农、以城带乡、工农互惠、城乡一体的新型工农城乡关系。

(一)加快推进农村土地政策改革方案

土地是"三农"发展的根本,也是实现乡村振兴的基础。只有继续坚定不移地深入推进农村土地改革,最大限度盘活土地资源,才能保证农民搞好生产,保证乡村实现更好的发展。

一是研究出台配套政策,指导各地明确第二轮土地承包到期后延包的具体办法,完善集体所有权、稳定农户承包权、放活土地经营权的法律法规和政策体系;推进城乡融合发展,迫切需要取消城乡二元制的户籍制度,实行城乡统一的户籍管理,推动城乡人口自由流动。要强化常住人口基本公共服务,维护进城农民的土地承包权、宅基地使用权、集体收益分配权,有序推进农业转移人口市民化,确保他们在住房、医疗、教育、保险等方面与城市居民享受同等的待遇。

二是健全土地流转规范管理制度,发展多种形式农业适度规模经营,加快从立法、行政层面赋予农村土地的抵押权、担保权等,盘活农村集体产权,落实所有权,稳定承包权,放活经营权,激活土地经营权的各项权能,促进农村集体和农户所拥有的各项土地财产权有效实现,加快释放农地制度改革红利。

三是进一步深化集体经营性建设用地、农用地和农村宅基地"三块地"的改革,适度放活宅基地和农民房屋使用权,要积极引导土地合理有序流转,努力推进土地集约化经营,把保障农民土地权益放在首位。

(二)建立农村经济发展保障制度

一是建立健全多元要素投入保障机制。引导和推动更多的资本、技术、人才等要素在城乡间双向流动,激活乡村一池春水,实现城乡要素融合互动和资源优化配置;构建现代农业产业体系、生产体系、经营体系。坚持质量兴农、绿色兴农,大力发展现代种养业,推进农产品就地加工转化增值,大力发展乡村现代服务业,促进农村一、二、三产业深度融合;要进一步培育家庭农场、种养大户、合作社、农业企业等新型主体,推行土地入股、土地流转、土地托管和联耕联种等多种经营方式,提高农业适度规模经营水平,发展农村新产业、新业态、新模式,促进农民持续较快增收。

二是建立健全城乡基本公共服务均等化的体制机制。总体来看,目前我国城乡基本公共服务差距较大,和城市居民相比,农村居民享受到的基本公共服务面较窄、水平较低。城乡融合发展,要坚持农业农村优先发展,推动公共服务向农村延伸、社会事业向农村覆盖,优化城乡基本服务的供给模式,加快推进教育、医疗、文化、养老等公共服务资源向农村倾斜,让农民也能享受到丰富多元的公共服务,共享改革开放发展的成果,让他们的获得感、幸福感、安全感更加充实,更有保障,更可持续。

三是建立完善农村人力资源开发和利用机制。要坚持乡村振兴与新型城镇化一起抓,两个轮子一起转,处理好"走出去""留下来"和"引回来"的关系。要建立有效激励机制,抓好"招才引智",把有志于农业农村发展的各类人才"引回来",让城里想为振兴乡村出钱出力的人在农村有为有位、成就事业,让那些想为家乡作贡献的各界人士能够找到参与乡村建设的渠道和平台,通过人才双向流动,带动资金、技术、管理等资源要素城乡互通。加强乡村教师队伍建设,加快培养乡村医生和文化人才,为农民提供更高质量的教育、卫生和文化服务,让各类人才在振兴乡村中大展身手。

(三)强化农村金融支持"三农"发展激励机制

一是完善财政扶持现代农业发展资金制度,通过财政奖补、贷款贴息、担保补助、风险补偿、保险补助等方式,尽最大可能地发挥财政资金对金融支农资金的"四两拨千斤"作用。同时,强化农业信贷资金发放与用途监管,加大对各环节财政资金带动金融支农绩效的测算与评估,保证财政出资的贴息、补助、补偿、保险金等所带动的信贷资金用到刀刃上,推动财政资金对金融支农带动力的提升。

二是加大对涉农金融机构的考核和监管力度,将金融支持现代农业发展工作列入相关金融机构绩效考核的重要指标,硬性约束"一定比例存款用于当地""新增贷款一定比例用于涉农贷款"和"支持现代农业发展贷款必须不少于一定比例"等政策规定的有效实施,同时要实施差异化的监管和评价政策,如适当降低农户业务贷款的风险容忍度,对金融扶贫贷款采取差异化的经济资本系数和拨备标准,对涉农业务实施独立的效益核算机制等,确保金融服务乡村振兴战略落到实处、取得实效。

三是加大农业信贷担保政策支持力度。主要是支持省农业信贷担保公司加强农业信贷担保产品和业务模式创新,包括在单户业务担保额加大突破力度,对新型农业经营主体执行优惠费率标准和贴息等。

(四)探索建立具有农村特色的信用评级制度

一是建立农村信用评级制度。按照政府主导、人行推动、政银实施、稳步推进的农村信用体系建设原则,提出由各县选择若干家域内金融机构作为当地农村信用体系建设经办金融机构,采取乡镇分包制,全程组织、指导、参与信息采集、信用评定、结果运用等工作。各行政村要成立具体的采集小组,配合县经办金融机构入户调查,共同做好信息采集工作。

二是建立农村信用基础数据库。加强金融机构之间的信息沟通,建立起统一的农村市场征信系统,改善农村金融服务环境,加快农村金融业务的信息化进程。各县人民政府成立农户信用评级工作小组,对所采集的农户信用指标信息进行计算评价,对农户进行信用评分、评级,评级结果作为辖内金融机构授信的重要依据。各农村金融机构要将信用评级结果纳入贷款决策程序,形成"征信+评级+信贷"的业务模式,对不同信用等级农户实行差别授信,信用户中的建档立卡贫困户可享受"两免一贴"政策。

三是加强对征信知识的宣传。农村金融机构要大力开展征信知识宣传工作,中国人民银行基层支行会同基层地方政府大力开展"信用户、信用村、信用乡镇"的评选工作,要将评价结果作为确定授信额度大小、衡量利率高低等方面的参考依据,制定贫困户贷款利率差别化金融优惠政策,使贫困农户"评上级、授上信",在贷款、利率、贴息补偿等方面给予优惠,并能"用上信、贷到款";对不讲诚信的贷款户进行重拳打击、公开曝光,营造"诚信光荣、失信可耻"的良好舆论氛围,为落实乡村振兴战略做出新的更大贡献。

四、发挥农村金融资源的配置作用,助力乡村振兴工程健康发展

乡村振兴要坚持以市场化运作为导向,以农村金融创新发展为动力,以政策扶持为引导,以防控风险为底线,聚焦重点领域,深化改革创新,围绕"产业兴旺、生态宜居、乡风文明、治理有效、生活富裕"的乡村振兴战略的总要求,建立完善金融服务乡村振兴的市场体系、组织体系、产品体系,促进农村经济健康发展,让更多的农民脱贫致富,实现乡村振兴的美好愿景。

(一)聚焦产业兴旺要求,推进现代农业提质增效

产业兴旺是乡村振兴战略的首要任务,大力推进农业产业结构调整,引导和帮助群众进一步搞好产业结构调整,提高农业现代化、市场连锁经营程度,大力发展特色产业,为此农村金融机构要着力做好以下几方面的工作。

一是突出支持发展优势产业。立足县(市、区)资源禀赋特点,支持现代种业、高端农机装备、节能环保等领域农业高新技术成果转化,推动共享农业、数字农业、智慧农业等现代农业发展;支持建设创业孵化示范基地、创客

工厂、农业科技园区等创新创业平台建设,加快农业农村经济发展质量变革、效率变革和动力变革。以农产品品牌提升为导向,加大对新型农业经营主体的扶持力度,重点支持打造好蔬菜种植、养殖、农产品加工、乡村旅游等优势产业发展,形成一批具有文化底蕴、鲜明地域特征的特色农产品品牌。

二是突出支持新型农业经营主体。围绕打造"三园一体",重点支持农业龙头企业、农民专业合作社、家庭农场、规模种养殖大户等经营主体,并积极支持构建"农业龙头企业＋农民合作社""农业龙头企业＋农民合作社＋农户""农业龙头企业＋家庭农场"等多种模式的新农业产业化联合体,切实推动农业标准化、规模化生产。

三是突出支持农业产业链发展。坚持新发展理念,推动互联网、物联网、云计算、大数据与现代农业结合,促进优势互补,并为产业链提供信贷、结算、咨询等一揽子服务,有效加快农村一、二、三产业快速融合发展。

(二)紧扣生态宜居主题,着力解决农村居住环境

一是积极支持特色(生态)小镇建设。认真研究各地政府特色小镇规划,立足资源禀赋、产业积淀和地域特征,在特色小城镇基础设施、特色产业开发、公共服务体系、古镇保护改造等方面加大金融支持力度,支持农村水污染防治、"厕所革命"等农村人居环境综合治理项目,发展两型农业模式,加快清洁能源开发与利用,推广生态养殖模式,提升特色小镇的承载能力和发展水平。

二是支持农村公共服务完善。积极支持"县乡联动、乡村一体"模式的县域医疗服务共同体、国家大型养老服务机构和县域落地项目,以及县域教育资源、服务流动人口的幼儿园等农村公共服务工程。

三是积极支持美丽乡村建设。以各地美丽乡村示范村为重点,推动水、电、路、气、房、讯等基础设施向乡镇延伸。探索支持农村自然生态、历史文化和资源环境综合开发项目,推动自然风光、历史人文、乡土风情与现代化生活方式有机融合。

(三)紧扣乡风文明主题,推动城乡一体化发展

一是扩大农村金融服务覆盖面。金融机构通过在农村布点、投放金融机具、开办网络金融业务,为新农保、新农合、涉农补贴、农村水电气缴费等农村居民金融服务提供便利;把握农民市民化和农村消费升级发展机遇,大力拓展农民自建房、汽车消费和生活消费信贷业务,延伸服务覆盖面。

二是支持农民的创业、消费等需求。为返乡和进城务工农民,在土地承包、创业经营、资金管理等方面提供更加全面、便利的金融服务。

三是支持乡村文化健康产业发展。结合区域资源、文化、产业差异,做好知名景区和旅游大项目开发改造支持工作,大力支持休闲农业、观光农业、农家乐以及医养结合的养老产业等优秀乡村项目的健康发展,推动乡村旅游产业振兴发展。

(四)围绕治理有效,促进农村集体经济发展

围绕高质量发展要求,按照乡村振兴战略的近期、中期、远期目标,上下联动,谋划金融支持农村集体经济服务方案。

一是支持乡村治理。农村金融机构要持续推进全国"两权"抵押贷款试点工作,协助各地政府建立健全农村产权登记中心、评估中心和交易流转平台,支持银行业金融机构根据农村金融需求特点,创新专项贷款金融产品,依规探索开展农村经营性集体建设用地抵押、农村土地承包经营权抵押、复垦增加的用地指标抵押等贷款业务,积极推动林权抵押贷款业务,激活农村产权资本化,支持村办企业发展特色经济,助力农村集体资产保值增值,通过现金管理系统、理财等现代金融产品,完善村集体财务管理、资产保值,提升村集体整体管理水平。

二是积极引导金融机构加大对村民合作社经营或参股项目的支持力度,创新信贷管理,适当下放信贷审批权限,实行浮动授权管理,优先安排信贷计划,在贷款的准入条件、审批流程、贷款期限、利率政策等方面给予从宽从优。

三是深化农村普惠金融发展。加大对农村地区金融机具的布放和互联网金融推广,畅通线上线下联动服务渠道。依托网点下沉、渠道广泛的优势,在普惠金融服务渠道全覆盖、消灭空白村的基础上,进一步走村入户、延伸服务,加大对普惠金融政策的宣传力度,引导贫困户、"三农"实体等乡村振兴精确开展金融行为。

(五)围绕生活富裕,担当乡村振兴使命

一是农村金融机构应当坚持姓"农"的本色,抓住各项扶贫、支农、惠农政策,用好用活信贷支农政策;围绕乡村振兴战略的总要求和重点任务,加大金融供给,以乡村需求为着眼点,因地制宜,为乡村振兴量身定制适合的金融产品,加快创新服务模式,大力支持农业供给侧结构性改革和乡村实体经济发展;立足乡村资源禀赋特点,因地制宜支持打造"一村一品、一乡(镇)一业"特色产业发展格局,支持农业全产业链和乡村新业态发展。

二是通过"产品下沉、服务下沉",开展惠农业务,打造乡村金融服务"三通"格局,即机构网点"乡乡通"、便民服务"村村通"、电子银行"户户通",积极支持农民利用电商服务平台推销农产品,为农产品交易结算提供便利;按照金融支持乡村振兴的行动实施方案,确立服务重点,明确人居环境、产业发展、农民消费升级等重点支持领域,将支持美丽宜居乡村建设作为实现"双赢"的重要途径。

三是针对贫困区县建卡贫困户,量身定制"贫困扶助贷"专属信贷产品,该贷款根据风险补偿金放大一定倍数发放,有力地支持了贫困户增收致富。此外,还组合运用农户小额信用贷款、设施农田地贷款、创业担保贷款、农民工返乡创业贷款等一系列针对性极强的金融扶贫贷款产品,帮助一大批贫困户获得了信贷资金,走上了发家致富的道路。

农村金融和农村三产融合发展是破解乡村振兴的重要抓手,农村金融机构将以富民兴农为工作目标,继续创新金融服务乡村振兴的业务模式,努力实践"一圈一链一平台"的乡村振兴行动方案,拓展乡村振兴朋友圈,建设产业生态链,建设社会资源撮合平台,为支持乡村产业发展贡献金融力量。

(《新西部》2019年第12期)

参 考 文 献

[1] 程郁,王宾.农村土地金融的制度与模式研究[M].北京:中国发展出版社,2015.

[2] 刘莉君.农村土地流转模式的绩效比较研究[M].北京:中国经济出版社,2014.

[3] 温信祥.日本农村金融及其启示[M].北京:经济科学出版社,2014.

[4] 黄祖辉,陈龙.新型农业经营主体与政策研究[M].杭州:浙江大学出版社,2010.

[5] 龚明华.新常态下农村金融改革发展与风险监管研究[M].北京:中国金融出版社,2016.

[6] 陈远年,姜明生.互联网+时代的中国银行业[M].北京:中国金融出版社,2016.

[7] 任常青.农村金融发展与改革70年[J].农经,2019(10).

[8] 中国人民银行咸宁市中心支行课题组.社会主义新农村建设中农村金融服务问题透视[J].武汉金融,2006(10):24-26.

[9] 冯月英.中国农村金融需求的不足与扩张[J].绿色财会,2010(4):12-15.

[10] 霍海龙.农村金融服务体系发展状况与研究[J].经济师,2012(5):194-196.

[11] 牛玉莲,宫兴国.乡村振兴金融需求及融资瓶颈破解研究[J].金融发展研究,2019(10):90-92.

[12] 李文蓓.依据农村经济的特点对农村金融需求状况浅析[J].北方经贸,2015(9).

[13] 张潇续.我国银行业"三农"金融服务的法律分析[D].长春:吉林财经大学,2010.

[14] 赵星.农村金融改革背景下的石河子农合行战略研究[D].石河子:石河子大学,2015.

[15] 尚福林.深入推进农村金融改革发展着力提升"三农"金融服务水平[J].中国农村金融,2013(14):11-17.

[16] 农业农村部.金融支农创新十大模式[J].新农业,2017(24):23-25.

[17] 谭正航.我国农村普惠金融发展法律保障体系的构建[J].求实,2018(2):97-108.

[18] 楼文龙.新常态下银行业信用风险防控的思考[J].中国农村金融,2015(12):24-26.

[19] 刘义龙.新常态下商业银行如何防范和管控金融风险:邮储银行广东省分行的探索[J].国际品牌观察,2017(6):74-76.

[20] 李健,王丽娟,王芳.商业银行高质量发展评价研究:"陀螺"评价体系的构建与应用[J].金融监管研究,2019(6):56-59.

[21] 杨金柱,庆建奎.农村金融发展与制度刨新:寿光"三驾马车"模式[J].金融发展研究,2012(12):49-53.

[22] 陈放.乡村振兴进程中农村金融体制改革面临的问题与制度构建[J].探索,2018(3):163-169.

[23] 张虎.找准弱点 整体发力[J].中国农村金融,2015(14):36-39.

[24] 陆岷峰.关于乡村金融供给侧结构性改革支持乡村振兴战略研究[J].当代经济管理,2019(10):84-90.

后 记

在本书即将出版之际,我有许多感言要表达。

首先,我要感谢培养了我的工作单位,是他们把我从一个普通的金融从业者,培养成长为一个学习型、研究型专业人才。我从1988年入职中国人民银行和农村商业银行工作以来,在30多年的金融从业生涯中,有过成功的喜悦,也有遇到坎坷的迷茫,多彩的金融从业生活是我一生的财富。我在国内刊物上发表了30多篇论文和50多篇专题调研报告,为我写作本书积累了知识点和方法论。

其次,我要感谢各位领导和同仁在我写作这本书的过程中给予的关心支持和帮助。陕西省农村信用联合社理事长毛亚社先生,为本书的架构设计提出了指导性意见;秦农银行董事长李彬先生、行长孟浩先生、党委副书记刘长伟先生及西安市金融办主任王丽女士建议该书要突出政策新、理论新、观点新、案例新,注重理论与实践的结合,为本书的创作指明了方向;章帧、吴燕、刘军、张莹、张健、杨峰涛、付妮娜、王婉丽、张静、薛倩、卫文欢、周静、茹倩倩、王瑜玮等各位同仁站在各自的专业角度为本书的写作提供了宝贵意见;我在中国人民银行工作期间的同事王亚洲、叶善勇、张超、于松、陈刚、陈元东、王超、张伟超、谢铉祥、刘勇、袁学义、怀成立、杨洁、王琳、陆亮等建议本书要围绕乡村振兴探索金融改革实践;中国人民银行西安分行研究处张晓东副处长,提出了农村金融高质量发展指标体系设置方法的建议。在这里,我要向他们表示衷心的感谢。

再次,要感谢西安交通大学经济与金融学院原院长、教授、博士生导师冯根福老师的精心指导,以及为本书作序;感谢西安邮电大学经济与管理学院原院长、教授、陕西省经济学会会长张鸿先生,陕西师范大学教授、博士生导师刘明先生,西北农林科技大学教授、博士生导师罗剑朝先生在本书的撰写过程中给予的指导和帮助;感谢西北工业大学杨志坚先生、杨军先生,秦农银行马军先生、曹冬梅女士、王瑾女士、薛洋女士帮我策划出版本书。

最后,要感谢我的家人(父母、爱人和儿子)在背后的默默支持,为我撰写本书提供了精神动力。

一路走来,无论工作单位、工作地点如何变化,永远不变的是我对金融事业的爱心和对父母的孝心。承载着对家人的爱和对金融事业的追求,我从老家安徽来到陕西。从央行调整到了农村商业银行工作,工作角色的变化让我感觉到了危机感。我始终把学习作为我的人生信条,潜心研究金融、法律和社会科学知识,注重理论和实践的结合,秉承"用思维去发展,用努力去奋斗,用爱去生活"的理念,为农村金融发展贡献自己的绵薄之力。

有感于此,也把这本专著送给亲爱的自己。

韩　杰

2020 年 12 月